中华人民共和国
消防法
注解与配套

第六版

中国法制出版社
CHINA LEGAL PUBLISHING HOUSE

出版说明

中国法制出版社一直致力于出版适合大众需求的法律图书。为了帮助读者准确理解与适用法律，我社于2008年9月推出"法律注解与配套丛书"，深受广大读者的认同与喜爱，此后推出的第二、三、四、五版也持续热销。为了更好地服务读者，及时反映国家最新立法动态及法律文件的多次清理结果，我社决定推出"法律注解与配套丛书"（第六版）。

本丛书具有以下特点：

1. 由相关领域的具有丰富实践经验和学术素养的法律专业人士撰写适用导引，对相关法律领域作提纲挈领的说明，重点提示立法动态及适用重点、难点。

2. 对主体法中的重点法条及专业术语进行注解，帮助读者把握立法精神，理解条文含义。

3. 根据司法实践提炼疑难问题，由相关专家运用法律规定及原理进行权威解答。

4. 在主体法律文件之后择要收录与其实施相关的配套规定，便于读者查找、应用。

此外，为了凸显丛书简约、实用的特色，分册根据需要附上实用图表、办事流程等，方便读者查阅使用。

真诚希望本丛书的出版能给您在法律的应用上带来帮助和便利，同时也恳请广大读者对书中存在的不足之处提出批评和建议。

中国法制出版社
2023年7月

适用导引

1998年4月29日,第九届全国人民代表大会常务委员会第二次会议通过了《中华人民共和国消防法》,并于1998年9月1日起实施。该法共6章54条,主要规定了制定《消防法》①的目的,消防工作的方针、任务及消防监督的主体,机关、团体、企业、事业单位和公民个人的责任、义务;各部门及有关场所的火灾预防措施;公安消防队、企业专职消防队、义务消防队的配置;火灾扑救和社会救援中各有关部门的权利及义务;以及违反本法所应承担的法律责任等。

《消防法》自施行以来,在预防和减少火灾危害,维护人民群众生命财产安全等方面发挥了重要作用。但随着我国经济社会的发展,消防工作又面临一些新情况和新问题。2002年6月,全国人大常委会对《消防法》实施情况进行执法检查后,提出了"修改《消防法》,进一步完善与社会主义市场经济体制相适应的消防法律体系"的建议。2002年10月,公安部正式启动《消防法》修订工作,在深入调研,广泛征求地方政府、有关职能部门、企事业单位、公安机关、专家学者意见的基础上,反复修改,数易其稿,形成了《中华人民共和国消防法(修订草案送审稿)》,2006年4月,报请国务院审议。国务院法制办在广泛征求意见的基础上,作了进一步修改。2008年3月,《中华人民共和国消防法(修订草案)》经国务院常务会议讨论通过,提请全国人大常委会审议。2008年10月28日,第十一届全国人民代表大会常务委员会第五次会议三审通过了《消防法》修订案,并于2009年5月1日起施行。

---

① 为便于阅读,本书中相关法律文件名称中的"中华人民共和国"字样都予以省略。

修订后的《消防法》从消防安全管理制度、消防安全责任、消防执法监督等方面，对1998年《消防法》进行了全面的修改和完善。从结构上讲，修订后的《消防法》从6章54条增加为7章74条。同时，改变了1998年《消防法》将消防机构的监督管理责任分散规定在"火灾预防"一章中的做法，单独设立了"监督检查"一章，集中规定了政府及其职能部门，特别是公安消防机构的监督管理责任。从内容上讲，也变得更加丰富和完善，具体体现在以下五个方面：

一、建立健全消防社会化网络

修订后的《消防法》在总则中规定，按照政府统一领导、部门依法监管、单位全面负责、公民积极参与的原则，实行消防安全责任制，建立健全社会化的消防工作网络。较1998年《消防法》规定的"专门机关与群众相结合"的基本原则更加全面，它突出强调政府、部门、单位和公民都是消防工作的主体，共同构筑消防安全工作格局，任何一方都重要，不可偏废。

同时，2008年《消防法》还进一步明确和完善了各级人民政府、政府有关部门以及机关、团体、企业、事业等单位的消防安全职责，进一步明确了公民在消防工作中的权利和义务。

二、鼓励实行火灾公众责任险

通过保险机制分担风险，有利于解决火灾损失赔偿等问题。但实行强制保险涉及投保人范围、保险费率等复杂问题，制度的构建不宜操之过急。为此，2008年《消防法》规定，"国家鼓励、引导公众聚集场所和生产、储存、运输、销售易燃易爆危险品的企业投保火灾公众责任保险；鼓励保险公司承保火灾公众责任保险"。

三、消防工作城乡一体化

1998年《消防法》中的"城市规划"被修改为"城乡规划"，体现了对农村消防工作的高度重视。针对农业收获季节火灾多发这一特点，2008年《消防法》规定在农业收获季节，地方各级人民政府应当组织开展有针对性的消防宣传教育，采取防火措施，进行消防安全检查。明确村委会应当确定消防安全管理人，组织制定防火安全公约，进行消防安全检查，建立志愿消防队等多种形式的消防组织，开展群众性自防自救工作。另外，考虑到公安机关消防机构只在县级以上公安机关设立，而公安派出所覆盖广大农村和城市社区，2008年《消防法》赋予了公安派出所消防监督职责，规定公安派出所可以负责日常消防监督检查、开展消防宣传教育。

四、拓展政府应急救援职能

公安消防部队在现役体制、器材装备、训练管理等方面的优势，以及近年来公安消防部队应急救援工作成效显著，特别是在汶川特大地震灾害救援中的突出作用，使《消防法》修订中更进一步强化了对公安消防部队和政府专职消防队的应急救援能力建设及必要的保障措施的规定。

五、加大处罚力度

2008年《消防法》增加了15类消防违法行为，并对这些行为规定了相应的行政处罚，就有关违法行为增加了法律责任，明确了罚款幅度。在处罚的种类上，增加了责令停止执业（吊销相应资质、资格），对一些严重违反消防法规的行为，特别是危害公共安全的行为，增设了拘留处罚。同时，取消了处罚前"限期整改"的前置条件。

修订后的《消防法》进一步完善了与社会主义市场经济体制相适应的消防法律体系。此外，在整个消防法律体系中其他的一些法规、规章也发挥着重要的作用，在消防知识的学习、普及，消防工作的组织、培训、开展过程中也应给予重视。如：《危险化学品安全管理条例》《高层民用建筑消防安全管理规定》《城市消防规划建设管理规定》等消防法律法规，以及《建筑设计防火规范》《消防设施通用规范》等各类灭火系统工程设计规范。

2019年4月23日，《关于修改〈中华人民共和国建筑法〉等八部法律的决定》对《消防法》作了第一次修正。主要修改内容包括以下四个方面：

一是新的称谓变化。消防救援机构取代了公安机关消防机构，国家综合性消防救援队取代了公安消防队。

二是应急管理部门被赋予新的职能。如对辖区的消防工作进行监督管理；加强消防法律、法规的宣传，并督促、指导、协助有关单位做好消防宣传教育工作；将消防安全重点单位报本级人民政府备案；制订和公布消防产品相关政策；向本级人民政府书面报告重大火灾隐患等。

三是国务院住房和城乡建设主管部门承担建设工程审验相关工作。审验工程的范围，具体的审验和备案等行政审批，备案抽查、监督管理等，均由住房和城乡建设主管部门负责。

四是国务院住房和城乡建设主管部门承担建设工程相关行政处罚工作。对在建筑工程审验、检查等过程中发现的违法行为，住房和城乡建设主管部门依照《消防法》进行罚款、三停、强制执行等行政处罚。

2019年《消防法》修正后进一步完善了消防相关法律法规。如废止《建设工程消防监督管理规定》，新颁布《建设工程消防设计审查验收管理暂行规定》，对相关问题作出具体规定，以适应《消防法》的修订。

2021年4月29日，《关于修改〈中华人民共和国道路交通安全法〉等八部法律的决定》对《消防法》进行了第二次修正。本次修正的条文包括：第15条、第34条、第58条、第69条。

目 录

适用导引 ………………………………………………………… *1*

中华人民共和国消防法

第一章 总 则

第一条 【立法目的】 ………………………………………… 1
第二条 【消防工作的方针、原则】 ………………………… 2
  1. 如何理解社会化消防工作网络 …………………………… 2
第三条 【各级人民政府的消防工作职责】 ………………… 2
第四条 【消防工作监督管理体制】 ………………………… 2
  2. 如何理解本条的"法律法规另有规定" ………………… 3
第五条 【单位、个人的消防义务】 ………………………… 3
第六条 【消防宣传教育义务】 ……………………………… 4
第七条 【鼓励支持消防事业，表彰奖励有突出贡献的
        单位、个人】 ……………………………………… 5

第二章 火灾预防

第八条 【消防规划】 ………………………………………… 5
第九条 【消防设计施工的要求】 …………………………… 6
第十条 【消防设计审查验收制度】 ………………………… 7
  3. 消防设计审查职责部门有哪些 …………………………… 7
  4. 建设工程消防设计审查验收管理如何进行 ……………… 7

第十一条　【消防设计审核】················ 8
第十二条　【消防设计未经审核或者不合格的法律后果】················ 9
第十三条　【消防验收和备案、抽查】········ 9
5. 消防验收和备案、抽查制度的适用范围 ······ 10
6. 消防验收制度查验的内容 ················ 10
7. 建设工程消防验收备案结果通知是否是可诉的行政行为？ ···························· 10
第十四条　【消防设计审查、消防验收、备案和抽查的具体办法】················ 10
第十五条　【公众聚集场所的消防安全检查】 ··· 10
8. 《消防法》第二次修正后消防监督检查中的告知承诺制如何应用 ···················· 11
9. 告知承诺制度的具体内容 ················ 12
第十六条　【单位的消防安全职责】············ 12
第十七条　【消防安全重点单位的消防安全职责】 ··· 13
10. 哪些场所和部位属于消防安全重点部位 ··· 15
第十八条　【共用建筑物的消防安全责任】 ······ 15
第十九条　【易燃易爆危险品生产经营场所的设置要求】························ 16
第二十条　【大型群众性活动的消防安全】 ······ 16
11. 大型群众性活动举办前对活动现场进行消防安全检查，应当重点检查哪些内容 ······ 17
第二十一条　【特殊场所和特种作业防火要求】 ··· 18
第二十二条　【危险物品生产经营单位设置的消防安全要求】························ 18
第二十三条　【易燃易爆危险品和可燃物资仓库管理】 ······ 19

第二十四条	【消防产品标准、强制性产品认证和技术鉴定制度】 ……	20
第二十五条	【对消防产品质量的监督检查】 ……	21
第二十六条	【建筑构件、建筑材料和室内装修、装饰材料的防火要求】 ……	21
第二十七条	【电器产品、燃气用具产品标准及其安装、使用的消防安全要求】 ……	22
第二十八条	【保护消防设施、器材，保障消防通道畅通】 …	22
第二十九条	【公共消防设施的维护】 ……	22
第 三 十 条	【加强农村消防工作】 ……	22
第三十一条	【重要防火时期的消防工作】 ……	22
第三十二条	【基层组织的群众性消防工作】 ……	23
第三十三条	【火灾公众责任保险】 ……	23
第三十四条	【对消防安全技术服务的规范】 ……	23

第三章 消防组织

第三十五条	【消防组织建设】 ……	24
第三十六条	【政府建立消防队】 ……	24
第三十七条	【应急救援职责】 ……	25
第三十八条	【消防队的能力建设】 ……	26
第三十九条	【单位建立专职消防队】 ……	26
第 四 十 条	【专职消防队的验收及队员福利待遇】 ……	27
第四十一条	【群众性消防组织】 ……	27
第四十二条	【消防救援机构与专职消防队、志愿消防队等消防组织的关系】 ……	28

第四章 灭火救援

| 第四十三条 | 【火灾应急预案、应急反应和处置机制】 …… | 28 |

第四十四条　【火灾报警；现场疏散、扑救；消防队接警出动】 …… 28
第四十五条　【组织火灾现场扑救及火灾现场总指挥的权限】 …… 30
 12. 火场总指挥员应当由什么人担任 …… 30
第四十六条　【重大灾害事故应急救援实行统一领导】…… 30
 13. 国家综合性消防救援队有哪些火灾以外的其他灾害或者事故救援义务 …… 31
第四十七条　【消防交通优先】 …… 31
 14. 消防车执行救火任务时有哪些通行特权 …… 31
第四十八条　【消防设施、器材严禁挪作他用】 …… 32
第四十九条　【扑救火灾、应急救援免收费用】 …… 32
第 五 十 条　【医疗抚恤】 …… 32
 15. 国家对消防救援队伍人员有哪些优惠政策 …… 32
第五十一条　【火灾事故调查】 …… 34
 16. 如何确定火灾原因的调查机关 …… 34
 17. 火灾事故等级如何确定 …… 35
 18. 当事人对火灾事故认定有异议的，如何处理 …… 35
 19. 火灾事故认定是否具有可诉性？ …… 36

第五章　监督检查

第五十二条　【人民政府的监督检查】 …… 36
第五十三条　【消防救援机构的监督检查】 …… 36
第五十四条　【消除火灾隐患】 …… 37
 20. 什么是火灾隐患 …… 37
 21. 消防救援机构发现火灾隐患后应如何处理 …… 37
第五十五条　【重大消防隐患的发现及处理】 …… 38

第五十六条 【住房和城乡建设主管部门、消防救援机构及其工作人员应当遵循的执法原则】……… 38

第五十七条 【对负消防救援责任的机构及其工作人员的社会监督】…………………… 38

第六章 法律责任

第五十八条 【对不符合消防设计审查、消防验收、消防安全检查要求的行为的处罚】………… 39

第五十九条 【对不按消防技术标准设计、施工的行为的处罚】…………………………… 40

第 六 十 条 【对违背消防安全职责行为的处罚】……… 40

第六十一条 【对易燃易爆危险品生产经营场所设置不符合规定的处罚】……………… 41

第六十二条 【对涉及消防的违反治安管理行为的处罚】… 41

第六十三条 【对违反危险场所消防管理规定行为的处罚】……………………………… 42

第六十四条 【对过失引起火灾、阻拦报火警等行为的处罚】…………………………… 42

第六十五条 【对生产、销售、使用不合格或国家明令淘汰的消防产品行为的处理】………… 44

第六十六条 【对电器产品、燃气用具的安装、使用等不符合消防技术标准和管理规定的处罚】… 44

第六十七条 【单位未履行消防安全职责的法律责任】…… 45

第六十八条 【人员密集场所现场工作人员不履行职责的法律责任】…………………… 45

第六十九条 【消防技术服务机构失职的法律责任】…… 45

第 七 十 条 【对违反消防法行为的处罚程序】……… 46

第七十一条 【有关主管部门的工作人员滥用职权、
玩忽职守、徇私舞弊的法律责任】 …… 46
22. "尚不构成犯罪"是指什么情况 …… 47
第七十二条 【违反消防法构成犯罪的刑事责任】 …… 47

第七章 附 则

第七十三条 【专门用语的含义】 …… 47
第七十四条 【生效日期】 …… 48

配 套 法 规

中华人民共和国治安管理处罚法（节录） …… 49
（2012年10月26日）
中华人民共和国刑法（节录） …… 51
（2020年12月26日）
中华人民共和国消防救援衔条例 …… 54
（2018年10月26日）
中华人民共和国消防救援衔标志式样和佩带办法 …… 60
（2018年11月6日）
中华人民共和国安全生产法 …… 62
（2021年6月10日）
建设工程消防设计审查验收管理暂行规定 …… 91
（2020年4月1日）
国务院办公厅关于国家综合性消防救援车辆悬挂应急
救援专用号牌有关事项的通知 …… 101
（2018年12月4日）

关于做好国家综合性消防救援队伍人员有关优待工作
　　的通知 ·· 103
　　（2019 年 8 月 14 日）
国家综合性消防救援队伍消防员招录办法 ·················· 106
　　（2021 年 7 月 29 日）
消防技术服务机构从业条件 ·· 111
　　（2019 年 8 月 29 日）
住房和城乡建设部、应急管理部关于做好移交承接建
　　设工程消防设计审查验收职责的通知 ······················ 116
　　（2019 年 3 月 27 日）
森林防火条例 ·· 117
　　（2008 年 12 月 1 日）
草原防火条例 ·· 128
　　（2008 年 11 月 29 日）
高层民用建筑消防安全管理规定 ······································ 138
　　（2021 年 6 月 21 日）
消防产品监督管理规定 ·· 151
　　（2012 年 8 月 13 日）
社会消防技术服务管理规定 ·· 160
　　（2021 年 9 月 13 日）
消防救援机构办理行政案件程序规定 ······························ 168
　　（2021 年 10 月 15 日）
机关、团体、企业、事业单位消防安全管理规定 ·········· 200
　　（2001 年 11 月 14 日）
火灾事故调查规定 ·· 212
　　（2012 年 7 月 17 日）

消防监督检查规定 ……………………………………… 223
　　（2012年7月17日）
消防安全责任制实施办法 ……………………………… 236
　　（2017年10月29日）
注册消防工程师管理规定 ……………………………… 248
　　（2017年3月16日）
社会消防安全教育培训规定 …………………………… 260
　　（2009年4月13日）

中华人民共和国消防法

（1998年4月29日第九届全国人民代表大会常务委员会第二次会议通过 2008年10月28日第十一届全国人民代表大会常务委员会第五次会议修订 根据2019年4月23日第十三届全国人民代表大会常务委员会第十次会议《关于修改〈中华人民共和国建筑法〉等八部法律的决定》第一次修正 根据2021年4月29日第十三届全国人民代表大会常务委员会第二十八次会议《关于修改〈中华人民共和国道路交通安全法〉等八部法律的决定》第二次修正）

目 录

第一章 总 则
第二章 火灾预防
第三章 消防组织
第四章 灭火救援
第五章 监督检查
第六章 法律责任
第七章 附 则

第一章 总 则

第一条 【立法目的】* 为了预防火灾和减少火灾危害，加强应急救援工作，保护人身、财产安全，维护公共安全，制定本法。

---

* 条文主旨为编者所加，下同。

第二条 【消防工作的方针、原则】消防工作贯彻预防为主、防消结合的方针,按照政府统一领导、部门依法监管、单位全面负责、公民积极参与的原则,实行消防安全责任制,建立健全社会化的消防工作网络。

应用

1. 如何理解社会化消防工作网络

政府统一领导、部门依法监管、单位全面负责、公民积极参与是消防工作的原则。消防工作是一项重要的社会公共安全事业,既有较强的法规性、政策性,也因为关系到千家万户的利益,而具有广泛的社会性和群众性,因此,加强消防工作需要综合发挥各方面的作用:政府作为社会公共安全事业的管理者,应当担负领导责任;专门机关作为法律和政策的执行者,应当依法监督管理消防事务;社会各界也应当有组织地积极参与消防。具体而言:

(1) 政府统一领导,就是政府应当从总体上指挥、部署、规划、支持和协调全国或本行政区域的消防工作,各级人民政府应当将消防工作纳入国民经济和社会发展计划,负责本行政区域内的消防工作。

(2) 部门依法监管,就是政府各部门在各自的职责范围内切实加大执法力度,依法加强监管。

(3) 单位全面负责,是指各单位要全面落实消防安全责任制,建立并落实消防安全自我管理、自我检查、自我整改机制,做好各项消防工作,确保本单位消防安全。

(4) 公民积极参与,这一原则要求充分发挥专门消防机构的主导作用,由消防机构统一监督管理消防工作的同时,在防火和火灾扑救中注意广泛发动群众、组织群众、依靠群众,切实发挥群众的智慧和力量。

第三条 【各级人民政府的消防工作职责】国务院领导全国的消防工作。地方各级人民政府负责本行政区域内的消防工作。

各级人民政府应当将消防工作纳入国民经济和社会发展计划,保障消防工作与经济社会发展相适应。

第四条 【消防工作监督管理体制】国务院应急管理部门对全国的消防工作实施监督管理。县级以上地方人民政府应急管理部门对本行政区域内的消防工作实施监督管理,并由本级人民政府消防救援机构负责实施。军事设施的消防工作,由其主管单位监督管理,消防救援机构协助;矿井地下部分、核电厂、海上石油天然气设施的消防工作,由其主管单位监督管理。

县级以上人民政府其他有关部门在各自的职责范围内,依照本法和其他相关法律、法规的规定做好消防工作。

法律、行政法规对森林、草原的消防工作另有规定的,从其规定。

> 应用

2. 如何理解本条的"法律法规另有规定"

这里的"法律法规另有规定"是指《森林法》《草原法》《森林防火条例》《草原防火条例》等法律、行政法规关于森林、草原消防工作的规定。

> 配套

《森林法》第20条、第21条;《森林防火条例》第1条、第2条、第6-10条、第12条;《草原法》第41条、第53条;《草原防火条例》第1条、第2条

第五条 【单位、个人的消防义务】任何单位和个人都有维护消防安全、保护消防设施、预防火灾、报告火警的义务。任何单位和成年人都有参加有组织的灭火工作的义务。

> 注解

这里的"有组织的灭火"是指在参加灭火工作时要有组织、有秩序地进行,而不是指参加灭火工作要获得哪一级行政机构、单位的批准或安排,不是指只有应急管理部门及消防救援机构组织的灭火才能参加。组织灭火不管是应急管理部门及消防救援机构,基层人民政府,单位,村民,居民委员会,专职、义务消防组织,还是消防员或火场有组织能力的公民,只要有火灾就要组织灭火,有关人员就应当参加灭火工作,只要参加灭火工作就要服从统一的组织和指挥。在应急管理部门及消防救援机构参加的灭火中,应当由应急管理部门及消防救援机构统一实施灭火指挥,各有关单位、个人应当自觉地服从应急管理部门及消防救援机构的统一指挥。不得组织未成年人参

加火灾扑救。

第六条　【消防宣传教育义务】各级人民政府应当组织开展经常性的消防宣传教育，提高公民的消防安全意识。

机关、团体、企业、事业等单位，应当加强对本单位人员的消防宣传教育。

应急管理部门及消防救援机构应当加强消防法律、法规的宣传，并督促、指导、协助有关单位做好消防宣传教育工作。

教育、人力资源行政主管部门和学校、有关职业培训机构应当将消防知识纳入教育、教学、培训的内容。

新闻、广播、电视等有关单位，应当有针对性地面向社会进行消防宣传教育。

工会、共产主义青年团、妇女联合会等团体应当结合各自工作对象的特点，组织开展消防宣传教育。

村民委员会、居民委员会应当协助人民政府以及公安机关、应急管理等部门，加强消防宣传教育。

注 解

进行消防宣传的教育、培训内容可分三个层次：

一是消防知识普及教育。目的是使受训对象掌握了解消防的基本知识和基本技能。如物质的燃烧知识，一般的灭火方法，灭火器的使用方法，发生火灾时的自救、救援逃生技能，家庭防火知识，应当遵守的一般消防安全法规。

二是具有火灾危险作业人员岗位培训。目的是使从业人员掌握本岗位的消防安全知识，适应本岗位消防安全的需要，维护消防安全。

三是专业培训。目的是使消防监督人员、消防设计人员、消防工程施工人员、质量监督人员、消防科研、教学人员掌握本岗位所需的消防专业知识。内容一般包括消防法律、法规、规章、地方性法规、消防技术标准等。新闻、出版、广播、电影、电视等有关主管部门，有进行消防安全宣传教育的义务。

每年的11月9日，是我国的"119"消防宣传活动日，与我国火警电话"119"保持一致。

> 配套

《社会消防安全教育培训规定》

第七条　【鼓励支持消防事业，表彰奖励有突出贡献的单位、个人】国家鼓励、支持消防科学研究和技术创新，推广使用先进的消防和应急救援技术、设备；鼓励、支持社会力量开展消防公益活动。

对在消防工作中有突出贡献的单位和个人，应当按照国家有关规定给予表彰和奖励。

第二章　火灾预防

第八条　【消防规划】地方各级人民政府应当将包括消防安全布局、消防站、消防供水、消防通信、消防车通道、消防装备等内容的消防规划纳入城乡规划，并负责组织实施。

城乡消防安全布局不符合消防安全要求的，应当调整、完善；公共消防设施、消防装备不足或者不适应实际需要的，应当增建、改建、配置或者进行技术改造。

> 注解

"消防站"，是指依法建立的，直接担负着组织和实施火灾扑救，减少火灾危害，保卫社会主义现代化建设和人民生命财产安全重要任务的公安基层消防组织。消防站分为普通消防站、特种消防站和水上消防站等。消防站的位置和用地，应当按照国家的有关规定，在城市总体规划中预先确定，由城市规划部门进行控制，任何个人和单位不得占用。消防站的布局，应当以接到报警5分钟内消防队可以到达责任区边缘为原则，每个消防站责任区面积宜为4—7平方公里。"消防供水"的形式多种多样，如天然水源和特定消防水源等。特定消防水源一般是指根据城乡的具体条件和灭火的需要而建立的专门用于消防的水源。如合用的或单独的消防给水管道、消防水池、水井或者加水栓等。市政消火栓规格必须统一，拆除或移动市政消火栓时，必须征得当地公安机关消防机构同意。同时，为了提高灭火能力，减少火灾损失，应当充分利用江河、湖泊、水塘等天然水源，并修建通向天然水源的消防车通道和取水设施。"消防通信"，主要指有线、无线火灾报警系统和消防通讯指挥系统，如"119"火警专线。在进行城乡规划的过程中，要规划建设先进的消防通信，便于及时报警和尽快到达火灾现场。城市火警总调度台与城市供水、供电、供气、急救、交通、环保等部门之间，应当设有专线通信通讯。"消防车通道"，是指为救火的需要，在城乡规划中设计的保证消防车通过的道路。消防车通道的宽度、间距和转弯半径等应当符合国家有关规定。为了保障消防车通道的畅通，任何个人或者单位，不准挖掘或者占用消防车通道，必须临时挖掘或者占用时，批准单位必须及时通知公安机关消防机构。只有保证消防车通道的畅通，在一旦发生火灾时，消防车才能及时到达火灾现场，减少火灾所造成的损失。"消防装备"，主要包括消防车辆、消防船艇、机动泵、通讯设备、防毒面具、灭火器材、灭火药剂、战斗服装等。消防装备是消防队进行灭火救援的重要武器。为了适应救火和应急救援的需要，要加强对消防装备的管理、维修和保养，使其保持完整好用，随时处于战备状态。

配套

《城市消防规划建设管理规定》

第九条 【消防设计施工的要求】建设工程的消防设计、施工必须符合国家工程建设消防技术标准。建设、设计、施工、工程监理等单位依法对建设工程的消防设计、施工质量负责。

注解

"消防设计"，是指根据国家工程建设消防技术标准的要求，在建设工程设计中涉及消防安全的内容。包括总平面布局和平面布置中涉及消防安全的防火间距、消防车道、消防水源等；建筑防火防烟分区和建筑构造；安全疏散和消防电梯；消防给水和自动灭火系统；防烟、排烟和通风、空调系统的防火设计；消防电源及其配电；火灾应急照明、应急广播和疏散指示标志；火灾自动报警系统和消防控制室；建筑内部装修的防火设计；建筑灭火器配置等。

国家工程建设消防技术标准是指国家颁布的各类建筑设计防火规范的总和。包括建筑、天然气、石油、火工、电气、化工、消防灭火器材及其他类型的消防安全管理措施和技术规范。

具体有：《建筑设计防火规范》（GB50016-2014）（2018年修订版）、《建筑内部装修设计防火规范》（GB50222-2017）、《石油化工企业设计防火标准》（GB50160-2008）（2018年修订版）、《爆炸危险环境电力装置设计规范》（GB50058-2014）、《火灾自动报警系统设计规范》（GB50116-2013）、《水电工程设计防火规范》（GB50872-2014）、《自动喷水灭火系统设计规范》（GB50084-2017）等。

配套

《建筑法》；《标准化法》；《建设工程消防设计审查验收管理暂行规定》；《建筑设计防火规范》；《建筑内部装修设计防火规范》

第十条　【消防设计审查验收制度】 对按照国家工程建设消防技术标准需要进行消防设计的建设工程，实行建设工程消防设计审查验收制度。

应用

3. 消防设计审查职责部门有哪些

根据《中共中央办公厅 国务院办公厅关于调整住房和城乡建设部职责机构编制的通知》（2018年9月13日），将公安部指导建设工程消防设计审查职责划入住房和城乡建设部，涉及消防部队相关人员编制的划转待转隶后另行核定。

4. 建设工程消防设计审查验收管理如何进行

国务院住房和城乡建设主管部门负责指导监督全国建设工程消防设计审查验收工作。县级以上地方人民政府住房和城乡建设主管部门（以下简称消防设计审查验收主管部门）依职责承担本行政区域内建设工程的消防设计审查、消防验收、备案和抽查工作。跨行政区域建设工程的消防设计审查、消防验收、备案和抽查工作，由该建设工程所在行政区域消防设计审查验收主管部门共同的上一级主管部门指定负责。

消防设计审查验收主管部门应当运用互联网技术等信息化手段开展消防设计审查、消防验收、备案和抽查工作，建立健全有关单位和从业人员的信用管理制度，不断提升政务服务水平。消防设计审查验收主管部门实施消设计审查、消防验收、备案和抽查工作所需经费，按照《行政许可法》等有关法律法规的规定执行。

【配套】

《中共中央办公厅 国务院办公厅关于调整住房和城乡建设部职责机构编制的通知》；《建设工程消防设计审查验收管理暂行规定》

第十一条 【消防设计审核】国务院住房和城乡建设主管部门规定的特殊建设工程，建设单位应当将消防设计文件报送住房和城乡建设主管部门审查，住房和城乡建设主管部门依法对审查的结果负责。

前款规定以外的其他建设工程，建设单位申请领取施工许可证或者申请批准开工报告时应当提供满足施工需要的消防设计图纸及技术资料。

【注解】

关于本条有三点需要注意：

1. 所谓"特殊建设工程"，是指：（1）总建筑面积大于20000平方米的体育场馆、会堂，公共展览馆、博物馆的展示厅；（2）总建筑面积大于15000平方米的民用机场航站楼、客运车站候车室、客运码头候船厅；（3）总建筑面积大于10000平方米的宾馆、饭店、商场、市场；（4）总建筑面积大于2500平方米的影剧院，公共图书馆的阅览室，营业性室内健身、休闲场馆，医院的门诊楼，大学的教学楼、图书馆、食堂，劳动密集型企业的生产加工车间，寺庙、教堂；（5）总建筑面积大于1000平方米的托儿所、幼儿园的儿童用房，儿童游乐厅等室内儿童活动场所，养老院、福利院，医院、疗养院的病房楼，中小学校的教学楼、图书馆、食堂，学校的集体宿舍，劳动密集型企业的员工集体宿舍；（6）总建筑面积大于500平方米的歌舞厅、录像厅、放映厅、卡拉OK厅、夜总会、游艺厅、桑拿浴室、网吧、酒吧，具有娱乐功能的餐馆、茶馆、咖啡厅；（7）国家工程建设消防技术标准规定的一类高层住宅建筑；（8）城市轨道交通、隧道工程，大型发电、变配电工程；（9）生产、储存、装卸易燃易爆危险物品的工厂、仓库和专用车站、码头，易燃易爆气体和液体的充装站、供应站、调压站；（10）国家机关办公楼、电力调度楼、电信楼、邮政楼、防灾指挥调度楼、广播电视楼、档案楼；(11) 设有本条第 1 项至第 6 项所列情形的建设工程；(12) 本条第 10 项、第 11 项规定以外的单体建筑面积大于 40000 平方米或者建筑高度超过 50 米的公共建筑。

2. 本条所规定的报送审核的责任主体是建设单位，是指投资进行某项工程建设的任何单位或者个人，即建设工程的所有者，也称为建设工程的"业主"。建设单位申请消防设计审查，应当提交下列材料：(1) 消防设计审查申请表；(2) 消防设计文件；(3) 依法需要办理建设工程规划许可的，应当提交建设工程规划许可文件；(4) 依法需要批准的临时性建筑，应当提交批准文件。

3. 应急管理部门及消防救援机构必须坚持原则，认真负责，严格依照消防法律、法规和消防技术标准进行消防设计审核，对于不符合消防安全要求的消防设计，不得准予审核合格。应急管理部门及消防救援机构依照本法以及《行政许可法》等法律规定对审核的结果负责。应急管理部门及消防救援机构和工作人员在消防设计审核工作中有失职、渎职行为的，应按照本法第 71 条、第 72 条的规定追究其法律责任。

配套

《行政许可法》第 5-7 条、第 29-32 条、第 34 条、第 38 条、第 42 条、第 44 条、第 74 条、第 76 条；《建设工程消防设计审查验收管理暂行规定》第 14 条、第 16 条、第三章、第四章

第十二条　【消防设计未经审核或者不合格的法律后果】 特殊建设工程未经消防设计审查或者审查不合格的，建设单位、施工单位不得施工；其他建设工程，建设单位未提供满足施工需要的消防设计图纸及技术资料的，有关部门不得发放施工许可证或者批准开工报告。

第十三条　【消防验收和备案、抽查】 国务院住房和城乡建设主管部门规定应当申请消防验收的建设工程竣工，建设单位应当向住房和城乡建设主管部门申请消防验收。

前款规定以外的其他建设工程，建设单位在验收后应当报住房和城乡建设主管部门备案，住房和城乡建设主管部门应当进行抽查。

依法应当进行消防验收的建设工程，未经消防验收或者消防验收不合格的，禁止投入使用；其他建设工程经依法抽查不合格的，

应当停止使用。

`应用`

5. 消防验收和备案、抽查制度的适用范围

实行消防验收和备案、抽查制度的适用范围并不适用于所有的建设工程，而是适用于按照国家工程建设消防技术标准需要进行消防设计的建设工程。其适用前提是建设工程竣工，即建设工程已按照设计要求完成全部施工任务，由建筑施工企业交付给建设单位准备投入使用的。竣工后，建设单位按照规定，区分不同对象，分别申请消防验收或者向公安机关消防机构备案。

6. 消防验收制度查验的内容

建设单位组织竣工验收时，应当对建设工程是否符合下列要求进行查验：

（1）完成工程消防设计和合同约定的消防各项内容。（2）有完整的工程消防技术档案和施工管理资料（含涉及消防的建筑材料、建筑构配件和设备的进场试验报告）。（3）建设单位对工程涉及消防的各分部分项工程验收合格；施工、设计、工程监理、技术服务等单位确认工程消防质量符合有关标准。（4）消防设施性能、系统功能联调联试等内容检测合格。

经查验不符合前述规定的建设工程，建设单位不得编制工程竣工验收报告。

7. 建设工程消防验收备案结果通知是否是可诉的行政行为？

建设工程消防验收备案结果通知含有消防竣工验收是否合格的评定，具有行政确认的性质，当事人对公安机关消防机构的消防验收备案结果通知行为提起行政诉讼的，人民法院应当依法予以受理。（参见最高人民法院指导案例59号，戴世华诉济南市公安消防支队消防验收纠纷案）

`配套`

《建设工程质量管理条例》第16条、第49条；《建设工程消防设计审查验收管理暂行规定》

第十四条 【消防设计审查、消防验收、备案和抽查的具体办法】 建设工程消防设计审查、消防验收、备案和抽查的具体办法，由国务院住房和城乡建设主管部门规定。

第十五条 【公众聚集场所的消防安全检查】 公众聚集场所投

入使用、营业前消防安全检查实行告知承诺管理。公众聚集场所在投入使用、营业前，建设单位或者使用单位应当向场所所在地的县级以上地方人民政府消防救援机构申请消防安全检查，作出场所符合消防技术标准和管理规定的承诺，提交规定的材料，并对其承诺和材料的真实性负责。

消防救援机构对申请人提交的材料进行审查；申请材料齐全、符合法定形式的，应当予以许可。消防救援机构应当根据消防技术标准和管理规定，及时对作出承诺的公众聚集场所进行核查。

申请人选择不采用告知承诺方式办理的，消防救援机构应当自受理申请之日起十个工作日内，根据消防技术标准和管理规定，对该场所进行检查。经检查符合消防安全要求的，应当予以许可。

公众聚集场所未经消防救援机构许可的，不得投入使用、营业。消防安全检查的具体办法，由国务院应急管理部门制定。

注解

根据本法第 73 条的规定，这里的"公众聚集场所"是指宾馆、饭店、商场、集贸市场、客运车站候车室、客运码头候船厅、民用机场航站楼、体育场馆、会堂以及公共娱乐场所等。根据《娱乐场所管理条例》的规定，"娱乐场所"，是指以营利为目的，并向公众开放、消费者自娱自乐的歌舞、游艺等场所。这里的"公共娱乐场所"，主要包括影剧院、录像厅、礼堂等演出、放映场所；舞厅、卡拉 OK 厅等歌舞娱乐场所；具有娱乐功能的夜总会、音乐茶座和餐饮场所；游艺、游乐场所；保龄球馆、旱冰场、桑拿浴室等营业性健身、休闲场所等。

应用

8. 《消防法》第二次修正后消防监督检查中的告知承诺制如何应用

2021 年 4 月 29 日《消防法》第二次修正后，将公众聚集场所投入使用、营业前的消防安全事前核查制修改为告知承诺制，即消防救援机构在公众聚集场所投入使用、营业前仅进行形式审查，将核查（实质审查）放在许可之后。但是公众聚集场所的建设单位或使用单位对采用事前核查制或告知承诺制有选择权，选择不采用告知承诺制的，仍适用事前核查制。

9. 告知承诺制度的具体内容

（1）申请时间：公众聚集场所在投入使用、营业前。

（2）申请主体：建设单位或者使用单位。

（3）向谁申请：场所所在地的县级以上地方人民政府消防救援机构。

（4）提交材料：申请主体需作出场所符合消防技术标准和管理规定的承诺，提交规定的材料，并对其承诺和材料的真实性负责。

（5）检查时间：消防救援机构对申请人提交的材料进行审查；申请材料齐全、符合法定形式的，应当予以许可。消防救援机构应当根据消防技术标准和管理规定，及时对作出承诺的公众聚集场所进行核查。

【配套】

《建筑设计防火规范》；《火灾自动报警系统设计规范》；《气体灭火系统设计规范》；《机关、团体、企业、事业单位消防安全管理规定》第16条

第十六条　【单位的消防安全职责】 机关、团体、企业、事业等单位应当履行下列消防安全职责：

（一）落实消防安全责任制，制定本单位的消防安全制度、消防安全操作规程，制定灭火和应急疏散预案；

（二）按照国家标准、行业标准配置消防设施、器材，设置消防安全标志，并定期组织检验、维修，确保完好有效；

（三）对建筑消防设施每年至少进行一次全面检测，确保完好有效，检测记录应当完整准确，存档备查；

（四）保障疏散通道、安全出口、消防车通道畅通，保证防火防烟分区、防火间距符合消防技术标准；

（五）组织防火检查，及时消除火灾隐患；

（六）组织进行有针对性的消防演练；

（七）法律、法规规定的其他消防安全职责。

单位的主要负责人是本单位的消防安全责任人。

【配套】

《机关、团体、企业、事业单位消防安全管理规定》第4-6条、第18条、第21条、第26-29条；《国务院办公厅关于印发消防安全责任制实施办

法的通知》

第十七条 【消防安全重点单位的消防安全职责】县级以上地方人民政府消防救援机构应当将发生火灾可能性较大以及发生火灾可能造成重大的人身伤亡或者财产损失的单位，确定为本行政区域内的消防安全重点单位，并由应急管理部门报本级人民政府备案。

消防安全重点单位除应当履行本法第十六条规定的职责外，还应当履行下列消防安全职责：

（一）确定消防安全管理人，组织实施本单位的消防安全管理工作；

（二）建立消防档案，确定消防安全重点部位，设置防火标志，实行严格管理；

（三）实行每日防火巡查，并建立巡查记录；

（四）对职工进行岗前消防安全培训，定期组织消防安全培训和消防演练。

注解

根据《公安部关于实施〈机关、团体、企业、事业单位消防安全管理规定〉有关问题的通知》，《机关、团体、企业、事业单位消防安全管理规定》第13条所列消防安全重点单位的界定标准如下：

（一）商场（市场）、宾馆（饭店）、体育场（馆）、会堂、公共娱乐场所等公众聚集场所：

1. 建筑面积在1000平方米（含本数，下同）以上且经营可燃商品的商场（商店、市场）；2. 客房数在50间以上的宾馆（旅馆、饭店）；3. 公共的体育场（馆）、会堂；4. 建筑面积在200平方米以上的公共娱乐场所（"公共娱乐场所"系指公安部《公共娱乐场所消防安全管理规定》第2条所列场所）。

（二）医院、养老院和寄宿制的学校、托儿所、幼儿园：

1. 住院床位在50张以上的医院；2. 老人住宿床位在50张以上的养老院；3. 学生住宿床位在100张以上的学校；4. 幼儿住宿床位在50张以上的托儿所、幼儿园。

（三）国家机关：

1. 县级以上的党委、人大、政府、政协；2. 人民检察院、人民法院；

3. 中央和国务院各部委；4. 共青团中央、全国总工会、全国妇联的办事机关。

（四）广播、电视和邮政、通信枢纽：

1. 广播电台、电视台；2. 城镇的邮政、通信枢纽单位。

（五）客运车站、码头、民用机场：

1. 候车厅、候船厅的建筑面积在 500 平方米以上的客运车站和客运码头；2. 民用机场。

（六）公共图书馆、展览馆、博物馆、档案馆以及具有火灾危险性的文物保护单位：

1. 建筑面积在 2000 平方米以上的公共图书馆、展览馆；2. 公共博物馆、档案馆；3. 具有火灾危险性的县级以上文物保护单位。

（七）发电厂（站）和电网经营企业。

（八）易燃易爆化学物品的生产、充装、储存、供应、销售单位：

1. 生产易燃易爆化学物品的工厂；2. 易燃易爆气体和液体的灌装站、调压站；3. 储存易燃易爆化学物品的专用仓库（堆场、储罐场所）；4. 营业性汽车加油站、加气站，液化石油气供应站（换瓶站）；5. 经营易燃易爆化学物品的化工商店（其界定标准，以及其他需要界定的易燃易爆化学物品性质的单位及其标准，由省级消防救援机构根据实际情况确定）。

（九）劳动密集型生产、加工企业：

生产车间员工在 100 人以上的服装、鞋帽、玩具等劳动密集型企业。

（十）重要的科研单位：

界定标准由省级消防救援机构根据实际情况确定。

（十一）高层公共建筑、地下铁道、地下观光隧道，粮、棉、木材、百货等物资仓库和堆场，重点工程的施工现场：

1. 高层公共建筑的办公楼（写字楼）、公寓楼等；2. 城市地下铁道、地下观光隧道等地下公共建筑和城市重要的交通隧道；3. 国家储备粮库、总储量在 10000 吨以上的其他粮库；4. 总储量在 500 吨以上的棉库；5. 总储量在 10000 立方米以上的木材堆场；6. 总储存价值在 1000 万元以上的可燃物品仓库、堆场；7. 国家和省级等重点工程的施工现场。

（十二）其他发生火灾可能性较大以及一旦发生火灾可能造成人身重大伤亡或者财产重大损失的单位：

界定标准由省级消防救援机构根据实际情况确定。

> 应用

10. 哪些场所和部位属于消防安全重点部位

单位应当将容易发生火灾、一旦发生火灾可能严重危及人身和财产安全以及对消防安全有重大影响的部位确定为消防安全重点部位,设置明显的防火标志,实行严格管理。消防安全重点部位由单位消防安全组织根据本单位的实际情况确定,报消防救援机构备案,并采取特别严格的防火措施,加强消防安全管理。消防安全重点部位一般包括下列部位或场所。

(1) 容易发生火灾的部位。A. 油漆、喷漆、油浸工作场所;B. 烘烤、电气焊割、火炉点炉房等明火作业的工作场所;C. 化工、化验、木工、粉尘等高度火灾危险性场所;D. 易燃、易爆、化学危险物品的生产、使用、储存、销售的站、店、库等场所。

(2) 发生火灾后影响消防安全重点单位全局的部位、场所:变配电室、消防自动控制室、广播总控室、生产总控、调度室、计算机房、供气、供水、供电的调研室、档案资料中心、重要精密仪器设备室。

(3) 物资集中场所:各种物品的库房、堆场、集放地、储藏室,先进设备的生产车间实验室。

(4) 人员集中的场所:公众聚集的文化、体育、娱乐、聚集场所,集体宿舍、施工地工棚、医院、食堂、招待所、幼儿园。

> 配套

《机关、团体、企业、事业单位消防安全管理规定》第7条、第13条、第19条、第25条、第36条、第38-43条

第十八条 【共用建筑物的消防安全责任】 同一建筑物由两个以上单位管理或者使用的,应当明确各方的消防安全责任,并确定责任人对共用的疏散通道、安全出口、建筑消防设施和消防车通道进行统一管理。

住宅区的物业服务企业应当对管理区域内的共用消防设施进行维护管理,提供消防安全防范服务。

> 注解

同一建筑物由两个以上单位管理或者使用的,首先,应当明确各方的消

防安全责任，两个以上单位管理和使用同一建筑物的，可以通过订立合同、协议，明确在火灾预防和扑救工作中各自应当承担的消防安全责任和义务。其次，应当确定责任人对共用的疏散通道、安全出口、建筑消防设施和消防车通道进行统一管理，保证共用的疏散通道、安全出口、消防车通道畅通，建筑消防设施完好有效，从而有效地预防和减少火灾的发生。

配套

《民法典》第284条、第285条；《机关、团体、企业、事业单位消防安全管理规定》第8-10条

第十九条　【易燃易爆危险品生产经营场所的设置要求】生产、储存、经营易燃易爆危险品的场所不得与居住场所设置在同一建筑物内，并应当与居住场所保持安全距离。

生产、储存、经营其他物品的场所与居住场所设置在同一建筑物内的，应当符合国家工程建设消防技术标准。

注解

1. 生产、储存、经营易燃易爆危险品的场所不得与居住场所设置在同一建筑物内。此种情形下，生产、储存、经营易燃易爆危险品的场所还应当与居住场所保持安全距离。如《安全生产法》第42条规定："生产、经营、储存、使用危险物品的车间、商店、仓库不得与员工宿舍在同一座建筑物内，并应当与员工宿舍保持安全距离。生产经营场所和员工宿舍应当设有符合紧急疏散要求、标志明显、保持畅通的出口、疏散通道。禁止占用、锁闭、封堵生产经营场所或者员工宿舍的出口、疏散通道。"

2. 可以与居住场所设置在同一建筑物内的为除易燃易爆品以外的其他物品的生产、储存、经营场所。在此种情形下，应当符合国家工程建设消防技术标准的规定。

配套

《安全生产法》第39条、第42条；《民用爆炸物品安全管理条例》；《仓库防火安全管理规则》

第二十条　【大型群众性活动的消防安全】举办大型群众性活

动，承办人应当依法向公安机关申请安全许可，制定灭火和应急疏散预案并组织演练，明确消防安全责任分工，确定消防安全管理人员，保持消防设施和消防器材配置齐全、完好有效，保证疏散通道、安全出口、疏散指示标志、应急照明和消防车通道符合消防技术标准和管理规定。

注解

大型群众性活动规模大、参加人员多、危险系数高、安全问题突出，一旦发生火灾，给人民群众的生命和财产安全将带来较为严重的损害。因此，举办大型群众性活动的承办人应当做到：

1. 依法向公安机关申请安全许可。举办大型群众性活动的承办人必须在举行活动前，根据所举办活动的性质、活动范围的大小以及活动场地等具体情况确定各项消防安全措施，并依法向公安机关申请安全许可。

2. 制定灭火和应急疏散预案并组织演练。"灭火预案"主要针对活动区域的具体情况，根据火灾危险性、现场环境、人员装备，在火灾发生前制定的灭火行动方案、计划。"应急疏散预案"是指在紧急情况下为保证大型群众性活动场所的人员安全撤离而事先制定的计划、方案。承办大型群众性活动的单位必须将应急疏散预案中的疏散任务落实到具体人，并确定如何带领在场人员迅速脱离火灾现场，疏散路线，疏散的指挥者等。

3. 明确消防安全责任分工。大型群众性活动的承办人对其承办活动的消防安全负责，其主要负责人为消防安全负责人。

4. 确定消防安全管理人员，即由大型群众性活动的承办人根据需要确定的，组织实施和具体落实消防安全管理工作的主管负责人。

5. 保持消防设施和消防器材配备齐全、完好有效。

6. 保证疏散通道、安全出口、疏散指示标志、应急照明和消防车通道符合消防技术标准和管理规定。

应用

11. 大型群众性活动举办前对活动现场进行消防安全检查，应当重点检查哪些内容

在大型群众性活动举办前对活动现场进行消防安全检查，应当重点检查

下列内容：（1）室内活动使用的建筑物（场所）是否依法通过消防验收或者进行竣工验收消防备案，公众聚集场所是否通过使用、营业前的消防安全检查；（2）临时搭建的建筑物是否符合消防安全要求；（3）是否制定灭火和应急疏散预案并组织演练；（4）是否明确消防安全责任分工并确定消防安全管理人员；（5）活动现场消防设施、器材是否配备齐全并完好有效；（6）活动现场的疏散通道、安全出口和消防车通道是否畅通；（7）活动现场的疏散指示标志和应急照明是否符合消防技术标准并完好有效。

【配套】

《大型群众性活动安全管理条例》第2条、第3条、第5-8条、第11-15条、第21条；《机关、团体、企业、事业单位消防安全管理规定》第11条；《消防监督检查规定》第12条

第二十一条 【特殊场所和特种作业防火要求】 禁止在具有火灾、爆炸危险的场所吸烟、使用明火。因施工等特殊情况需要使用明火作业的，应当按照规定事先办理审批手续，采取相应的消防安全措施；作业人员应当遵守消防安全规定。

进行电焊、气焊等具有火灾危险作业的人员和自动消防系统的操作人员，必须持证上岗，并遵守消防安全操作规程。

【注解】

具有火灾、爆炸危险的场所，是指那些存放易燃易爆物品，具有引起火灾危险或者爆炸危险的特殊场所，如仓库、油罐区等极易引起火灾需要实施预防措施的场所。

在具有火灾、爆炸危险的特殊场所，法律除了明确禁止使用明火外，还明确了禁止吸烟。

【配套】

《消防监督检查规定》；《机关、团体、企业、事业单位消防安全管理规定》第20条

第二十二条 【危险物品生产经营单位设置的消防安全要求】 生产、储存、装卸易燃易爆危险品的工厂、仓库和专用车站、码头

的设置，应当符合消防技术标准。易燃易爆气体和液体的充装站、供应站、调压站，应当设置在符合消防安全要求的位置，并符合防火防爆要求。

已经设置的生产、储存、装卸易燃易爆危险品的工厂、仓库和专用车站、码头，易燃易爆气体和液体的充装站、供应站、调压站，不再符合前款规定的，地方人民政府应当组织、协调有关部门、单位限期解决，消除安全隐患。

【注解】

易燃易爆危险物品是指《民用爆炸物品品名表》中所列举的民用爆炸物品和《危险货物品名表》（GB12268-2012）中在外界温度、湿度、压力的影响下，能迅速发生反应，产生以燃烧爆炸为主要特征的压缩气体、液化气体、易燃液体、易燃固体、自燃物品、遇湿易燃物品，氧化剂、有机过氧化物以及毒害品、腐蚀品中部分易燃易爆化学危险物品。

危险物品是指易燃易爆物品、危险化学品、放射性物品等能够危及人身安全和财产安全的物品。

【配套】

《仓库防火安全管理规则》第25条；《爆炸危险场所安全规定》第13条；《民用爆炸物品品名表》；《建筑设计防火规范》

第二十三条 【易燃易爆危险品和可燃物资仓库管理】生产、储存、运输、销售、使用、销毁易燃易爆危险品，必须执行消防技术标准和管理规定。

进入生产、储存易燃易爆危险品的场所，必须执行消防安全规定。禁止非法携带易燃易爆危险品进入公共场所或者乘坐公共交通工具。

储存可燃物资仓库的管理，必须执行消防技术标准和管理规定。

【注解】

根据《产品质量法》的规定，产品包装必须履行产品包装标志的义务。对剧毒、危险等特殊要求的产品，其包装必须符合相应要求，有警示标志或者中文警示说明，标明储运注意事项。

进入生产、储存易燃易爆危险物品的场所，必须执行国家有关消防安全的规定。禁止携带火种进入生产、储存易燃易爆危险物品的场所。禁止非法携带易燃易爆危险物品进入公共场所或者乘坐公共交通工具。

储存可燃物资仓库的管理，必须执行国家有关消防安全的规定。

配套

《民用爆炸物品安全管理条例》；《仓库防火安全管理规则》

第二十四条 【消防产品标准、强制性产品认证和技术鉴定制度】消防产品必须符合国家标准；没有国家标准的，必须符合行业标准。禁止生产、销售或者使用不合格的消防产品以及国家明令淘汰的消防产品。

依法实行强制性产品认证的消防产品，由具有法定资质的认证机构按照国家标准、行业标准的强制性要求认证合格后，方可生产、销售、使用。实行强制性产品认证的消防产品目录，由国务院产品质量监督部门会同国务院应急管理部门制定并公布。

新研制的尚未制定国家标准、行业标准的消防产品，应当按照国务院产品质量监督部门会同国务院应急管理部门规定的办法，经技术鉴定符合消防安全要求的，方可生产、销售、使用。

依照本条规定经强制性产品认证合格或者技术鉴定合格的消防产品，国务院应急管理部门应当予以公布。

注解

根据《标准化法》的规定，消防产品属于安全类产品，其质量直接关系到在发生火灾后能否有效地发挥作用，实现其适用性、可用性、可靠性等特性，从而保障人身安全和财产安全。因此，所有消防产品适用强制性标准，列入《消防法》的调整对象，并赋予消防机构对消防产品质量的监督权。《产品质量法》第19条规定："产品质量检验机构必须具备相应的检测条件和能力，经省级以上人民政府市场监督管理部门或者其授权的部门考核合格后，方可承担产品质量检验工作。法律、行政法规对产品质量检验机构另有规定的，依照有关法律、行政法规的规定执行。"

配套

《标准化法》第6-8条、第14条、第15条、第20-22条；《产品质量法》第12-14条

第二十五条　【对消防产品质量的监督检查】产品质量监督部门、工商行政管理部门、消防救援机构应当按照各自职责加强对消防产品质量的监督检查。

注解

本条是2008年修订《消防法》增加的内容。消防产品的质量直接关系到在发生火灾后能否有效地发挥作用，对消防产品的认证和技术鉴定等工作固然重要，但更为重要的是要加强对消防产品生产、销售等环节的日常监督工作，以便及时发现和处理假冒伪劣消防产品的问题。由于消防产品技术含量较高，经常备而不用，一般用户难以实施监督，所以规定市场监督管理部门和消防救援机构加强对消防产品质量的日常监督检查和严格管理。

配套

《产品质量法》第8条、第15条、第16条、第19条、第56条、第65条

第二十六条　【建筑构件、建筑材料和室内装修、装饰材料的防火要求】建筑构件、建筑材料和室内装修、装饰材料的防火性能必须符合国家标准；没有国家标准的，必须符合行业标准。

人员密集场所室内装修、装饰，应当按照消防技术标准的要求，使用不燃、难燃材料。

注解

"防火性能"包括燃烧性能和耐火极限。建筑物构件的燃烧性能分为非燃烧体、难燃烧体和燃烧体。非燃烧体是用非燃烧材料做成的构件，如建筑中采用的金属材料和天然或人工的无机矿物材料。难燃烧体是用难燃烧材料做成的构件或用燃烧材料做成而用非燃烧材料做保护层的构件，如沥青混凝土、水泥刨花板等。燃烧体是用燃烧材料做成的构件，如木材等。《建筑材料燃烧性能分级方法》对各种建筑材料的燃烧性能、检验方法及判定指标作了规定。耐火极限是对任一建筑构件按时间和温度标准曲线进行耐火试验，从受到火的作用

时起，到失去支持能力或完整性被破坏或失去隔火作用时为止的这段时间。随着科学技术的不断发展和广泛运用，将会有更新的建筑材料问世。在国家对这些新的建筑材料还未制定标准之前，新材料必须符合其行业标准。

配 套

《标准化法》第6条、第7条

第二十七条　【电器产品、燃气用具产品标准及其安装、使用的消防安全要求】电器产品、燃气用具的产品标准，应当符合消防安全的要求。

电器产品、燃气用具的安装、使用及其线路、管路的设计、敷设、维护保养、检测，必须符合消防技术标准和管理规定。

第二十八条　【保护消防设施、器材，保障消防通道畅通】任何单位、个人不得损坏、挪用或者擅自拆除、停用消防设施、器材，不得埋压、圈占、遮挡消火栓或者占用防火间距，不得占用、堵塞、封闭疏散通道、安全出口、消防车通道。人员密集场所的门窗不得设置影响逃生和灭火救援的障碍物。

第二十九条　【公共消防设施的维护】负责公共消防设施维护管理的单位，应当保持消防供水、消防通信、消防车通道等公共消防设施的完好有效。在修建道路以及停电、停水、截断通信线路时有可能影响消防队灭火救援的，有关单位必须事先通知当地消防救援机构。

第三十条　【加强农村消防工作】地方各级人民政府应当加强对农村消防工作的领导，采取措施加强公共消防设施建设，组织建立和督促落实消防安全责任制。

第三十一条　【重要防火时期的消防工作】在农业收获季节、森林和草原防火期间、重大节假日期间以及火灾多发季节，地方各级人民政府应当组织开展有针对性的消防宣传教育，采取防火措施，进行消防安全检查。

> 注解

森林、草原防火期间是指1年内降水量少、空气干燥、风大、用火多，最容易发生森林、草原火灾的季节。由于地理位置不同、气候差异、自然条件、火灾发生规律的不同，森林、草原的防火期间起始时间和终止时间各不相同。

> 配套

《森林防火条例》；《草原防火条例》

第三十二条　【基层组织的群众性消防工作】乡镇人民政府、城市街道办事处应当指导、支持和帮助村民委员会、居民委员会开展群众性的消防工作。村民委员会、居民委员会应当确定消防安全管理人，组织制定防火安全公约，进行防火安全检查。

> 注解

"群众性的消防工作"，一般指宣传教育、动员、组织、依靠群众开展消防工作，提高公民的消防意识、消防法制观念和自防自救能力，开展经常性的防火安全检查，消除火灾隐患，改善防火条件，落实防火措施，提高预防能力，加强业务培训，一旦发生火灾会报警，会扑救初期火灾，会疏散自救。一切与群众相关，一切为群众所能及，一切靠群众参与。居民委员会、村民委员会组织开展群众性的消防工作，实行消防工作方面由群众自教、自管、自防、自治是其应尽的职责。

第三十三条　【火灾公众责任保险】国家鼓励、引导公众聚集场所和生产、储存、运输、销售易燃易爆危险品的企业投保火灾公众责任保险；鼓励保险公司承保火灾公众责任保险。

第三十四条　【对消防安全技术服务的规范】消防设施维护保养检测、消防安全评估等消防技术服务机构应当符合从业条件，执业人员应当依法获得相应的资格；依照法律、行政法规、国家标准、行业标准和执业准则，接受委托提供消防技术服务，并对服务质量负责。

> 注解

2021年《消防法》第二次修正，取消了消防产品质量认证的表述，将

"消防设施检测、消防安全监测"改为"消防设施维护保养检测、消防安全评估",并取消了消防技术服务机构资质审批的要求,改为"符合从业条件"。

第三章 消防组织

第三十五条 【消防组织建设】各级人民政府应当加强消防组织建设,根据经济社会发展的需要,建立多种形式的消防组织,加强消防技术人才培养,增强火灾预防、扑救和应急救援的能力。

第三十六条 【政府建立消防队】县级以上地方人民政府应当按照国家规定建立国家综合性消防救援队、专职消防队,并按照国家标准配备消防装备,承担火灾扑救工作。

乡镇人民政府应当根据当地经济发展和消防工作的需要,建立专职消防队、志愿消防队,承担火灾扑救工作。

注 解

《组建国家综合性消防救援队伍框架方案》中指出,组建国家综合性消防救援队伍共有6个方面的主要任务。

一是建立统一高效的领导指挥体系。省、市、县级分别设消防救援总队、支队、大队,城市和乡镇根据需要按标准设立消防救援站;森林消防总队以下单位保持原建制。根据需要,组建承担跨区域应急救援任务的专业机动力量。国家综合性消防救援队伍由应急管理部管理,实行统一领导、分级指挥。

二是建立专门的衔级职级序列。国家综合性消防救援队伍人员,分为管理指挥干部、专业技术干部、消防员3类进行管理;制定消防救援衔条例,实行衔级和职级合并设置。

三是建立规范顺畅的人员招录、使用和退出管理机制。根据消防救援职业特点,实行专门的人员招录、使用和退出管理办法,保持消防救援人员相对年轻和流动顺畅,并坚持在实战中培养指挥员,确保队伍活力和战斗力。

四是建立严格的队伍管理办法。坚持把支部建在队站上,继续实行党委统一的集体领导下的首长分工负责制和政治委员、政治机关制,坚持从严管理,严格规范执勤、训练、工作、生活秩序,保持队伍严明的纪律作风。

五是建立尊崇消防救援职业的荣誉体系。设置专门的"中国消防救援队"队旗、队徽、队训、队服,建立符合职业特点的表彰奖励制度,消防救援人员继续享受国家和社会给予的各项优待,以政治上的特殊关怀激励广大消防救援人员许党报国、献身使命。

六是建立符合消防救援职业特点的保障机制。按照消防救援工作中央与地方财政事权和支出责任划分意见,调整完善财政保障机制;保持转制后消防救援人员现有待遇水平,实行与其职务职级序列相衔接、符合其职业特点的工资待遇政策;整合消防、安全生产等科研资源,研发消防救援新战法新技术新装备;组建专门的消防救援学院。

第三十七条 【应急救援职责】 国家综合性消防救援队、专职消防队按照国家规定承担重大灾害事故和其他以抢救人员生命为主的应急救援工作。

> 注解

1998年《消防法》规定,公安消防队除保证完成本法规定的火灾扑救工作外,还应当参加其他灾害或者事故的抢险救援工作。2008年《消防法》的修改体现了三个方面的不同:

第一,考虑到公安消防队之外,各种专职消防队也是职业的救援队伍,尤其是一些地方政府建立的专职消防队得到了很快的发展,有能力承担应急救援工作。因此,法律对专职消防队承担应急救援工作也作了规定。

第二,根据多年来专业的消防队伍参加应急救援工作所发挥的不可或缺的积极作用,考虑到抢救人员生命为主的各种应急救援同火灾扑救一样,关系到广大人民群众生命安危,法律将公安消防队、专职消防队承担应急救援工作单独作为一条加以规定,以体现其重要性。

第三,法律对公安消防队、专职消防队承担重大灾害事故和其他救援工作的范围作了明确规定,即"按照国家规定承担以抢救人员生命为主"的应急救援工作。这也是总结实践经验,从有利于充分发挥其救援专长,有利于将有限的资源投入到最急迫的应急救援工作中去的角度作出的规定。

此外,本条的规定实际上也要求各级人民政府在公安消防队、专职消防队建设方面,应当充分考虑到公安消防队、专职消防队除承担火灾扑救工作外,还依法承担着以抢救人员生命为主的应急救援工作的实际情况,有针对性地从人员、装备、器材等方面加强其应急救援能力建设。

2019年《消防法》修改，将公安消防队的名称改为国家综合性消防救援队，并由应急管理部管理。

配套

《公安消防部队执勤战斗条令》第81条

第三十八条 【消防队的能力建设】 国家综合性消防救援队、专职消防队应当充分发挥火灾扑救和应急救援专业力量的骨干作用；按照国家规定，组织实施专业技能训练，配备并维护保养装备器材，提高火灾扑救和应急救援的能力。

第三十九条 【单位建立专职消防队】 下列单位应当建立单位专职消防队，承担本单位的火灾扑救工作：

（一）大型核设施单位、大型发电厂、民用机场、主要港口；

（二）生产、储存易燃易爆危险品的大型企业；

（三）储备可燃的重要物资的大型仓库、基地；

（四）第一项、第二项、第三项规定以外的火灾危险性较大、距离国家综合性消防救援队较远的其他大型企业；

（五）距离国家综合性消防救援队较远、被列为全国重点文物保护单位的古建筑群的管理单位。

注解

单位专职消防队主要承担本单位的火灾扑救工作。但是其除了承担本单位的火灾扑救任务外，还有义务对发生火灾单位的邻近单位给予支援。

本条明确列举了应当建立单位专职消防队的单位：

（1）大型核设施单位、大型发电厂、民用机场、主要港口。其中主要港口是指地理位置重要、吞吐量较大、对经济发展影响较广的港口。主要港口的名录由国务院交通主管部门征求国务院有关部门意见后确定并公布。

（2）生产、储存易燃易爆危险品的大型企业。易燃易爆危险品主要包括爆炸品、压缩气体和液化气体、易燃液体、易燃固体、自燃物品和遇湿易燃物品等。

（3）储备可燃的重要物资的大型仓库、基地。主要是指储存粮食、棉花、石油、煤炭、药品等具有可燃性的重要物资的大型仓库、基地。

（4）第1项、第2项、第3项规定以外的火灾危险性较大、距离国家综合性消防救援队较远的其他大型企业。主要是指纺织、造纸、烟草、集贸市场等生产、经营、储存易燃物品，人员聚集，火灾危害较大的企业单位。

（5）距离国家综合性消防救援队较远、被列为全国重点文物保护单位的古建筑群的管理单位。其中此处的"古建筑群"是指某一地域比较集中的若干古建筑物，而不是指某一单一的古建筑物。

（6）同时需要注意，这些单位专职消防队除了承担本单位的火灾扑救任务外，还有义务对发生火灾单位的邻近单位给予支援。

第四十条　【专职消防队的验收及队员福利待遇】专职消防队的建立，应当符合国家有关规定，并报当地消防救援机构验收。

专职消防队的队员依法享受社会保险和福利待遇。

> **注解**

专职消防队方面的国家有关规定是指1987年1月由国家经委、公安部、劳动人事部、财政部联合发布的《企业事业单位专职消防队组织条例》。

在领导体制上，专职消防队由厂长、经理等单位负责人领导，日常工作由本单位公安、保卫或安全技术部门管理，在业务上接受当地消防机构监督指导。专职消防队队员条件是：热爱消防工作，身体健康，具有初中以上文化程度，年龄在18岁以上、30岁以下的男性公民。专职消防队人员实行本单位工资奖金制度，享受本单位生产职工同等保险福利待遇。离队后，按新的岗位确定待遇。从社会上招收的专职消防队人员的转正定级和工资待遇及以后的晋级，按照国家有关政策和本单位有关规定执行。

> **配套**

《企业事业单位专职消防队组织条例》；《公安消防岗位资格制度规定》第11条

第四十一条　【群众性消防组织】机关、团体、企业、事业等单位以及村民委员会、居民委员会根据需要，建立志愿消防队等多种形式的消防组织，开展群众性自防自救工作。

注解

群众性消防组织，是指机关、团体、企业、事业等单位以及村民委员会、居民委员会根据火灾自防自救的需要建立的志愿消防队等多种形式的民间消防组织。

配套

《机关、团体、企业、事业单位消防安全管理规定》第 23 条

第四十二条 【消防救援机构与专职消防队、志愿消防队等消防组织的关系】消防救援机构应当对专职消防队、志愿消防队等消防组织进行业务指导；根据扑救火灾的需要，可以调动指挥专职消防队参加火灾扑救工作。

注解

消防救援机构调动专职消防队参加火灾扑救工作是法律赋予消防救援机构的权利，是由消防救援机构的性质、地位和承担的任务所决定的。接受消防救援机构的调动和统一指挥参加火灾扑救工作是各专职消防队的法定义务。专职消防队不得以任何理由拒绝、拖延，错过灭火战机，或不服从火场指挥员的统一指挥影响整个水平的发挥。

消防救援机构调动专职消防队参加火灾的扑救工作包括以下几种情况：一是调动距火场较近的专职消防队先期出警；二是调动具有某方面专业特长的专职消防队协同扑救特种火灾；三是调动相关的专职消防队协同扑救重特大火灾。

第四章 灭火救援

第四十三条 【火灾应急预案、应急反应和处置机制】县级以上地方人民政府应当组织有关部门针对本行政区域内的火灾特点制定应急预案，建立应急反应和处置机制，为火灾扑救和应急救援工作提供人员、装备等保障。

第四十四条 【火灾报警；现场疏散、扑救；消防队接警出动】

任何人发现火灾都应当立即报警。任何单位、个人都应当无偿为报警提供便利，不得阻拦报警。严禁谎报火警。

人员密集场所发生火灾，该场所的现场工作人员应当立即组织、引导在场人员疏散。

任何单位发生火灾，必须立即组织力量扑救。邻近单位应当给予支援。

消防队接到火警，必须立即赶赴火灾现场，救助遇险人员，排除险情，扑灭火灾。

注 解

1. 对于发现火灾的任何人，应当立即报警。这与本法第5条中规定的任何单位和个人都有报告火警的义务相呼应。其中，"无偿为报警提供便利"，是指为报警人提供报警所需要的通讯、交通或者其他便利，不得收取费用或者索要报酬。"不得阻拦报警"，是指对报警人的报警行为，不能以任何理由加以阻止，设置障碍。"谎报火警"，是指故意向有关部门报告虚构事实的火灾。对于谎报火警或者阻拦火灾报警的，按本法第62条、第64条追究相关法律责任。

2. 对于人员密集场所的现场工作人员，在发生火灾后应担负起疏散群众的义务，不应当在火灾发生时临阵脱逃。

3. 发生火灾时，火灾发生单位除应当立即报警外，还必须立即组织本单位或者其他人员根据其制定的应急预案迅速开展火灾扑救和自救工作。"邻近单位应当给予支援"是指与发生火灾单位毗邻的单位，在发现火灾后，应当对发生火灾单位进行灭火给予必要的人力、物力等各方面的支援。

4. 消防队接到火警后，必须立即赶赴火场。根据相关规定，消防队执勤人员听到出动信号，必须按照规定着装登车，首车驶离车库时间一般不得超过一分钟。消防队执行灭火与应急救援任务，应当坚持"救人第一，科学施救"的指导思想，按照第一时间调集足够力量和有效装备，第一时间到场展开，第一时间实施救人，第一时间进行排烟降毒,第一时间控制灾情发展,最大限度地减少损失和危害的要求,组织实施灭火与应急救援行动。

第四十五条 【组织火灾现场扑救及火灾现场总指挥的权限】消防救援机构统一组织和指挥火灾现场扑救,应当优先保障遇险人员的生命安全。

火灾现场总指挥根据扑救火灾的需要,有权决定下列事项:

(一)使用各种水源;

(二)截断电力、可燃气体和可燃液体的输送,限制用火用电;

(三)划定警戒区,实行局部交通管制;

(四)利用临近建筑物和有关设施;

(五)为了抢救人员和重要物资,防止火势蔓延,拆除或者破损毗邻火灾现场的建筑物、构筑物或者设施等;

(六)调动供水、供电、供气、通信、医疗救护、交通运输、环境保护等有关单位协助灭火救援。

根据扑救火灾的紧急需要,有关地方人民政府应当组织人员、调集所需物资支援灭火。

应用

12. 火场总指挥员应当由什么人担任

火场总指挥员是指设立的火场指挥机构的最高指挥者。实行一级指挥的,责任区中队执勤队长是火场总指挥员;实行二级指挥的,上级到场的最高首长是火场总指挥员;实行三级指挥的,担任火场总指挥的支、大队值班首长或者在火场的最高领导是火场总指挥员。

第四十六条 【重大灾害事故应急救援实行统一领导】国家综合性消防救援队、专职消防队参加火灾以外的其他重大灾害事故的应急救援工作,由县级以上人民政府统一领导。

> 应用

13. 国家综合性消防救援队有哪些火灾以外的其他灾害或者事故救援义务

除火灾外，国家综合性消防救援队对以危及人员生命为主的危险化学品泄漏、道路交通事故、地震及其次生灾害、建筑坍塌、重大安全生产事故、空难、爆炸及恐怖事件和群众遇险事件，水旱灾害、气象灾害、地质灾害、森林、草原火灾等自然灾害，矿山、水上事故，重大环境污染、核与辐射事故和突发公共卫生事件负有救援义务。

第四十七条 【消防交通优先】 消防车、消防艇前往执行火灾扑救或者应急救援任务，在确保安全的前提下，不受行驶速度、行驶路线、行驶方向和指挥信号的限制，其他车辆、船舶以及行人应当让行，不得穿插超越；收费公路、桥梁免收车辆通行费。交通管理指挥人员应当保证消防车、消防艇迅速通行。

赶赴火灾现场或者应急救援现场的消防人员和调集的消防装备、物资，需要铁路、水路或者航空运输的，有关单位应当优先运输。

> 应用

14. 消防车执行救火任务时有哪些通行特权

执行任务的消防车、消防艇，在确保安全的原则下，不受行驶速度、行驶路线、行驶方向和指挥信号的限制。

在确保安全的前提下，可以驶入禁航区、交通管制区、通航繁华区，行驶速度可以超过道路、航道区段的交通限速标志的最高时速限制和交通规则规定的机动车最高时速限制，消防车可以在非机动车道、人行通道、无障碍安全区域行驶，可以驶入禁止机动车驶入的路段和地区，可以不受交通信号、交通标志或交通标志线的限制行车、超车、会车、转弯、倒车、掉头，可以逆行，可以闯红灯、黄灯。消防车、消防艇在通过收费站、卡、渡口、船闸、桥面、隧道、泊岸时，应当优先通行。有关单位必须设置优先通行的安全通道或采取保障优先通行的措施，保障消防车、消防艇迅速通过。不得收取养路费、过桥费、通行费、使用费等费用，不得以任何理由阻碍消防车、消防艇的迅速通行。消防车、消防艇在通过收费站、船闸时，遇有阻碍的情况，在确保安全的前提下可以逆向行驶、通过站、卡、闸。

第四十八条 【消防设施、器材严禁挪作他用】消防车、消防艇以及消防器材、装备和设施，不得用于与消防和应急救援工作无关的事项。

> 注解

"不得用于与消防和应急救援工作无关的事项"是指消防车、消防艇以及消火栓、水泵、塔、蓄水池等消防器材、装备和设施，是扑救火灾、实施抢险救援的基本工具和设备，必须专用于消防和应急救援工作，不得用于与消防和抢险救援工作无关的事项。

第四十九条 【扑救火灾、应急救援免收费用】国家综合性消防救援队、专职消防队扑救火灾、应急救援，不得收取任何费用。

单位专职消防队、志愿消防队参加扑救外单位火灾所损耗的燃料、灭火剂和器材、装备等，由火灾发生地的人民政府给予补偿。

> 注解

国家综合性消防救援队、专职消防队的日常开支和设施配置由国家财政和地方人民政府以及本单位的专项经费提供保障。

> 配套

《企业事业单位专职消防队组织条例》

第五十条 【医疗抚恤】对因参加扑救火灾或者应急救援受伤、致残或者死亡的人员，按照国家有关规定给予医疗、抚恤。

> 应用

15. 国家对消防救援队伍人员有哪些优惠政策

（1）在职、退休、残疾消防救援人员和消防救援院校学员，凭有效证件参观游览公园、风景名胜区、面向公众开放的文物和博物馆单位、国家历史文化名城等景区时，享受当地对现役军人的同等优待。

（2）预备消防士在职期间（2年），其家庭由当地退役军人事务部门发给优待金或者给予其他优待。

（3）预备消防士和三级、四级消防士入职前的承包地（山、林）等，应当保留；在国家综合性消防救援队伍工作期间，除依照国家有关规定和承包合同的约定缴纳有关税费外，免除其他负担。

（4）预备消防士和三级、四级消防士入职前是国家机关、社会团体、企业事业单位职工（含合同制人员）的，退出（不含辞退、开除）国家综合性消防救援队伍后，符合相关法律规定的，允许复工复职，并享受不低于本单位同岗位（工种）、同工龄职工的各项待遇。

（5）烈士、因公牺牲、病故消防救援人员的子女、兄弟姐妹，本人自愿并且符合国家综合性消防救援队伍消防员招录条件的，在同等条件下优先招录。

（6）享受国家抚恤和补助的烈士遗属、因公牺牲和病故消防救援人员遗属，以及退出国家综合性消防救援队伍的残疾消防救援人员，参照《优抚对象医疗保障办法》有关规定享受医疗保障优待；其中，享受国家定期抚恤补助的，参照《优抚对象住房优待办法》有关规定享受住房优待。

（7）退出国家综合性消防救援队伍的消防救援人员，凭国家综合性消防救援队伍人员退出证明，可享受对现有的退役军人就业培训扶持、自主创业税费优惠等优待政策。

（8）三级、四级消防士退出国家综合性消防救援队伍后，报考国家公务员，同等条件下优先录取。

（9）机关、社会团体、企业事业单位在招用、录用和聘用工作人员或职工时，对退出国家综合性消防救援队伍的消防救援人员的年龄和学历条件可适当放宽，同等条件下优先招录聘用。

（10）退出国家综合性消防救援队伍的残疾消防救援人员，在国家机关、社会团体、企业事业单位工作的，享受与所在单位工伤人员同等的生活福利和医疗待遇。所在单位不得因其残疾将其辞退、解除劳动关系或聘用关系。

（11）经组织批准退出（不含辞退、开除）国家综合性消防救援队伍的消防员，工作满5年不满12年，以及工作不满5年的，参照转制前政策给予补助；工作12年以上、不满退休年龄的参照以往做法由政府安排工作（由退役军人事务部门牵头负责），根据本人意愿也可选择领取补助自主就业。

退出（不含退休、辞退、开除）国家综合性消防救援队伍的消防员（转制前入伍），工作期间（含转制前）获得荣誉称号或者立功的，由所在单位按照下列标准增发一次性补助金：

①获得一等功（含）以上奖励的，增发15%；

②荣获二等功的，增发10%；

③荣获三等功的，增发5%。

多次获得奖励的，由消防员所在单位按照其中最高等级奖励的增发比例，增发一次性补助金。

（12）消防救援人员（转制前入伍）符合条件的，可申领子女保育教育补助费和夫妻分居生活补助费，并由所在单位参照转制前标准发放。

（13）消防救援人员符合条件的，同等条件下优先享受地方住房保障政策。

国家综合性消防救援队伍作为应急救援的主力军和国家队，承担着防范化解重大安全风险、应对处置各类灾害事故的重要职责。认真做好消防救援人员优待工作，对于推动建立消防救援职业荣誉体系，增强广大消防救援人员职业荣誉感，保持消防救援队伍有生力量和战斗力具有重要作用。各单位要提高政治站位，深化思想认识，认真贯彻落实消防救援人员优待政策，做好优待政策的执行和宣传工作，切实传递好党和政府对国家综合性消防救援队伍的关怀和温暖。

配套

《关于做好国家综合性消防救援队伍人员有关优待工作的通知》

第五十一条 【火灾事故调查】 消防救援机构有权根据需要封闭火灾现场，负责调查火灾原因，统计火灾损失。

火灾扑灭后，发生火灾的单位和相关人员应当按照消防救援机构的要求保护现场，接受事故调查，如实提供与火灾有关的情况。

消防救援机构根据火灾现场勘验、调查情况和有关的检验、鉴定意见，及时制作火灾事故认定书，作为处理火灾事故的证据。

应用

16. 如何确定火灾原因的调查机关

一般情况下火灾事故发生在哪个地域就由该地域的主管消防救援机构管辖，即火灾发生地原则，这个原则就包括了最先发生的含义，对跨行政区域的火灾事故调查，由最先起火地的消防救援机构管辖，相关区域的消防救援机构予以协助。

军事设施、矿井地下部分、核电厂的火灾事故调查由主管单位负责，森林草原的火灾由法律规定的监督机构负责。根据《铁路、交通、民航系统消防监督职责范围协调会纪要》的规定，发生在铁路、交通、民航系统的火灾事故分别由铁路、交通、民航系统的消防救援机构管辖。特殊的地域管辖优于普通的地域管辖。

另外，法律、法规专门规定的某些类型的火灾事故，只能由特定的机关管辖，其他消防救援机构则无管辖权。

如放火案件由公安机关刑事侦查部门管辖，消防救援机构在火灾调查中遇有放火案件的，应当移交公安刑事侦查部门立案侦查。在这种情况下，只能由公安刑事侦查部门管辖。

17. 火灾事故等级如何确定

法律上根据一次火灾事故所造成的人员伤亡，受灾户数和直接财产损失等危害，可以将火灾等级分为三类，即一般火灾、重大火灾、特大火灾。

《生产安全事故报告和调查处理条例》和公安部《关于调整火灾等级标准的通知》发布后，2007年6月1日起，火灾事故的等级由原来的特大火灾事故、重大火灾事故、一般火灾事故三个等级，调整为根据事故造成的人员伤亡或者直接经济损失要素划分的特别重大火灾事故、重大火灾事故、较大火灾事故和一般火灾事故四个等级。即特别重大火灾是指造成30人以上死亡，或者100人以上重伤，或者1亿元以上直接财产损失的火灾；重大火灾是指造成10人以上30人以下死亡，或者50人以上100人以下重伤，或者5000万元以上1亿元以下直接财产损失的火灾；较大火灾是指造成3人以上10人以下死亡，或者10人以上50人以下重伤，或者1000万元以上5000万元以下直接财产损失的火灾；一般火灾是指造成3人以下死亡，或者10人以下重伤，或者1000万元以下直接财产损失的火灾。（注："以上"包括本数，"以下"不包括本数。）

18. 当事人对火灾事故认定有异议的，如何处理

当事人对火灾事故认定有异议的，可以自火灾事故认定书送达之日起15日内，向上一级消防救援机构提出书面复核申请；对省级人民政府消防救援机构作出的火灾事故认定有异议的，向省级人民政府公安机关、应急管理部门提出书面复核申请。

复核申请应当载明申请人的基本情况,被申请人的名称,复核请求,申请复核的主要事实、理由和证据,申请人的签名或者盖章,申请复核的日期。

19. 火灾事故认定是否具有可诉性?

火灾事故认定作为处理火灾事故的证据,是公安消防机构对火灾产生原因的客观评价,是一种专业技术鉴定行为,本身并不确定当事人的权利义务,不是一种独立的行政行为。(参见杨某、任某诉某公安消防支队、某公安消防总队火灾事故认定复核决定案,最高人民法院(2016)最高法行申775号行政裁定书)

配套

《火灾事故调查规定》;《生产安全事故报告和调查处理条例》;《关于调整火灾等级标准的通知》

第五章 监督检查

第五十二条 【人民政府的监督检查】 地方各级人民政府应当落实消防工作责任制,对本级人民政府有关部门履行消防安全职责的情况进行监督检查。

县级以上地方人民政府有关部门应当根据本系统的特点,有针对性地开展消防安全检查,及时督促整改火灾隐患。

第五十三条 【消防救援机构的监督检查】 消防救援机构应当对机关、团体、企业、事业等单位遵守消防法律、法规的情况依法进行监督检查。公安派出所可以负责日常消防监督检查、开展消防宣传教育,具体办法由国务院公安部门规定。

消防救援机构、公安派出所的工作人员进行消防监督检查,应当出示证件。

注解

"消防监督检查"是指消防救援机构依法对机关、团体、企业、事业单位或者个人遵守消防法律、法规情况的抽样性监督检查,对公共聚集场所在使用或者开业前进行的消防安全检查,对具有火灾危险的群众性活动举办前所进行的消防安全检查，对举报、控告的违反消防法律法规行为进行的检查。消防监督检查的主体要合法，消防监督检查的内容方法要合法，消防监督检查的形式要合法，消防监督检查的程序要合法，否则就构成违法行为。

同时，消防救援机构从事消防监督检查的人员必须具备相应的岗位资格，取得公安部统一制发的《公安消防监督检查证》，方可上岗。公安派出所可以依法对居民住宅区的管理单位、居民委员会、村民委员会履行消防安全职责的情况和上级公安机关、主管消防救援机构授权的单位进行消防监督检查，依法履行消防监督职能，其要求与对消防救援机构及消防监督检查人员的要求相同。

配套

《消防监督检查规定》第9-14条、第30-34条、第36条；《消防救援机构办理行政案件程序规定》

第五十四条 【消除火灾隐患】 消防救援机构在消防监督检查中发现火灾隐患的，应当通知有关单位或者个人立即采取措施消除隐患；不及时消除隐患可能严重威胁公共安全的，消防救援机构应当依照规定对危险部位或者场所采取临时查封措施。

应用

20. 什么是火灾隐患

具有下列情形之一的，应当确定为火灾隐患：（1）影响人员安全疏散或者灭火救援行动，不能立即改正的；（2）消防设施未保持完好有效，影响防火灭火功能的；（3）擅自改变防火分区，容易导致火势蔓延、扩大的；（4）在人员密集场所违反消防安全规定，使用、储存易燃易爆危险品，不能立即改正的；（5）不符合城市消防安全布局要求，影响公共安全的；（6）其他可能增加火灾实质危险性或者危害性的情形。重大火灾隐患按照国家有关标准认定。

21. 消防救援机构发现火灾隐患后应如何处理

（1）应当通知有关单位或者个人立即采取措施消除；

（2）对具有下列情形之一，不及时消除可能严重威胁公共安全的，应当对危险部位或者场所予以临时查封：①疏散通道、安全出口数量不足或者严重堵塞，已不具备安全疏散条件的；②建筑消防设施严重损坏，不再具备防火灭火功能的；③人员密集场所违反消防安全规定，使用、储存易燃易爆危险品的；④公众聚集场所违反消防技术标准，采用易燃、可燃材料装修，可能导致重大人员伤亡的；⑤其他可能严重威胁公共安全的火灾隐患。临时查封期限不得超过30日。临时查封期限届满后，当事人仍未消除火灾隐患的，消防救援机构可以再次依法予以临时查封。

配 套

《消防监督检查规定》第22条、第38条

第五十五条 **【重大消防隐患的发现及处理】**消防救援机构在消防监督检查中发现城乡消防安全布局、公共消防设施不符合消防安全要求，或者发现本地区存在影响公共安全的重大火灾隐患的，应当由应急管理部门书面报告本级人民政府。

接到报告的人民政府应当及时核实情况，组织或者责成有关部门、单位采取措施，予以整改。

第五十六条 **【住房和城乡建设主管部门、消防救援机构及其工作人员应当遵循的执法原则】**住房和城乡建设主管部门、消防救援机构及其工作人员应当按照法定的职权和程序进行消防设计审查、消防验收、备案抽查和消防安全检查，做到公正、严格、文明、高效。

住房和城乡建设主管部门、消防救援机构及其工作人员进行消防设计审查、消防验收、备案抽查和消防安全检查等，不得收取费用，不得利用职务谋取利益；不得利用职务为用户、建设单位指定或者变相指定消防产品的品牌、销售单位或者消防技术服务机构、消防设施施工单位。

第五十七条 **【对负消防救援责任的机构及其工作人员的社会监督】**住房和城乡建设主管部门、消防救援机构及其工作人员执行职务，应当自觉接受社会和公民的监督。

任何单位和个人都有权对住房和城乡建设主管部门、消防救援机构及其工作人员在执法中的违法行为进行检举、控告。收到检举、控告的机关，应当按照职责及时查处。

注 解

1. 社会监督。主要是指人民群众及社会上其他单位、团体或组织对住房和城乡建设主管部门、消防救援机构执法活动的监督，包括对消防救援机构及其工作人员执行职务的行为提出批评、建议，对其违法行为进行控告、检举等，这也是公民的一项宪法权利。

2. 对消防救援机构及其工作人员的检举、控告。

(1) 检举、控告的主体：单位和个人，无论其本人的利益有没有直接受到侵害；

(2) 检举、控告的形式：既可以口头形式提出，也可以书面形式提出；

(3) 检举、控告的内容：消防救援机构及其工作人员执行职务过程中出现的违法行为，包括作为和不作为；

(4) 结果：收到检举、控告的机关应当依据职责及时处理，并将处理结果告知检举人、控告人。

第六章 法律责任

第五十八条 【对不符合消防设计审查、消防验收、消防安全检查要求的行为的处罚】 违反本法规定，有下列行为之一的，由住房和城乡建设主管部门、消防救援机构按照各自职权责令停止施工、停止使用或者停产停业，并处三万元以上三十万元以下罚款：

(一) 依法应当进行消防设计审查的建设工程，未经依法审查或者审查不合格，擅自施工的；

(二) 依法应当进行消防验收的建设工程，未经消防验收或者消防验收不合格，擅自投入使用的；

(三) 本法第十三条规定的其他建设工程验收后经依法抽查不合格，不停止使用的；

(四) 公众聚集场所未经消防救援机构许可，擅自投入使用、营业的，或者经核查发现场所使用、营业情况与承诺内容不符的。

核查发现公众聚集场所使用、营业情况与承诺内容不符，经责令限期改正，逾期不整改或者整改后仍达不到要求的，依法撤销相应许可。

建设单位未依照本法规定在验收后报住房和城乡建设主管部门备案的，由住房和城乡建设主管部门责令改正，处五千元以下罚款。

第五十九条　【对不按消防技术标准设计、施工的行为的处罚】违反本法规定，有下列行为之一的，由住房和城乡建设主管部门责令改正或者停止施工，并处一万元以上十万元以下罚款：

（一）建设单位要求建筑设计单位或者建筑施工企业降低消防技术标准设计、施工的；

（二）建筑设计单位不按照消防技术标准强制性要求进行消防设计的；

（三）建筑施工企业不按照消防设计文件和消防技术标准施工，降低消防施工质量的；

（四）工程监理单位与建设单位或者建筑施工企业串通，弄虚作假，降低消防施工质量的。

第六十条　【对违背消防安全职责行为的处罚】单位违反本法规定，有下列行为之一的，责令改正，处五千元以上五万元以下罚款：

（一）消防设施、器材或者消防安全标志的配置、设置不符合国家标准、行业标准，或者未保持完好有效的；

（二）损坏、挪用或者擅自拆除、停用消防设施、器材的；

（三）占用、堵塞、封闭疏散通道、安全出口或者有其他妨碍安全疏散行为的；

（四）埋压、圈占、遮挡消火栓或者占用防火间距的；

（五）占用、堵塞、封闭消防车通道，妨碍消防车通行的；

（六）人员密集场所在门窗上设置影响逃生和灭火救援的障碍物的；

（七）对火灾隐患经消防救援机构通知后不及时采取措施消除的。

个人有前款第二项、第三项、第四项、第五项行为之一的，处警告或者五百元以下罚款。

有本条第一款第三项、第四项、第五项、第六项行为，经责令改正拒不改正的，强制执行，所需费用由违法行为人承担。

> 注解

本法第16条对机关、团体、企业、事业等单位应当履行的消防安全职责作了规定。包括按照国家标准、行业标准配置消防设施、器材,设置消防安全标志并定期阻止检验、维修并确保完好有效;对建筑消防设施每年至少进行一次全面检测,确保完好有效;保障疏散通道、安全出口、消防车通道畅通等。此外,本法第28条还规定,任何单位、个人不得损坏、挪用或者擅自拆除、停用消防设施、器材,不得埋压、圈占、遮挡消火栓或者占用防火间距,不得占用、堵塞、封闭疏散通道、安全出口、消防车通道。人员密集场所的门窗不得设置影响逃生和灭火救援的障碍物。本条就是对违反上述规定应当承担的法律责任的规定。

> 配套

本法第16条、第28条

第六十一条　【对易燃易爆危险品生产经营场所设置不符合规定的处罚】 生产、储存、经营易燃易爆危险品的场所与居住场所设置在同一建筑物内,或者未与居住场所保持安全距离的,责令停产停业,并处五千元以上五万元以下罚款。

生产、储存、经营其他物品的场所与居住场所设置在同一建筑物内,不符合消防技术标准的,依照前款规定处罚。

> 注解

本法第19条规定,生产、储存、经营易燃易爆危险品的场所不得与居住场所设置在同一建筑物内,并应当与居住场所保持安全距离。生产、储存、经营其他物品的场所与居住场所设置在同一建筑物内的,应当符合国家工程建设消防技术标准。本条是与其相对应的法律责任条款。

> 配套

本法第19条;《安全生产法》第102条;《民用爆炸物品安全管理条例》第49条;《危险化学品安全管理条例》第78条;《烟花爆竹安全管理条例》第37条

第六十二条　【对涉及消防的违反治安管理行为的处罚】 有下

列行为之一的，依照《中华人民共和国治安管理处罚法》的规定处罚：

（一）违反有关消防技术标准和管理规定生产、储存、运输、销售、使用、销毁易燃易爆危险品的；

（二）非法携带易燃易爆危险品进入公共场所或者乘坐公共交通工具的；

（三）谎报火警的；

（四）阻碍消防车、消防艇执行任务的；

（五）阻碍消防救援机构的工作人员依法执行职务的。

注解

本条规定的违法行为，既是违反消防法律法规，危害消防安全的行为，又是《治安管理处罚法》有明确规定的违反治安管理的行为。《治安管理处罚法》的条文对于本条规定的违反治安管理的行为，有的是单独规定，有的是根据违反治安管理行为的种类和逻辑顺序，与其他违反治安管理的行为共同规定的。本条规定，对于这些行为，依照《治安管理处罚法》的规定处罚，即既要按照《治安管理处罚法》规定的处罚种类和幅度进行处罚，又要遵照《治安管理处罚法》规定的程序进行处罚。

配套

《治安管理处罚法》第25条、第30条、第50条

第六十三条　【对违反危险场所消防管理规定行为的处罚】 违反本法规定，有下列行为之一的，处警告或者五百元以下罚款；情节严重的，处五日以下拘留：

（一）违反消防安全规定进入生产、储存易燃易爆危险品场所的；

（二）违反规定使用明火作业或者在具有火灾、爆炸危险的场所吸烟、使用明火的。

配套

《仓库防火安全管理规则》第27-30条；《机关、团体、企业、事业单位消防安全管理规定》第20条；《铁路消防管理办法》第53条

第六十四条　【对过失引起火灾、阻拦报火警等行为的处罚】

违反本法规定，有下列行为之一，尚不构成犯罪的，处十日以上十五日以下拘留，可以并处五百元以下罚款；情节较轻的，处警告或者五百元以下罚款：

（一）指使或者强令他人违反消防安全规定，冒险作业的；

（二）过失引起火灾的；

（三）在火灾发生后阻拦报警，或者负有报告职责的人员不及时报警的；

（四）扰乱火灾现场秩序，或者拒不执行火灾现场指挥员指挥，影响灭火救援的；

（五）故意破坏或者伪造火灾现场的；

（六）擅自拆封或者使用被消防救援机构查封的场所、部位的。

注 解

1. 指使或者强令他人违反消防安全规定，冒险作业。主要是指单位负责施工、生产、作业的管理人员或者指挥生产、作业的人员，明知自己的行为违反了消防安全规定，却仍然指示或者强迫命令他人违反消防安全规定作业，致使作业场所的消防安全处于危险之中的行为。

2. 过失引起火灾的。是指行为人应当预见自己的行为可能引起火灾，因为疏忽大意而没有预见；或者已经预见而轻信能够避免，以致发生火灾的行为。

3. 阻拦报警。是指以暴力、威胁或者其他方法故意阻碍、阻止、拦挡他人报火警的行为。

4. 扰乱火灾现场秩序，是指使用暴力、威胁或者其他方法，破坏火灾现场的秩序，扰乱消防组织和群众迅速、及时组织力量扑灭火灾的行为；拒不执行火灾现场指挥员指挥，影响灭火救援的行为，是指有关人员对于火灾现场指挥员根据本法第 45 条规定决定的事项，抗拒执行他的指挥，影响迅速、及时扑灭火灾的行为。

5. 破坏火灾现场，是指采取破坏手段使人看不出火灾现场的真实情况，如移动现场物品，破坏现场痕迹等；伪造火灾现场，是指将火灾现场伪装成另一种情况给人以假象，甚至制造本不存在的假火灾现场等。

6. 本条规定的"拆封"，是指拆去消防救援机构设置的封条等查封标记；"使用"是将消防救援机构禁止使用的场所、部位重新投入使用。

7. 特别需要注意的是，对于本条规定明确的这些行为依照本法予以行政处罚的前提是"尚不构成犯罪的"，一旦这些行为情节严重到一定程度，就可能构成刑法上的犯罪。

配套

《刑法》第115条、第134条、第134条之一

第六十五条 【对生产、销售、使用不合格或国家明令淘汰的消防产品行为的处理】违反本法规定，生产、销售不合格的消防产品或者国家明令淘汰的消防产品的，由产品质量监督部门或者工商行政管理部门依照《中华人民共和国产品质量法》的规定从重处罚。

人员密集场所使用不合格的消防产品或者国家明令淘汰的消防产品的，责令限期改正；逾期不改正的，处五千元以上五万元以下罚款，并对其直接负责的主管人员和其他直接责任人员处五百元以上二千元以下罚款；情节严重的，责令停产停业。

消防救援机构对于本条第二款规定的情形，除依法对使用者予以处罚外，应当将发现不合格的消防产品和国家明令淘汰的消防产品的情况通报产品质量监督部门、工商行政管理部门。产品质量监督部门、工商行政管理部门应当对生产者、销售者依法及时查处。

注解

这里的"《产品质量法》的规定"是指《产品质量法》第49条至第52条关于销售不合格产品的行政责任和刑事责任的规定。例如，生产、销售不符合保障人体健康和人身、财产安全的国家标准、行业标准的产品的，责令停止生产、销售，没收违法生产、销售的产品，并处违法生产、销售产品（包括已售出和未售出的产品，下同）货值金额等值以上3倍以下的罚款；有违法所得的，并处没收违法所得；情节严重的，吊销营业执照；构成犯罪的，依法追究刑事责任。

第六十六条 【对电器产品、燃气用具的安装、使用等不符合消防技术标准和管理规定的处罚】电器产品、燃气用具的安装、使用及其线路、管路的设计、敷设、维护保养、检测不符合消防技术

标准和管理规定的，责令限期改正；逾期不改正的，责令停止使用，可以并处一千元以上五千元以下罚款。

第六十七条 【单位未履行消防安全职责的法律责任】机关、团体、企业、事业等单位违反本法第十六条、第十七条、第十八条、第二十一条第二款规定的，责令限期改正；逾期不改正的，对其直接负责的主管人员和其他直接责任人员依法给予处分或者给予警告处罚。

第六十八条 【人员密集场所现场工作人员不履行职责的法律责任】人员密集场所发生火灾，该场所的现场工作人员不履行组织、引导在场人员疏散的义务，情节严重，尚不构成犯罪的，处五日以上十日以下拘留。

第六十九条 【消防技术服务机构失职的法律责任】消防设施维护保养检测、消防安全评估等消防技术服务机构，不具备从业条件从事消防技术服务活动或者出具虚假文件的，由消防救援机构责令改正，处五万元以上十万元以下罚款，并对直接负责的主管人员和其他直接责任人员处一万元以上五万元以下罚款；不按照国家标准、行业标准开展消防技术服务活动的，责令改正，处五万元以下罚款，并对直接负责的主管人员和其它直接责任人员处一万元以下罚款；有违法所得的，并处没收违法所得；给他人造成损失的，依法承担赔偿责任；情节严重的，依法责令停止执业或者吊销相应资格；造成重大损失的，由相关部门吊销营业执照，并对有关责任人员采取终身市场禁入措施。

前款规定的机构出具失实文件，给他人造成损失的，依法承担赔偿责任；造成重大损失的，由消防救援机构依法责令停止执业或者吊销相应资格，由相关部门吊销营业执照，并对有关责任人员采取终身市场禁入措施。

注解

2021年《消防法》第二次修正，在消防技术服务机构资质审批取消的情况下，增加了对消防技术服务机构不符合从业条件的处罚，增加了对消防技术服务机构不按标准开展消防技术服务的处罚。造成重大损失的，增加了"吊销营业执照，并对有关责任人员采取终身市场禁入措施"的处罚。明确消防技术服务机构由消防救援机构实施监管。

第七十条 【对违反消防法行为的处罚程序】本法规定的行政处罚，除应当由公安机关依照《中华人民共和国治安管理处罚法》的有关规定决定的外，由住房和城乡建设主管部门、消防救援机构按照各自职权决定。

被责令停止施工、停止使用、停产停业的，应当在整改后向作出决定的部门或者机构报告，经检查合格，方可恢复施工、使用、生产、经营。

当事人逾期不执行停产停业、停止使用、停止施工决定的，由作出决定的部门或者机构强制执行。

责令停产停业，对经济和社会生活影响较大的，由住房和城乡建设主管部门或者应急管理部门报请本级人民政府依法决定。

第七十一条 【有关主管部门的工作人员滥用职权、玩忽职守、徇私舞弊的法律责任】住房和城乡建设主管部门、消防救援机构的工作人员滥用职权、玩忽职守、徇私舞弊，有下列行为之一，尚不构成犯罪的，依法给予处分：

（一）对不符合消防安全要求的消防设计文件、建设工程、场所准予审查合格、消防验收合格、消防安全检查合格的；

（二）无故拖延消防设计审查、消防验收、消防安全检查，不在法定期限内履行职责的；

（三）发现火灾隐患不及时通知有关单位或者个人整改的；

（四）利用职务为用户、建设单位指定或者变相指定消防产品的品牌、销售单位或者消防技术服务机构、消防设施施工单位的；

（五）将消防车、消防艇以及消防器材、装备和设施用于与消防和应急救援无关的事项的；

（六）其他滥用职权、玩忽职守、徇私舞弊的行为。

产品质量监督、工商行政管理等其他有关行政主管部门的工作人员在消防工作中滥用职权、玩忽职守、徇私舞弊，尚不构成犯罪的，依法给予处分。

> 应用

22."尚不构成犯罪"是指什么情况

这里的"尚不构成犯罪"，是指消防机构的工作人员不构成滥用职权罪、玩忽职守罪。消防机构的工作人员滥用职权、玩忽职守、徇私舞弊行为，给国家和人民利益造成损失，但尚未达到《刑法》第397条规定的致使公共财产、国家和人民利益遭受重大损失的标准，不应当受到刑罚处罚，不构成滥用职权罪、玩忽职守罪。

第七十二条 【违反消防法构成犯罪的刑事责任】违反本法规定，构成犯罪的，依法追究刑事责任。

> 注解

违反《消防法》的行为中，有些行为已触犯了《刑法》的规定，应当依照刑法规定追究刑事责任。考虑到对违反《消防法》构成犯罪依法应当追究刑事责任的行为，《刑法》中已有具体规定，因此，在法律责任一章中未采取逐条规定的形式而是单独规定了本条。

> 配套

《刑法》第115条、第119条、第130条、第134-136条、第139条、第140条、第146条、第275条、第277条、第290条、第305条、第307条

第七章 附 则

第七十三条 【专门用语的含义】本法下列用语的含义：

（一）消防设施，是指火灾自动报警系统、自动灭火系统、消火栓系统、防烟排烟系统以及应急广播和应急照明、安全疏散设施等。

（二）消防产品，是指专门用于火灾预防、灭火救援和火灾防护、避难、逃生的产品。

（三）公众聚集场所，是指宾馆、饭店、商场、集贸市场、客运

车站候车室、客运码头候船厅、民用机场航站楼、体育场馆、会堂以及公共娱乐场所等。

（四）人员密集场所，是指公众聚集场所，医院的门诊楼、病房楼，学校的教学楼、图书馆、食堂和集体宿舍，养老院，福利院，托儿所，幼儿园，公共图书馆的阅览室，公共展览馆、博物馆的展示厅，劳动密集型企业的生产加工车间和员工集体宿舍，旅游、宗教活动场所等。

第七十四条 【生效日期】本法自 2009 年 5 月 1 日起施行。

配 套 法 规

中华人民共和国治安管理处罚法（节录）

（2005年8月28日第十届全国人民代表大会常务委员会第十七次会议通过 根据2012年10月26日第十一届全国人民代表大会常务委员会第二十九次会议《关于修改〈中华人民共和国治安管理处罚法〉的决定》修正）

……

第二十五条 有下列行为之一的，处五日以上十日以下拘留，可以并处五百元以下罚款；情节较轻的，处五日以下拘留或者五百元以下罚款：

（一）散布谣言，谎报险情、疫情、警情或者以其他方法故意扰乱公共秩序的；

（二）投放虚假的爆炸性、毒害性、放射性、腐蚀性物质或者传染病病原体等危险物质扰乱公共秩序的；

（三）扬言实施放火、爆炸、投放危险物质扰乱公共秩序的。

……

第三十八条 举办文化、体育等大型群众性活动，违反有关规定，有发生安全事故危险的，责令停止活动，立即疏散；对组织者处五日以上十日以下拘留，并处二百元以上五百元以下罚款；情节较轻的，处五日以下拘留或者五百元以下罚款。

第三十九条 旅馆、饭店、影剧院、娱乐场、运动场、展览馆或者其他供社会公众活动的场所的经营管理人员，违反安全规定，致使该场所有发生安全事故危险,经公安机关责令改正,拒不改正的,处五日以下拘留。

……

第五十条 有下列行为之一的,处警告或者二百元以下罚款;情节严重的,处五日以上十日以下拘留,可以并处五百元以下罚款:

(一)拒不执行人民政府在紧急状态情况下依法发布的决定、命令的;

(二)阻碍国家机关工作人员依法执行职务的;

(三)阻碍执行紧急任务的消防车、救护车、工程抢险车、警车等车辆通行的;

(四)强行冲闯公安机关设置的警戒带、警戒区的。

阻碍人民警察依法执行职务的,从重处罚。

……

中华人民共和国刑法（节录）*

（1979年7月1日第五届全国人民代表大会第二次会议通过　1997年3月14日第八届全国人民代表大会第五次会议修订　1997年3月14日中华人民共和国主席令第83号公布　自1997年10月1日起施行）

……

第一百一十四条　放火、决水、爆炸以及投放毒害性、放射性、传染病病原体等物质或者以其他危险方法危害公共安全，尚未造成严重后果的，处三年以上十年以下有期徒刑。

第一百一十五条　放火、决水、爆炸以及投放毒害性、放射性、

---

* 根据1998年12月29日第九届全国人民代表大会常务委员会第六次会议通过的《全国人民代表大会常务委员会关于惩治骗购外汇、逃汇和非法买卖外汇犯罪的决定》、1999年12月25日第九届全国人民代表大会常务委员会第十三次会议通过的《中华人民共和国刑法修正案》、2001年8月31日第九届全国人民代表大会常务委员会第二十三次会议通过的《中华人民共和国刑法修正案（二）》、2001年12月29日第九届全国人民代表大会常务委员会第二十五次会议通过的《中华人民共和国刑法修正案（三）》、2002年12月28日第九届全国人民代表大会常务委员会第三十一次会议通过的《中华人民共和国刑法修正案（四）》、2005年2月28日第十届全国人民代表大会常务委员会第十四次会议通过的《中华人民共和国刑法修正案（五）》、2006年6月29日第十届全国人民代表大会常务委员会第二十二次会议通过的《中华人民共和国刑法修正案（六）》、2009年2月28日第十一届全国人民代表大会常务委员会第七次会议通过的《中华人民共和国刑法修正案（七）》、2009年8月27日第十一届全国人民代表大会常务委员会第十次会议通过的《全国人民代表大会常务委员会关于修改部分法律的决定》、2011年2月25日第十一届全国人民代表大会常务委员会第十九次会议通过的《中华人民共和国刑法修正案（八）》、2015年8月29日第十二届全国人民代表大会常务委员会第十六次会议通过的《中华人民共和国刑法修正案（九）》、2017年11月4日第十二届全国人民代表大会常务委员会第三十次会议通过的《中华人民共和国刑法修正案（十）》和2020年12月26日第十三届全国人民代表大会常务委员会第二十四次会议通过的《中华人民共和国刑法修正案（十一）》修正。

传染病病原体等物质或者以其他危险方法致人重伤、死亡或者使公私财产遭受重大损失的,处十年以上有期徒刑、无期徒刑或者死刑。

过失犯前款罪的,处三年以上七年以下有期徒刑;情节较轻的,处三年以下有期徒刑或者拘役。

……

第一百一十八条 破坏电力、燃气或者其他易燃易爆设备,危害公共安全,尚未造成严重后果的,处三年以上十年以下有期徒刑。

第一百一十九条 破坏交通工具、交通设施、电力设备、燃气设备、易燃易爆设备,造成严重后果的,处十年以上有期徒刑、无期徒刑或者死刑。

过失犯前款罪的,处三年以上七年以下有期徒刑;情节较轻的,处三年以下有期徒刑或者拘役。

……

第一百三十四条 在生产、作业中违反有关安全管理的规定,因而发生重大伤亡事故或者造成其他严重后果的,处三年以下有期徒刑或者拘役;情节特别恶劣的,处三年以上七年以下有期徒刑。

强令他人违章冒险作业,或者明知存在重大事故隐患而不排除,仍冒险组织作业,因而发生重大伤亡事故或者造成其他严重后果的,处五年以下有期徒刑或者拘役;情节特别恶劣的,处五年以上有期徒刑。

第一百三十四条之一 在生产、作业中违反有关安全管理的规定,有下列情形之一,具有发生重大伤亡事故或者其他严重后果的现实危险的,处一年以下有期徒刑、拘役或者管制:

(一)关闭、破坏直接关系生产安全的监控、报警、防护、救生设备、设施,或者篡改、隐瞒、销毁其相关数据、信息的;

(二)因存在重大事故隐患被依法责令停产停业、停止施工、停止使用有关设备、设施、场所或者立即采取排除危险的整改措施,而拒不执行的;

(三)涉及安全生产的事项未经依法批准或者许可,擅自从事矿山开采、金属冶炼、建筑施工，以及危险物品生产、经营、储存等高度危险的生产作业活动的。

第一百三十五条 安全生产设施或者安全生产条件不符合国家规定，因而发生重大伤亡事故或者造成其他严重后果的，对直接负责的主管人员和其他直接责任人员，处三年以下有期徒刑或者拘役；情节特别恶劣的，处三年以上七年以下有期徒刑。

第一百三十五条之一 举办大型群众性活动违反安全管理规定，因而发生重大伤亡事故或者造成其他严重后果的，对直接负责的主管人员和其他直接责任人员，处三年以下有期徒刑或者拘役；情节特别恶劣的，处三年以上七年以下有期徒刑。

第一百三十六条 违反爆炸性、易燃性、放射性、毒害性、腐蚀性物品的管理规定，在生产、储存、运输、使用中发生重大事故，造成严重后果的，处三年以下有期徒刑或者拘役；后果特别严重的，处三年以上七年以下有期徒刑。

......

第一百三十八条 明知校舍或者教育教学设施有危险，而不采取措施或者不及时报告，致使发生重大伤亡事故的，对直接责任人员，处三年以下有期徒刑或者拘役；后果特别严重的，处三年以上七年以下有期徒刑。

第一百三十九条 违反消防管理法规，经消防监督机构通知采取改正措施而拒绝执行，造成严重后果的，对直接责任人员，处三年以下有期徒刑或者拘役；后果特别严重的，处三年以上七年以下有期徒刑。

第一百三十九条之一 在安全事故发生后，负有报告职责的人员不报或者谎报事故情况，贻误事故抢救，情节严重的，处三年以下有期徒刑或者拘役；情节特别严重的，处三年以上七年以下有期徒刑。

......

第二百二十九条 承担资产评估、验资、验证、会计、审计、法律服务、保荐、安全评价、环境影响评价、环境监测等职责的中介组织的人员故意提供虚假证明文件，情节严重的，处五年以下有期徒刑或者拘役，并处罚金；有下列情形之一的，处五年以上十年以下有期徒刑，并处罚金：

（一）提供与证券发行相关的虚假的资产评估、会计、审计、法律服务、保荐等证明文件，情节特别严重的；

（二）提供与重大资产交易相关的虚假的资产评估、会计、审计等证明文件，情节特别严重的；

（三）在涉及公共安全的重大工程、项目中提供虚假的安全评价、环境影响评价等证明文件，致使公共财产、国家和人民利益遭受特别重大损失的。

有前款行为，同时索取他人财物或者非法收受他人财物构成犯罪的，依照处罚较重的规定定罪处罚。

第一款规定的人员，严重不负责任，出具的证明文件有重大失实，造成严重后果的，处三年以下有期徒刑或者拘役，并处或者单处罚金。

……

中华人民共和国消防救援衔条例

（2018年10月26日第十三届全国人民代表大会常务委员会第六次会议通过　2018年10月26日中华人民共和国主席令第14号公布　自2018年10月27日起施行）

第一章　总　　则

第一条　为了加强国家综合性消防救援队伍正规化、专业化、职业化建设，增强消防救援人员的责任感、荣誉感和组织纪律性，有利于国家综合性消防救援队伍的指挥、管理和依法履行职责，根据宪法，制定本条例。

第二条 国家综合性消防救援队伍实行消防救援衔制度。

消防救援衔授予对象为纳入国家行政编制、由国务院应急管理部门统一领导管理的综合性消防救援队伍在职人员。

第三条 消防救援衔是表明消防救援人员身份、区分消防救援人员等级的称号和标志，是国家给予消防救援人员的荣誉和相应待遇的依据。

第四条 消防救援衔高的人员对消防救援衔低的人员，消防救援衔高的为上级。消防救援衔高的人员在职务上隶属于消防救援衔低的人员时，担任领导职务或者领导职务高的为上级。

第五条 国务院应急管理部门主管消防救援衔工作。

第二章 消防救援衔等级的设置

第六条 消防救援衔按照管理指挥人员、专业技术人员和消防员分别设置。

第七条 管理指挥人员消防救援衔设下列三等十一级：

（一）总监、副总监、助理总监；

（二）指挥长：高级指挥长、一级指挥长、二级指挥长、三级指挥长；

（三）指挥员：一级指挥员、二级指挥员、三级指挥员、四级指挥员。

第八条 专业技术人员消防救援衔设下列二等八级，在消防救援衔前冠以"专业技术"：

（一）指挥长：高级指挥长、一级指挥长、二级指挥长、三级指挥长；

（二）指挥员：一级指挥员、二级指挥员、三级指挥员、四级指挥员。

第九条 消防员消防救援衔设下列三等八级：

（一）高级消防员：一级消防长、二级消防长、三级消防长；

（二）中级消防员：一级消防士、二级消防士；

（三）初级消防员：三级消防士、四级消防士、预备消防士。

第三章 消防救援衔等级的编制

第十条 管理指挥人员按照下列职务等级编制消防救援衔：

（一）国务院应急管理部门正职：总监；

（二）国务院应急管理部门消防救援队伍领导指挥机构、森林消防队伍领导指挥机构正职：副总监；

（三）国务院应急管理部门消防救援队伍领导指挥机构、森林消防队伍领导指挥机构副职：助理总监；

（四）总队级正职：高级指挥长；

（五）总队级副职：一级指挥长；

（六）支队级正职：二级指挥长；

（七）支队级副职：三级指挥长；

（八）大队级正职：一级指挥员；

（九）大队级副职：二级指挥员；

（十）站（中队）级正职：三级指挥员；

（十一）站（中队）级副职：四级指挥员。

第十一条 专业技术人员按照下列职务等级编制消防救援衔：

（一）高级专业技术职务：高级指挥长至三级指挥长；

（二）中级专业技术职务：一级指挥长至二级指挥员；

（三）初级专业技术职务：三级指挥长至四级指挥员。

第十二条 消防员按照下列工作年限编制消防救援衔：

（一）工作满二十四年的：一级消防长；

（二）工作满二十年的：二级消防长；

（三）工作满十六年的：三级消防长；

（四）工作满十二年的：一级消防士；
（五）工作满八年的：二级消防士；
（六）工作满五年的：三级消防士；
（七）工作满二年的：四级消防士；
（八）工作二年以下的：预备消防士。

第四章　消防救援衔的首次授予

第十三条　授予消防救援衔，以消防救援人员现任职务、德才表现、学历学位、任职时间和工作年限为依据。

第十四条　初任管理指挥人员、专业技术人员，按照下列规定首次授予消防救援衔：

（一）从普通高等学校毕业生中招录，取得大学专科、本科学历的，授予四级指挥员消防救援衔；取得硕士学位的研究生，授予三级指挥员消防救援衔；取得博士学位的研究生，授予一级指挥员消防救援衔；

（二）从消防员选拔任命为管理指挥人员、专业技术人员的，按照所任命的职务等级授予相应的消防救援衔；

（三）从国家机关或者其他救援队伍调入的，或者从符合条件的社会人员中招录的，按照所任命的职务等级授予相应的消防救援衔。

第十五条　初任消防员，按照下列规定首次授予消防救援衔：

（一）从高中毕业生、普通高等学校在校生或者毕业生中招录的，授予预备消防士；

（二）从退役士兵中招录的，其服役年限计入工作时间，按照本条例第十二条的规定，授予相应的消防救援衔；

（三）从其他救援队伍或者具备专业技能的社会人员中招录的，根据其从事相关专业工作时间，比照国家综合性消防救援队伍中同等条件人员，授予相应的消防救援衔。

第十六条　首次授予管理指挥人员、专业技术人员消防救援衔，按照下列规定的权限予以批准：

（一）授予总监、副总监、助理总监，由国务院总理批准；

（二）授予高级指挥长、一级指挥长、二级指挥长，由国务院应急管理部门正职领导批准；

（三）授予三级指挥长、一级指挥员，报省、自治区、直辖市人民政府应急管理部门同意后由总队级单位正职领导批准，其中森林消防队伍人员由国务院应急管理部门森林消防队伍领导指挥机构正职领导批准；

（四）授予二级指挥员、三级指挥员、四级指挥员，由总队级单位正职领导批准。

第十七条 首次授予消防员消防救援衔，按照下列规定的权限予以批准：

（一）授予一级消防长、二级消防长、三级消防长，由国务院应急管理部门消防救援队伍领导指挥机构、森林消防队伍领导指挥机构正职领导批准；

（二）授予一级消防士、二级消防士、三级消防士、四级消防士、预备消防士，由总队级单位正职领导批准。

第五章　消防救援衔的晋级

第十八条 消防救援衔一般根据职务等级调整情况或者工作年限逐级晋升。

消防救援人员晋升上一级消防救援衔，应当胜任本职工作，遵纪守法，廉洁奉公，作风正派。

消防救援人员经培训合格后，方可晋升上一级消防救援衔。

第十九条 管理指挥人员、专业技术人员的消防救援衔晋升，一般与其职务等级晋升一致。

消防员的消防救援衔晋升，按照本条例第十二条的规定执行。

通过全国普通高等学校招生统一考试、取得全日制大学专科以上学历的消防员晋升消防救援衔，其按照规定学制在普通高等学校学习的时间视同工作时间，但不计入工龄。

第二十条　管理指挥人员、专业技术人员消防救援衔晋升，按照下列规定的权限予以批准：

（一）晋升为总监、副总监、助理总监，由国务院总理批准；

（二）晋升为高级指挥长、一级指挥长，由国务院应急管理部门正职领导批准；

（三）晋升为二级指挥长，报省、自治区、直辖市人民政府应急管理部门同意后由总队级单位正职领导批准，其中森林消防队伍人员由国务院应急管理部门森林消防队伍领导指挥机构正职领导批准；

（四）晋升为三级指挥长、一级指挥员，由总队级单位正职领导批准；

（五）晋升为二级指挥员、三级指挥员，由支队级单位正职领导批准。

第二十一条　消防员消防救援衔晋升，按照下列规定的权限予以批准：

（一）晋升为一级消防长、二级消防长、三级消防长，由国务院应急管理部门消防救援队伍领导指挥机构、森林消防队伍领导指挥机构正职领导批准；

（二）晋升为一级消防士、二级消防士，由总队级单位正职领导批准；

（三）晋升为三级消防士、四级消防士，由支队级单位正职领导批准。

第二十二条　消防救援人员在消防救援工作中做出重大贡献、德才表现突出的，其消防救援衔可以提前晋升。

第六章　消防救援衔的保留、降级和取消

第二十三条　消防救援人员退休后，其消防救援衔予以保留。

消防救援人员按照国家规定退出消防救援队伍，或者调离、辞职、被辞退的，其消防救援衔不予保留。

第二十四条 消防救援人员因不胜任现任职务被调任下级职务的，其消防救援衔应当调整至相应衔级，调整的批准权限与原衔级的批准权限相同。

第二十五条 消防救援人员受到降级、撤职处分的，应当相应降低消防救援衔，降级的批准权限与原衔级的批准权限相同。

消防救援衔降级不适用于四级指挥员和预备消防士。

第二十六条 消防救援人员受到开除处分的，以及因犯罪被依法判处剥夺政治权利或者有期徒刑以上刑罚的，其消防救援衔相应取消。

消防救援人员退休后犯罪的，适用前款规定。

第七章 附 则

第二十七条 消防救援衔标志式样和佩带办法，由国务院制定。

第二十八条 本条例自 2018 年 10 月 27 日起施行。

中华人民共和国消防救援衔
标志式样和佩带办法

（2018 年 11 月 6 日中华人民共和国国务院令第 705 号公布　自公布之日起施行）

第一条 根据《中华人民共和国消防救援衔条例》的规定，制定本办法。

第二条 消防救援人员佩带的消防救援衔标志必须与所授予的消防救援衔相符。

第三条　消防救援人员的消防救援衔标志：总监、副总监、助理总监衔标志由金黄色橄榄枝环绕金黄色徽标组成，徽标由五角星、雄鹰翅膀、消防斧和消防水带构成；指挥长、指挥员衔标志由金黄色横杠和金黄色六角星花组成；高级消防员、中级消防员和初级消防员中的三级消防士、四级消防士衔标志由金黄色横杠和金黄色徽标组成，徽标由交叉斧头、水枪、紧握手腕和雄鹰翅膀构成，预备消防士衔标志为金黄色横杠。

第四条　消防救援衔标志佩带在肩章和领章上，肩章分为硬肩章、软肩章和套式肩章，硬肩章、软肩章为剑形，套式肩章、领章为四边形；肩章、领章版面为深火焰蓝色。消防救援人员着春秋常服、冬常服和常服大衣时，佩带硬肩章；着夏常服、棉大衣和作训大衣时，管理指挥人员、专业技术人员佩带软肩章，消防员佩带套式肩章；着作训服时，佩带领章。

第五条　总监衔标志缀钉一枚橄榄枝环绕一周徽标，副总监衔标志缀钉一枚橄榄枝环绕多半周徽标，助理总监衔标志缀钉一枚橄榄枝环绕小半周徽标。

指挥长衔标志缀钉二道粗横杠，高级指挥长衔标志缀钉四枚六角星花，一级指挥长衔标志缀钉三枚六角星花，二级指挥长衔标志缀钉二枚六角星花，三级指挥长衔标志缀钉一枚六角星花。

指挥员衔标志缀钉一道粗横杠，一级指挥员衔标志缀钉四枚六角星花，二级指挥员衔标志缀钉三枚六角星花，三级指挥员衔标志缀钉二枚六角星花，四级指挥员衔标志缀钉一枚六角星花。

高级消防员衔标志缀钉一枚徽标，一级消防长衔标志缀钉三粗一细四道横杠，二级消防长衔标志缀钉三道粗横杠，三级消防长衔标志缀钉二粗一细三道横杠。

中级消防员衔标志缀钉一枚徽标，一级消防士衔标志缀钉二道粗横杠，二级消防士衔标志缀钉一粗一细二道横杠。

初级消防员衔标志中，三级消防士衔标志缀钉一枚徽标和一道粗横杠，四级消防士衔标志缀钉一枚徽标和一道细横杠，预备消防士衔标志缀钉一道加粗横杠。

第六条 消防救援人员晋升或者降低消防救援衔时，由批准机关更换其消防救援衔标志；取消消防救援衔的，由批准机关收回其消防救援衔标志。

第七条 消防救援人员的消防救援衔标志由国务院应急管理部门负责制作和管理。其他单位和个人不得制作、仿造、伪造、变造和买卖、使用消防救援衔标志，也不得使用与消防救援衔标志相类似的标志。

第八条 本办法自公布之日起施行。

附图　消防救援衔标志式样（略）

中华人民共和国安全生产法

（2002年6月29日第九届全国人民代表大会常务委员会第二十八次会议通过　根据2009年8月27日第十一届全国人民代表大会常务委员会第十次会议《关于修改部分法律的决定》第一次修正　根据2014年8月31日第十二届全国人民代表大会常务委员会第十次会议《关于修改〈中华人民共和国安全生产法〉的决定》第二次修正　根据2021年6月10日第十三届全国人民代表大会常务委员会第二十九次会议《关于修改〈中华人民共和国安全生产法〉的决定》第三次修正）

第一章　总　　则

第一条　为了加强安全生产工作，防止和减少生产安全事故，保障人民群众生命和财产安全，促进经济社会持续健康发展，制定本法。

第二条 在中华人民共和国领域内从事生产经营活动的单位（以下统称生产经营单位）的安全生产，适用本法；有关法律、行政法规对消防安全和道路交通安全、铁路交通安全、水上交通安全、民用航空安全以及核与辐射安全、特种设备安全另有规定的，适用其规定。

第三条 安全生产工作坚持中国共产党的领导。

安全生产工作应当以人为本，坚持人民至上、生命至上，把保护人民生命安全摆在首位，树牢安全发展理念，坚持安全第一、预防为主、综合治理的方针，从源头上防范化解重大安全风险。

安全生产工作实行管行业必须管安全、管业务必须管安全、管生产经营必须管安全，强化和落实生产经营单位主体责任与政府监管责任，建立生产经营单位负责、职工参与、政府监管、行业自律和社会监督的机制。

第四条 生产经营单位必须遵守本法和其他有关安全生产的法律、法规，加强安全生产管理，建立健全全员安全生产责任制和安全生产规章制度，加大对安全生产资金、物资、技术、人员的投入保障力度，改善安全生产条件，加强安全生产标准化、信息化建设，构建安全风险分级管控和隐患排查治理双重预防机制，健全风险防范化解机制，提高安全生产水平，确保安全生产。

平台经济等新兴行业、领域的生产经营单位应当根据本行业、领域的特点，建立健全并落实全员安全生产责任制，加强从业人员安全生产教育和培训，履行本法和其他法律、法规规定的有关安全生产义务。

第五条 生产经营单位的主要负责人是本单位安全生产第一责任人，对本单位的安全生产工作全面负责。其他负责人对职责范围内的安全生产工作负责。

第六条 生产经营单位的从业人员有依法获得安全生产保障的权利，并应当依法履行安全生产方面的义务。

第七条 工会依法对安全生产工作进行监督。

生产经营单位的工会依法组织职工参加本单位安全生产工作的民主管理和民主监督，维护职工在安全生产方面的合法权益。生产经营单位制定或者修改有关安全生产的规章制度，应当听取工会的意见。

第八条 国务院和县级以上地方各级人民政府应当根据国民经济和社会发展规划制定安全生产规划，并组织实施。安全生产规划应当与国土空间规划等相关规划相衔接。

各级人民政府应当加强安全生产基础设施建设和安全生产监管能力建设，所需经费列入本级预算。

县级以上地方各级人民政府应当组织有关部门建立完善安全风险评估与论证机制，按照安全风险管控要求，进行产业规划和空间布局，并对位置相邻、行业相近、业态相似的生产经营单位实施重大安全风险联防联控。

第九条 国务院和县级以上地方各级人民政府应当加强对安全生产工作的领导，建立健全安全生产工作协调机制，支持、督促各有关部门依法履行安全生产监督管理职责，及时协调、解决安全生产监督管理中存在的重大问题。

乡镇人民政府和街道办事处，以及开发区、工业园区、港区、风景区等应当明确负责安全生产监督管理的有关工作机构及其职责，加强安全生产监管力量建设，按照职责对本行政区域或者管理区域内生产经营单位安全生产状况进行监督检查，协助人民政府有关部门或者按照授权依法履行安全生产监督管理职责。

第十条 国务院应急管理部门依照本法，对全国安全生产工作实施综合监督管理；县级以上地方各级人民政府应急管理部门依照本法，对本行政区域内安全生产工作实施综合监督管理。

国务院交通运输、住房和城乡建设、水利、民航等有关部门依照本法和其他有关法律、行政法规的规定，在各自的职责范围内对有关行业、领域的安全生产工作实施监督管理；县级以上地方各级人民政府有关部门依照本法和其他有关法律、法规的规定，在各自的职责范围内对有关行业、领域的安全生产工作实施监督管理。对新兴行业、领域的安全生产监督管理职责不明确的，由县级以上地方各级人民政府按照业务相近的原则确定监督管理部门。

应急管理部门和对有关行业、领域的安全生产工作实施监督管理的部门，统称负有安全生产监督管理职责的部门。负有安全生产监督管理职责的部门应当相互配合、齐抓共管、信息共享、资源共用，依法加强安全生产监督管理工作。

第十一条 国务院有关部门应当按照保障安全生产的要求，依法及时制定有关的国家标准或者行业标准，并根据科技进步和经济发展适时修订。

生产经营单位必须执行依法制定的保障安全生产的国家标准或者行业标准。

第十二条 国务院有关部门按照职责分工负责安全生产强制性国家标准的项目提出、组织起草、征求意见、技术审查。国务院应急管理部门统筹提出安全生产强制性国家标准的立项计划。国务院标准化行政主管部门负责安全生产强制性国家标准的立项、编号、对外通报和授权批准发布工作。国务院标准化行政主管部门、有关部门依据法定职责对安全生产强制性国家标准的实施进行监督检查。

第十三条 各级人民政府及其有关部门应当采取多种形式，加强对有关安全生产的法律、法规和安全生产知识的宣传，增强全社会的安全生产意识。

第十四条 有关协会组织依照法律、行政法规和章程，为生产经营单位提供安全生产方面的信息、培训等服务，发挥自律作用，促进生产经营单位加强安全生产管理。

第十五条 依法设立的为安全生产提供技术、管理服务的机构，依照法律、行政法规和执业准则，接受生产经营单位的委托为其安全生产工作提供技术、管理服务。

生产经营单位委托前款规定的机构提供安全生产技术、管理服务的，保证安全生产的责任仍由本单位负责。

第十六条 国家实行生产安全事故责任追究制度,依照本法和有关法律、法规的规定,追究生产安全事故责任单位和责任人员的法律责任。

第十七条 县级以上各级人民政府应当组织负有安全生产监督管理职责的部门依法编制安全生产权力和责任清单,公开并接受社会监督。

第十八条 国家鼓励和支持安全生产科学技术研究和安全生产先进技术的推广应用,提高安全生产水平。

第十九条 国家对在改善安全生产条件、防止生产安全事故、参加抢险救护等方面取得显著成绩的单位和个人,给予奖励。

第二章 生产经营单位的安全生产保障

第二十条 生产经营单位应当具备本法和有关法律、行政法规和国家标准或者行业标准规定的安全生产条件;不具备安全生产条件的,不得从事生产经营活动。

第二十一条 生产经营单位的主要负责人对本单位安全生产工作负有下列职责:

(一)建立健全并落实本单位全员安全生产责任制,加强安全生产标准化建设;

(二)组织制定并实施本单位安全生产规章制度和操作规程;

(三)组织制定并实施本单位安全生产教育和培训计划;

(四)保证本单位安全生产投入的有效实施;

(五)组织建立并落实安全风险分级管控和隐患排查治理双重预防工作机制,督促、检查本单位的安全生产工作,及时消除生产安全事故隐患;

(六)组织制定并实施本单位的生产安全事故应急救援预案;

(七)及时、如实报告生产安全事故。

第二十二条 生产经营单位的全员安全生产责任制应当明确各

岗位的责任人员、责任范围和考核标准等内容。

生产经营单位应当建立相应的机制,加强对全员安全生产责任制落实情况的监督考核,保证全员安全生产责任制的落实。

第二十三条 生产经营单位应当具备的安全生产条件所必需的资金投入,由生产经营单位的决策机构、主要负责人或者个人经营的投资人予以保证,并对由于安全生产所必需的资金投入不足导致的后果承担责任。

有关生产经营单位应当按照规定提取和使用安全生产费用,专门用于改善安全生产条件。安全生产费用在成本中据实列支。安全生产费用提取、使用和监督管理的具体办法由国务院财政部门会同国务院应急管理部门征求国务院有关部门意见后制定。

第二十四条 矿山、金属冶炼、建筑施工、运输单位和危险物品的生产、经营、储存、装卸单位,应当设置安全生产管理机构或者配备专职安全生产管理人员。

前款规定以外的其他生产经营单位,从业人员超过一百人的,应当设置安全生产管理机构或者配备专职安全生产管理人员;从业人员在一百人以下的,应当配备专职或者兼职的安全生产管理人员。

第二十五条 生产经营单位的安全生产管理机构以及安全生产管理人员履行下列职责:

(一)组织或者参与拟订本单位安全生产规章制度、操作规程和生产安全事故应急救援预案;

(二)组织或者参与本单位安全生产教育和培训,如实记录安全生产教育和培训情况;

(三)组织开展危险源辨识和评估,督促落实本单位重大危险源的安全管理措施;

(四)组织或者参与本单位应急救援演练;

(五)检查本单位的安全生产状况,及时排查生产安全事故隐患,提出改进安全生产管理的建议;

(六)制止和纠正违章指挥、强令冒险作业、违反操作规程的行为；

（七）督促落实本单位安全生产整改措施。

生产经营单位可以设置专职安全生产分管负责人，协助本单位主要负责人履行安全生产管理职责。

第二十六条 生产经营单位的安全生产管理机构以及安全生产管理人员应当恪尽职守，依法履行职责。

生产经营单位作出涉及安全生产的经营决策，应当听取安全生产管理机构以及安全生产管理人员的意见。

生产经营单位不得因安全生产管理人员依法履行职责而降低其工资、福利等待遇或者解除与其订立的劳动合同。

危险物品的生产、储存单位以及矿山、金属冶炼单位的安全生产管理人员的任免，应当告知主管的负有安全生产监督管理职责的部门。

第二十七条 生产经营单位的主要负责人和安全生产管理人员必须具备与本单位所从事的生产经营活动相应的安全生产知识和管理能力。

危险物品的生产、经营、储存、装卸单位以及矿山、金属冶炼、建筑施工、运输单位的主要负责人和安全生产管理人员，应当由主管的负有安全生产监督管理职责的部门对其安全生产知识和管理能力考核合格。考核不得收费。

危险物品的生产、储存、装卸单位以及矿山、金属冶炼单位应当有注册安全工程师从事安全生产管理工作。鼓励其他生产经营单位聘用注册安全工程师从事安全生产管理工作。注册安全工程师按专业分类管理，具体办法由国务院人力资源和社会保障部门、国务院应急管理部门会同国务院有关部门制定。

第二十八条 生产经营单位应当对从业人员进行安全生产教育和培训，保证从业人员具备必要的安全生产知识，熟悉有关的安全生产规章制度和安全操作规程，掌握本岗位的安全操作技能，了解事故应急处理措施，知悉自身在安全生产方面的权利和义务。未经安全生产教育和培训合格的从业人员，不得上岗作业。

生产经营单位使用被派遣劳动者的，应当将被派遣劳动者纳入本单位从业人员统一管理，对被派遣劳动者进行岗位安全操作规程和安全操作技能的教育和培训。劳务派遣单位应当对被派遣劳动者进行必要的安全生产教育和培训。

生产经营单位接收中等职业学校、高等学校学生实习的，应当对实习学生进行相应的安全生产教育和培训，提供必要的劳动防护用品。学校应当协助生产经营单位对实习学生进行安全生产教育和培训。

生产经营单位应当建立安全生产教育和培训档案，如实记录安全生产教育和培训的时间、内容、参加人员以及考核结果等情况。

第二十九条　生产经营单位采用新工艺、新技术、新材料或者使用新设备，必须了解、掌握其安全技术特性，采取有效的安全防护措施，并对从业人员进行专门的安全生产教育和培训。

第三十条　生产经营单位的特种作业人员必须按照国家有关规定经专门的安全作业培训，取得相应资格，方可上岗作业。

特种作业人员的范围由国务院应急管理部门会同国务院有关部门确定。

第三十一条　生产经营单位新建、改建、扩建工程项目（以下统称建设项目）的安全设施，必须与主体工程同时设计、同时施工、同时投入生产和使用。安全设施投资应当纳入建设项目概算。

第三十二条　矿山、金属冶炼建设项目和用于生产、储存、装卸危险物品的建设项目，应当按照国家有关规定进行安全评价。

第三十三条　建设项目安全设施的设计人、设计单位应当对安全设施设计负责。

矿山、金属冶炼建设项目和用于生产、储存、装卸危险物品的建设项目的安全设施设计应当按照国家有关规定报经有关部门审查，审查部门及其负责审查的人员对审查结果负责。

第三十四条　矿山、金属冶炼建设项目和用于生产、储存、装卸危险物品的建设项目的施工单位必须按照批准的安全设施设计施工，并对安全设施的工程质量负责。

矿山、金属冶炼建设项目和用于生产、储存、装卸危险物品的建设项目竣工投入生产或者使用前，应当由建设单位负责组织对安全设施进行验收；验收合格后，方可投入生产和使用。负有安全生产监督管理职责的部门应当加强对建设单位验收活动和验收结果的监督核查。

第三十五条 生产经营单位应当在有较大危险因素的生产经营场所和有关设施、设备上，设置明显的安全警示标志。

第三十六条 安全设备的设计、制造、安装、使用、检测、维修、改造和报废，应当符合国家标准或者行业标准。

生产经营单位必须对安全设备进行经常性维护、保养，并定期检测，保证正常运转。维护、保养、检测应当作好记录，并由有关人员签字。

生产经营单位不得关闭、破坏直接关系生产安全的监控、报警、防护、救生设备、设施，或者篡改、隐瞒、销毁其相关数据、信息。

餐饮等行业的生产经营单位使用燃气的，应当安装可燃气体报警装置，并保障其正常使用。

第三十七条 生产经营单位使用的危险物品的容器、运输工具，以及涉及人身安全、危险性较大的海洋石油开采特种设备和矿山井下特种设备，必须按照国家有关规定，由专业生产单位生产，并经具有专业资质的检测、检验机构检测、检验合格，取得安全使用证或者安全标志，方可投入使用。检测、检验机构对检测、检验结果负责。

第三十八条 国家对严重危及生产安全的工艺、设备实行淘汰制度，具体目录由国务院应急管理部门会同国务院有关部门制定并公布。法律、行政法规对目录的制定另有规定的，适用其规定。

省、自治区、直辖市人民政府可以根据本地区实际情况制定并公布具体目录，对前款规定以外的危及生产安全的工艺、设备予以淘汰。

生产经营单位不得使用应当淘汰的危及生产安全的工艺、设备。

第三十九条 生产、经营、运输、储存、使用危险物品或者处置废弃危险物品的，由有关主管部门依照有关法律、法规的规定和国家标准或者行业标准审批并实施监督管理。

生产经营单位生产、经营、运输、储存、使用危险物品或者处置废弃危险物品，必须执行有关法律、法规和国家标准或者行业标准，建立专门的安全管理制度，采取可靠的安全措施，接受有关主管部门依法实施的监督管理。

第四十条 生产经营单位对重大危险源应当登记建档，进行定期检测、评估、监控，并制定应急预案，告知从业人员和相关人员在紧急情况下应当采取的应急措施。

生产经营单位应当按照国家有关规定将本单位重大危险源及有关安全措施、应急措施报有关地方人民政府应急管理部门和有关部门备案。有关地方人民政府应急管理部门和有关部门应当通过相关信息系统实现信息共享。

第四十一条 生产经营单位应当建立安全风险分级管控制度，按照安全风险分级采取相应的管控措施。

生产经营单位应当建立健全并落实生产安全事故隐患排查治理制度，采取技术、管理措施，及时发现并消除事故隐患。事故隐患排查治理情况应当如实记录，并通过职工大会或者职工代表大会、信息公示栏等方式向从业人员通报。其中，重大事故隐患排查治理情况应当及时向负有安全生产监督管理职责的部门和职工大会或者职工代表大会报告。

县级以上地方各级人民政府负有安全生产监督管理职责的部门应当将重大事故隐患纳入相关信息系统，建立健全重大事故隐患治理督办制度，督促生产经营单位消除重大事故隐患。

第四十二条 生产、经营、储存、使用危险物品的车间、商店、仓库不得与员工宿舍在同一座建筑物内，并应当与员工宿舍保持安全距离。

生产经营场所和员工宿舍应当设有符合紧急疏散要求、标志明显、保持畅通的出口、疏散通道。禁止占用、锁闭、封堵生产经营场所或者员工宿舍的出口、疏散通道。

第四十三条 生产经营单位进行爆破、吊装、动火、临时用电以及国务院应急管理部门会同国务院有关部门规定的其他危险作业，应当安排专门人员进行现场安全管理，确保操作规程的遵守和安全措施的落实。

第四十四条 生产经营单位应当教育和督促从业人员严格执行本单位的安全生产规章制度和安全操作规程；并向从业人员如实告知作业场所和工作岗位存在的危险因素、防范措施以及事故应急措施。

生产经营单位应当关注从业人员的身体、心理状况和行为习惯，加强对从业人员的心理疏导、精神慰藉，严格落实岗位安全生产责任，防范从业人员行为异常导致事故发生。

第四十五条 生产经营单位必须为从业人员提供符合国家标准或者行业标准的劳动防护用品，并监督、教育从业人员按照使用规则佩戴、使用。

第四十六条 生产经营单位的安全生产管理人员应当根据本单位的生产经营特点，对安全生产状况进行经常性检查；对检查中发现的安全问题，应当立即处理；不能处理的，应当及时报告本单位有关负责人，有关负责人应当及时处理。检查及处理情况应当如实记录在案。

生产经营单位的安全生产管理人员在检查中发现重大事故隐患，依照前款规定向本单位有关负责人报告，有关负责人不及时处理的，安全生产管理人员可以向主管的负有安全生产监督管理职责的部门报告，接到报告的部门应当依法及时处理。

第四十七条 生产经营单位应当安排用于配备劳动防护用品、进行安全生产培训的经费。

第四十八条 两个以上生产经营单位在同一作业区域内进行生产经营活动，可能危及对方生产安全的，应当签订安全生产管理协议，明确各自的安全生产管理职责和应当采取的安全措施，并指定专职安全生产管理人员进行安全检查与协调。

第四十九条 生产经营单位不得将生产经营项目、场所、设备发包或者出租给不具备安全生产条件或者相应资质的单位或者个人。

生产经营项目、场所发包或者出租给其他单位的，生产经营单位应当与承包单位、承租单位签订专门的安全生产管理协议，或者在承包合同、租赁合同中约定各自的安全生产管理职责；生产经营单位对承包单位、承租单位的安全生产工作统一协调、管理，定期进行安全检查，发现安全问题的，应当及时督促整改。

矿山、金属冶炼建设项目和用于生产、储存、装卸危险物品的建设项目的施工单位应当加强对施工项目的安全管理，不得倒卖、出租、出借、挂靠或者以其他形式非法转让施工资质，不得将其承包的全部建设工程转包给第三人或者将其承包的全部建设工程支解以后以分包的名义分别转包给第三人，不得将工程分包给不具备相应资质条件的单位。

第五十条 生产经营单位发生生产安全事故时，单位的主要负责人应当立即组织抢救，并不得在事故调查处理期间擅离职守。

第五十一条 生产经营单位必须依法参加工伤保险，为从业人员缴纳保险费。

国家鼓励生产经营单位投保安全生产责任保险；属于国家规定的高危行业、领域的生产经营单位，应当投保安全生产责任保险。具体范围和实施办法由国务院应急管理部门会同国务院财政部门、国务院保险监督管理机构和相关行业主管部门制定。

第三章 从业人员的安全生产权利义务

第五十二条 生产经营单位与从业人员订立的劳动合同，应当载明有关保障从业人员劳动安全、防止职业危害的事项,以及依法为从业人员办理工伤保险的事项。

生产经营单位不得以任何形式与从业人员订立协议,免除或者减轻其对从业人员因生产安全事故伤亡依法应承担的责任。

第五十三条 生产经营单位的从业人员有权了解其作业场所和工作岗位存在的危险因素、防范措施及事故应急措施,有权对本单位的安全生产工作提出建议。

第五十四条 从业人员有权对本单位安全生产工作中存在的问题提出批评、检举、控告;有权拒绝违章指挥和强令冒险作业。

生产经营单位不得因从业人员对本单位安全生产工作提出批评、检举、控告或者拒绝违章指挥、强令冒险作业而降低其工资、福利等待遇或者解除与其订立的劳动合同。

第五十五条 从业人员发现直接危及人身安全的紧急情况时,有权停止作业或者在采取可能的应急措施后撤离作业场所。

生产经营单位不得因从业人员在前款紧急情况下停止作业或者采取紧急撤离措施而降低其工资、福利等待遇或者解除与其订立的劳动合同。

第五十六条 生产经营单位发生生产安全事故后,应当及时采取措施救治有关人员。

因生产安全事故受到损害的从业人员,除依法享有工伤保险外,依照有关民事法律尚有获得赔偿的权利的,有权提出赔偿要求。

第五十七条 从业人员在作业过程中,应当严格落实岗位安全责任,遵守本单位的安全生产规章制度和操作规程,服从管理,正确佩戴和使用劳动防护用品。

第五十八条 从业人员应当接受安全生产教育和培训,掌握本职工作所需的安全生产知识,提高安全生产技能,增强事故预防和应急处理能力。

第五十九条 从业人员发现事故隐患或者其他不安全因素,应当立即向现场安全生产管理人员或者本单位负责人报告;接到报告的人员应当及时予以处理。

第六十条 工会有权对建设项目的安全设施与主体工程同时设计、同时施工、同时投入生产和使用进行监督，提出意见。

工会对生产经营单位违反安全生产法律、法规，侵犯从业人员合法权益的行为，有权要求纠正；发现生产经营单位违章指挥、强令冒险作业或者发现事故隐患时，有权提出解决的建议，生产经营单位应当及时研究答复；发现危及从业人员生命安全的情况时，有权向生产经营单位建议组织从业人员撤离危险场所，生产经营单位必须立即作出处理。

工会有权依法参加事故调查，向有关部门提出处理意见，并要求追究有关人员的责任。

第六十一条 生产经营单位使用被派遣劳动者的，被派遣劳动者享有本法规定的从业人员的权利，并应当履行本法规定的从业人员的义务。

第四章　安全生产的监督管理

第六十二条 县级以上地方各级人民政府应当根据本行政区域内的安全生产状况，组织有关部门按照职责分工，对本行政区域内容易发生重大生产安全事故的生产经营单位进行严格检查。

应急管理部门应当按照分类分级监督管理的要求，制定安全生产年度监督检查计划，并按照年度监督检查计划进行监督检查，发现事故隐患，应当及时处理。

第六十三条 负有安全生产监督管理职责的部门依照有关法律、法规的规定，对涉及安全生产的事项需要审查批准（包括批准、核准、许可、注册、认证、颁发证照等，下同）或者验收的，必须严格依照有关法律、法规和国家标准或者行业标准规定的安全生产条件和程序进行审查；不符合有关法律、法规和国家标准或者行业标准规定的安全生产条件的，不得批准或者验收通过。对未依法取得批准或者验收合格的单位擅自从事有关活动的，负责行政审批的部门发现或者接到举报后应当立即予以取缔，并依法予以处理。对已经依法取得批准的单位，负责行政审批的部门发现其不再具备安全生产条件的，应当撤销原批准。

第六十四条　负有安全生产监督管理职责的部门对涉及安全生产的事项进行审查、验收，不得收取费用；不得要求接受审查、验收的单位购买其指定品牌或者指定生产、销售单位的安全设备、器材或者其他产品。

第六十五条　应急管理部门和其他负有安全生产监督管理职责的部门依法开展安全生产行政执法工作，对生产经营单位执行有关安全生产的法律、法规和国家标准或者行业标准的情况进行监督检查，行使以下职权：

（一）进入生产经营单位进行检查，调阅有关资料，向有关单位和人员了解情况；

（二）对检查中发现的安全生产违法行为，当场予以纠正或者要求限期改正；对依法应当给予行政处罚的行为，依照本法和其他有关法律、行政法规的规定作出行政处罚决定；

（三）对检查中发现的事故隐患，应当责令立即排除；重大事故隐患排除前或者排除过程中无法保证安全的，应当责令从危险区域内撤出作业人员，责令暂时停产停业或者停止使用相关设施、设备；重大事故隐患排除后，经审查同意，方可恢复生产经营和使用；

（四）对有根据认为不符合保障安全生产的国家标准或者行业标准的设施、设备、器材以及违法生产、储存、使用、经营、运输的危险物品予以查封或者扣押，对违法生产、储存、使用、经营危险物品的作业场所予以查封，并依法作出处理决定。

监督检查不得影响被检查单位的正常生产经营活动。

第六十六条　生产经营单位对负有安全生产监督管理职责的部门的监督检查人员（以下统称安全生产监督检查人员）依法履行监督检查职责，应当予以配合，不得拒绝、阻挠。

第六十七条　安全生产监督检查人员应当忠于职守，坚持原则，秉公执法。

安全生产监督检查人员执行监督检查任务时，必须出示有效的行政执法证件；对涉及被检查单位的技术秘密和业务秘密，应当为其保密。

第六十八条　安全生产监督检查人员应当将检查的时间、地点、内容、发现的问题及其处理情况，作出书面记录，并由检查人员和被检查单位的负责人签字；被检查单位的负责人拒绝签字的，检查人员应当将情况记录在案，并向负有安全生产监督管理职责的部门报告。

第六十九条　负有安全生产监督管理职责的部门在监督检查中，应当互相配合，实行联合检查；确需分别进行检查的，应当互通情况，发现存在的安全问题应当由其他有关部门进行处理的，应当及时移送其他有关部门并形成记录备查，接受移送的部门应当及时进行处理。

第七十条　负有安全生产监督管理职责的部门依法对存在重大事故隐患的生产经营单位作出停产停业、停止施工、停止使用相关设施或者设备的决定，生产经营单位应当依法执行，及时消除事故隐患。生产经营单位拒不执行，有发生生产安全事故的现实危险的，在保证安全的前提下，经本部门主要负责人批准，负有安全生产监督管理职责的部门可以采取通知有关单位停止供电、停止供应民用爆炸物品等措施，强制生产经营单位履行决定。通知应当采用书面形式，有关单位应当予以配合。

负有安全生产监督管理职责的部门依照前款规定采取停止供电措施，除有危及生产安全的紧急情形外，应当提前二十四小时通知生产经营单位。生产经营单位依法履行行政决定、采取相应措施消除事故隐患的，负有安全生产监督管理职责的部门应当及时解除前款规定的措施。

第七十一条　监察机关依照监察法的规定，对负有安全生产监督管理职责的部门及其工作人员履行安全生产监督管理职责实施监察。

第七十二条 承担安全评价、认证、检测、检验职责的机构应当具备国家规定的资质条件,并对其作出的安全评价、认证、检测、检验结果的合法性、真实性负责。资质条件由国务院应急管理部门会同国务院有关部门制定。

承担安全评价、认证、检测、检验职责的机构应当建立并实施服务公开和报告公开制度,不得租借资质、挂靠、出具虚假报告。

第七十三条 负有安全生产监督管理职责的部门应当建立举报制度,公开举报电话、信箱或者电子邮件地址等网络举报平台,受理有关安全生产的举报;受理的举报事项经调查核实后,应当形成书面材料;需要落实整改措施的,报经有关负责人签字并督促落实。对不属于本部门职责,需要由其他有关部门进行调查处理的,转交其他有关部门处理。

涉及人员死亡的举报事项,应当由县级以上人民政府组织核查处理。

第七十四条 任何单位或者个人对事故隐患或者安全生产违法行为,均有权向负有安全生产监督管理职责的部门报告或者举报。

因安全生产违法行为造成重大事故隐患或者导致重大事故,致使国家利益或者社会公共利益受到侵害的,人民检察院可以根据民事诉讼法、行政诉讼法的相关规定提起公益诉讼。

第七十五条 居民委员会、村民委员会发现其所在区域内的生产经营单位存在事故隐患或者安全生产违法行为时,应当向当地人民政府或者有关部门报告。

第七十六条 县级以上各级人民政府及其有关部门对报告重大事故隐患或者举报安全生产违法行为的有功人员,给予奖励。具体奖励办法由国务院应急管理部门会同国务院财政部门制定。

第七十七条 新闻、出版、广播、电影、电视等单位有进行安全生产公益宣传教育的义务,有对违反安全生产法律、法规的行为进行舆论监督的权利。

第七十八条 负有安全生产监督管理职责的部门应当建立安全生产违法行为信息库,如实记录生产经营单位及其有关从业人员的安全生产违法行为信息;对违法行为情节严重的生产经营单位及其有关从业人员,应当及时向社会公告,并通报行业主管部门、投资主管部门、自然资源主管部门、生态环境主管部门、证券监督管理机构以及有关金融机构。有关部门和机构应当对存在失信行为的生产经营单位及其有关从业人员采取加大执法检查频次、暂停项目审批、上调有关保险费率、行业或者职业禁入等联合惩戒措施,并向社会公示。

负有安全生产监督管理职责的部门应当加强对生产经营单位行政处罚信息的及时归集、共享、应用和公开,对生产经营单位作出处罚决定后七个工作日内在监督管理部门公示系统予以公开曝光,强化对违法失信生产经营单位及其有关从业人员的社会监督,提高全社会安全生产诚信水平。

第五章 生产安全事故的应急救援与调查处理

第七十九条 国家加强生产安全事故应急能力建设,在重点行业、领域建立应急救援基地和应急救援队伍,并由国家安全生产应急救援机构统一协调指挥;鼓励生产经营单位和其他社会力量建立应急救援队伍,配备相应的应急救援装备和物资,提高应急救援的专业化水平。

国务院应急管理部门牵头建立全国统一的生产安全事故应急救援信息系统,国务院交通运输、住房和城乡建设、水利、民航等有关部门和县级以上地方人民政府建立健全相关行业、领域、地区的生产安全事故应急救援信息系统,实现互联互通、信息共享,通过推行网上安全信息采集、安全监管和监测预警,提升监管的精准化、智能化水平。

第八十条 县级以上地方各级人民政府应当组织有关部门制定本行政区域内生产安全事故应急救援预案，建立应急救援体系。

乡镇人民政府和街道办事处，以及开发区、工业园区、港区、风景区等应当制定相应的生产安全事故应急救援预案，协助人民政府有关部门或者按照授权依法履行生产安全事故应急救援工作职责。

第八十一条 生产经营单位应当制定本单位生产安全事故应急救援预案，与所在地县级以上地方人民政府组织制定的生产安全事故应急救援预案相衔接，并定期组织演练。

第八十二条 危险物品的生产、经营、储存单位以及矿山、金属冶炼、城市轨道交通运营、建筑施工单位应当建立应急救援组织；生产经营规模较小的，可以不建立应急救援组织，但应当指定兼职的应急救援人员。

危险物品的生产、经营、储存、运输单位以及矿山、金属冶炼、城市轨道交通运营、建筑施工单位应当配备必要的应急救援器材、设备和物资，并进行经常性维护、保养，保证正常运转。

第八十三条 生产经营单位发生生产安全事故后，事故现场有关人员应当立即报告本单位负责人。

单位负责人接到事故报告后，应当迅速采取有效措施，组织抢救，防止事故扩大，减少人员伤亡和财产损失，并按照国家有关规定立即如实报告当地负有安全生产监督管理职责的部门，不得隐瞒不报、谎报或者迟报，不得故意破坏事故现场、毁灭有关证据。

第八十四条 负有安全生产监督管理职责的部门接到事故报告后，应当立即按照国家有关规定上报事故情况。负有安全生产监督管理职责的部门和有关地方人民政府对事故情况不得隐瞒不报、谎报或者迟报。

第八十五条 有关地方人民政府和负有安全生产监督管理职责的部门的负责人接到生产安全事故报告后，应当按照生产安全事故应急救援预案的要求立即赶到事故现场，组织事故抢救。

参与事故抢救的部门和单位应当服从统一指挥，加强协同联动，采取有效的应急救援措施，并根据事故救援的需要采取警戒、疏散等措施，防止事故扩大和次生灾害的发生，减少人员伤亡和财产损失。

事故抢救过程中应当采取必要措施，避免或者减少对环境造成的危害。

任何单位和个人都应当支持、配合事故抢救，并提供一切便利条件。

第八十六条　事故调查处理应当按照科学严谨、依法依规、实事求是、注重实效的原则，及时、准确地查清事故原因，查明事故性质和责任，评估应急处置工作，总结事故教训，提出整改措施，并对事故责任单位和人员提出处理建议。事故调查报告应当依法及时向社会公布。事故调查和处理的具体办法由国务院制定。

事故发生单位应当及时全面落实整改措施，负有安全生产监督管理职责的部门应当加强监督检查。

负责事故调查处理的国务院有关部门和地方人民政府应当在批复事故调查报告后一年内，组织有关部门对事故整改和防范措施落实情况进行评估，并及时向社会公开评估结果；对不履行职责导致事故整改和防范措施没有落实的有关单位和人员，应当按照有关规定追究责任。

第八十七条　生产经营单位发生生产安全事故，经调查确定为责任事故的，除了应当查明事故单位的责任并依法予以追究外，还应当查明对安全生产的有关事项负有审查批准和监督职责的行政部门的责任，对有失职、渎职行为的，依照本法第九十条的规定追究法律责任。

第八十八条　任何单位和个人不得阻挠和干涉对事故的依法调查处理。

第八十九条　县级以上地方各级人民政府应急管理部门应当定期统计分析本行政区域内发生生产安全事故的情况，并定期向社会公布。

第六章 法律责任

第九十条 负有安全生产监督管理职责的部门的工作人员,有下列行为之一的,给予降级或者撤职的处分;构成犯罪的,依照刑法有关规定追究刑事责任:

(一)对不符合法定安全生产条件的涉及安全生产的事项予以批准或者验收通过的;

(二)发现未依法取得批准、验收的单位擅自从事有关活动或者接到举报后不予取缔或者不依法予以处理的;

(三)对已经依法取得批准的单位不履行监督管理职责,发现其不再具备安全生产条件而不撤销原批准或者发现安全生产违法行为不予查处的;

(四)在监督检查中发现重大事故隐患,不依法及时处理的。

负有安全生产监督管理职责的部门的工作人员有前款规定以外的滥用职权、玩忽职守、徇私舞弊行为的,依法给予处分;构成犯罪的,依照刑法有关规定追究刑事责任。

第九十一条 负有安全生产监督管理职责的部门,要求被审查、验收的单位购买其指定的安全设备、器材或者其他产品的,在对安全生产事项的审查、验收中收取费用的,由其上级机关或者监察机关责令改正,责令退还收取的费用;情节严重的,对直接负责的主管人员和其他直接责任人员依法给予处分。

第九十二条 承担安全评价、认证、检测、检验职责的机构出具失实报告的,责令停业整顿,并处三万元以上十万元以下的罚款;给他人造成损害的,依法承担赔偿责任。

承担安全评价、认证、检测、检验职责的机构租借资质、挂靠、出具虚假报告的,没收违法所得;违法所得在十万元以上的,并处违法所得二倍以上五倍以下的罚款,没有违法所得或者违法所得不足十万元的,单处或者并处十万元以上二十万元以下的罚款;对其直接负责的主管人员和其他直接责任人员处五万元以上十万元以下的罚款；给他人造成损害的，与生产经营单位承担连带赔偿责任；构成犯罪的，依照刑法有关规定追究刑事责任。

对有前款违法行为的机构及其直接责任人员，吊销其相应资质和资格，五年内不得从事安全评价、认证、检测、检验等工作；情节严重的，实行终身行业和职业禁入。

第九十三条 生产经营单位的决策机构、主要负责人或者个人经营的投资人不依照本法规定保证安全生产所必需的资金投入，致使生产经营单位不具备安全生产条件的，责令限期改正，提供必需的资金；逾期未改正的，责令生产经营单位停产停业整顿。

有前款违法行为，导致发生生产安全事故的，对生产经营单位的主要负责人给予撤职处分，对个人经营的投资人处二万元以上二十万元以下的罚款；构成犯罪的，依照刑法有关规定追究刑事责任。

第九十四条 生产经营单位的主要负责人未履行本法规定的安全生产管理职责的，责令限期改正，处二万元以上五万元以下的罚款；逾期未改正的，处五万元以上十万元以下的罚款，责令生产经营单位停产停业整顿。

生产经营单位的主要负责人有前款违法行为，导致发生生产安全事故的，给予撤职处分；构成犯罪的，依照刑法有关规定追究刑事责任。

生产经营单位的主要负责人依照前款规定受刑事处罚或者撤职处分的，自刑罚执行完毕或者受处分之日起，五年内不得担任任何生产经营单位的主要负责人；对重大、特别重大生产安全事故负有责任的，终身不得担任本行业生产经营单位的主要负责人。

第九十五条 生产经营单位的主要负责人未履行本法规定的安全生产管理职责，导致发生生产安全事故的，由应急管理部门依照下列规定处以罚款：

（一）发生一般事故的，处上一年年收入百分之四十的罚款；

（二）发生较大事故的，处上一年年收入百分之六十的罚款；

（三）发生重大事故的，处上一年年收入百分之八十的罚款；

（四）发生特别重大事故的，处上一年年收入百分之一百的罚款。

第九十六条 生产经营单位的其他负责人和安全生产管理人员未履行本法规定的安全生产管理职责的，责令限期改正，处一万元以上三万元以下的罚款；导致发生生产安全事故的，暂停或者吊销其与安全生产有关的资格，并处上一年年收入百分之二十以上百分之五十以下的罚款；构成犯罪的，依照刑法有关规定追究刑事责任。

第九十七条 生产经营单位有下列行为之一的，责令限期改正，处十万元以下的罚款；逾期未改正的，责令停产停业整顿，并处十万元以上二十万元以下的罚款，对其直接负责的主管人员和其他直接责任人员处二万元以上五万元以下的罚款：

（一）未按照规定设置安全生产管理机构或者配备安全生产管理人员、注册安全工程师的；

（二）危险物品的生产、经营、储存、装卸单位以及矿山、金属冶炼、建筑施工、运输单位的主要负责人和安全生产管理人员未按照规定经考核合格的；

（三）未按照规定对从业人员、被派遣劳动者、实习学生进行安全生产教育和培训，或者未按照规定如实告知有关的安全生产事项的；

（四）未如实记录安全生产教育和培训情况的；

（五）未将事故隐患排查治理情况如实记录或者未向从业人员通报的；

（六）未按照规定制定生产安全事故应急救援预案或者未定期组织演练的；

（七）特种作业人员未按照规定经专门的安全作业培训并取得相应资格，上岗作业的。

第九十八条 生产经营单位有下列行为之一的，责令停止建设或者停产停业整顿，限期改正，并处十万元以上五十万元以下的罚款，对其直接负责的主管人员和其他直接责任人员处二万元以上五万元以下的罚款；逾期未改正的，处五十万元以上一百万元以下的罚款，对其直接负责的主管人员和其他直接责任人员处五万元以上十万元以下的罚款；构成犯罪的，依照刑法有关规定追究刑事责任：

（一）未按照规定对矿山、金属冶炼建设项目或者用于生产、储存、装卸危险物品的建设项目进行安全评价的；

（二）矿山、金属冶炼建设项目或者用于生产、储存、装卸危险物品的建设项目没有安全设施设计或者安全设施设计未按照规定报经有关部门审查同意的；

（三）矿山、金属冶炼建设项目或者用于生产、储存、装卸危险物品的建设项目的施工单位未按照批准的安全设施设计施工的；

（四）矿山、金属冶炼建设项目或者用于生产、储存、装卸危险物品的建设项目竣工投入生产或者使用前，安全设施未经验收合格的。

第九十九条 生产经营单位有下列行为之一的，责令限期改正，处五万元以下的罚款；逾期未改正的，处五万元以上二十万元以下的罚款，对其直接负责的主管人员和其他直接责任人员处一万元以上二万元以下的罚款；情节严重的，责令停产停业整顿；构成犯罪的，依照刑法有关规定追究刑事责任：

（一）未在有较大危险因素的生产经营场所和有关设施、设备上设置明显的安全警示标志的；

（二）安全设备的安装、使用、检测、改造和报废不符合国家标准或者行业标准的；

（三）未对安全设备进行经常性维护、保养和定期检测的；

（四）关闭、破坏直接关系生产安全的监控、报警、防护、救生设备、设施，或者篡改、隐瞒、销毁其相关数据、信息的；

（五）未为从业人员提供符合国家标准或者行业标准的劳动防护用品的；

（六）危险物品的容器、运输工具，以及涉及人身安全、危险性较大的海洋石油开采特种设备和矿山井下特种设备未经具有专业资质的机构检测、检验合格，取得安全使用证或者安全标志，投入使用的；

（七）使用应当淘汰的危及生产安全的工艺、设备的；

（八）餐饮等行业的生产经营单位使用燃气未安装可燃气体报警装置的。

第一百条 未经依法批准，擅自生产、经营、运输、储存、使用危险物品或者处置废弃危险物品的，依照有关危险物品安全管理的法律、行政法规的规定予以处罚；构成犯罪的，依照刑法有关规定追究刑事责任。

第一百零一条 生产经营单位有下列行为之一的，责令限期改正，处十万元以下的罚款；逾期未改正的，责令停产停业整顿，并处十万元以上二十万元以下的罚款，对其直接负责的主管人员和其他直接责任人员处二万元以上五万元以下的罚款；构成犯罪的，依照刑法有关规定追究刑事责任：

（一）生产、经营、运输、储存、使用危险物品或者处置废弃危险物品，未建立专门安全管理制度、未采取可靠的安全措施的；

（二）对重大危险源未登记建档，未进行定期检测、评估、监控，未制定应急预案，或者未告知应急措施的；

（三）进行爆破、吊装、动火、临时用电以及国务院应急管理部门会同国务院有关部门规定的其他危险作业，未安排专门人员进行现场安全管理的；

（四）未建立安全风险分级管控制度或者未按照安全风险分级采取相应管控措施的；

（五）未建立事故隐患排查治理制度，或者重大事故隐患排查治理情况未按照规定报告的。

第一百零二条 生产经营单位未采取措施消除事故隐患的，责令立即消除或者限期消除，处五万元以下的罚款；生产经营单位拒不执行的，责令停产停业整顿，对其直接负责的主管人员和其他直接责任人员处五万元以上十万元以下的罚款；构成犯罪的，依照刑法有关规定追究刑事责任。

第一百零三条 生产经营单位将生产经营项目、场所、设备发包或者出租给不具备安全生产条件或者相应资质的单位或者个人的，责令限期改正，没收违法所得；违法所得十万元以上的，并处违法所得二倍以上五倍以下的罚款；没有违法所得或者违法所得不足十万元的，单处或者并处十万元以上二十万元以下的罚款；对其直接负责的主管人员和其他直接责任人员处一万元以上二万元以下的罚款；导致发生生产安全事故给他人造成损害的，与承包方、承租方承担连带赔偿责任。

生产经营单位未与承包单位、承租单位签订专门的安全生产管理协议或者未在承包合同、租赁合同中明确各自的安全生产管理职责，或者未对承包单位、承租单位的安全生产统一协调、管理的，责令限期改正，处五万元以下的罚款，对其直接负责的主管人员和其他直接责任人员处一万元以下的罚款；逾期未改正的，责令停产停业整顿。

矿山、金属冶炼建设项目和用于生产、储存、装卸危险物品的建设项目的施工单位未按照规定对施工项目进行安全管理的，责令限期改正，处十万元以下的罚款，对其直接负责的主管人员和其他直接责任人员处二万元以下的罚款；逾期未改正的，责令停产停业整顿。以上施工单位倒卖、出租、出借、挂靠或者以其他形式非法转让施工资质的，责令停产停业整顿，吊销资质证书，没收违法所得；违法所得十万元以上的，并处违法所得二倍以上五倍以下的罚款，没有违法所得或者违法所得不足十万元的，单处或者并处十万元以上二十万元以下的罚款；对其直接负责的主管人员和其他直接责任人员处五万元以上十万元以下的罚款；构成犯罪的，依照刑法有关规定追究刑事责任。

第一百零四条 两个以上生产经营单位在同一作业区域内进行可能危及对方安全生产的生产经营活动，未签订安全生产管理协议或者未指定专职安全生产管理人员进行安全检查与协调的,责令限期改正,处五万元以下的罚款,对其直接负责的主管人员和其他直接责任人员处一万元以下的罚款;逾期未改正的,责令停产停业。

第一百零五条 生产经营单位有下列行为之一的,责令限期改正,处五万元以下的罚款,对其直接负责的主管人员和其他直接责任人员处一万元以下的罚款;逾期未改正的,责令停产停业整顿;构成犯罪的,依照刑法有关规定追究刑事责任:

(一)生产、经营、储存、使用危险物品的车间、商店、仓库与员工宿舍在同一座建筑内,或者与员工宿舍的距离不符合安全要求的;

(二)生产经营场所和员工宿舍未设有符合紧急疏散需要、标志明显、保持畅通的出口、疏散通道,或者占用、锁闭、封堵生产经营场所或者员工宿舍出口、疏散通道的。

第一百零六条 生产经营单位与从业人员订立协议,免除或者减轻其对从业人员因生产安全事故伤亡依法应承担的责任的,该协议无效;对生产经营单位的主要负责人、个人经营的投资人处二万元以上十万元以下的罚款。

第一百零七条 生产经营单位的从业人员不落实岗位安全责任,不服从管理,违反安全生产规章制度或者操作规程的,由生产经营单位给予批评教育,依照有关规章制度给予处分;构成犯罪的,依照刑法有关规定追究刑事责任。

第一百零八条 违反本法规定,生产经营单位拒绝、阻碍负有安全生产监督管理职责的部门依法实施监督检查的,责令改正;拒不改正的,处二万元以上二十万元以下的罚款;对其直接负责的主管人员和其他直接责任人员处一万元以上二万元以下的罚款;构成犯罪的,依照刑法有关规定追究刑事责任。

第一百零九条 高危行业、领域的生产经营单位未按照国家规定投保安全生产责任保险的,责令限期改正,处五万元以上十万元以下的罚款;逾期未改正的,处十万元以上二十万元以下的罚款。

第一百一十条　生产经营单位的主要负责人在本单位发生生产安全事故时，不立即组织抢救或者在事故调查处理期间擅离职守或者逃匿的，给予降级、撤职的处分，并由应急管理部门处上一年年收入百分之六十至百分之一百的罚款；对逃匿的处十五日以下拘留；构成犯罪的，依照刑法有关规定追究刑事责任。

生产经营单位的主要负责人对生产安全事故隐瞒不报、谎报或者迟报的，依照前款规定处罚。

第一百一十一条　有关地方人民政府、负有安全生产监督管理职责的部门，对生产安全事故隐瞒不报、谎报或者迟报的，对直接负责的主管人员和其他直接责任人员依法给予处分；构成犯罪的，依照刑法有关规定追究刑事责任。

第一百一十二条　生产经营单位违反本法规定，被责令改正且受到罚款处罚，拒不改正的，负有安全生产监督管理职责的部门可以自作出责令改正之日的次日起，按照原处罚数额按日连续处罚。

第一百一十三条　生产经营单位存在下列情形之一的，负有安全生产监督管理职责的部门应当提请地方人民政府予以关闭，有关部门应当依法吊销其有关证照。生产经营单位主要负责人五年内不得担任任何生产经营单位的主要负责人；情节严重的，终身不得担任本行业生产经营单位的主要负责人：

（一）存在重大事故隐患，一百八十日内三次或者一年内四次受到本法规定的行政处罚的；

（二）经停产停业整顿，仍不具备法律、行政法规和国家标准或者行业标准规定的安全生产条件的；

（三）不具备法律、行政法规和国家标准或者行业标准规定的安全生产条件，导致发生重大、特别重大生产安全事故的；

（四）拒不执行负有安全生产监督管理职责的部门作出的停产停业整顿决定的。

第一百一十四条　发生生产安全事故，对负有责任的生产经营单位除要求其依法承担相应的赔偿等责任外，由应急管理部门依照下列规定处以罚款：

（一）发生一般事故的，处三十万元以上一百万元以下的罚款；

（二）发生较大事故的，处一百万元以上二百万元以下的罚款；

（三）发生重大事故的，处二百万元以上一千万元以下的罚款；

（四）发生特别重大事故的，处一千万元以上二千万元以下的罚款。

发生生产安全事故，情节特别严重、影响特别恶劣的，应急管理部门可以按照前款罚款数额的二倍以上五倍以下对负有责任的生产经营单位处以罚款。

第一百一十五条 本法规定的行政处罚，由应急管理部门和其他负有安全生产监督管理职责的部门按照职责分工决定；其中，根据本法第九十五条、第一百一十条、第一百一十四条的规定应当给予民航、铁路、电力行业的生产经营单位及其主要负责人行政处罚的，也可以由主管的负有安全生产监督管理职责的部门进行处罚。予以关闭的行政处罚，由负有安全生产监督管理职责的部门报请县级以上人民政府按照国务院规定的权限决定；给予拘留的行政处罚，由公安机关依照治安管理处罚的规定决定。

第一百一十六条 生产经营单位发生生产安全事故造成人员伤亡、他人财产损失的，应当依法承担赔偿责任；拒不承担或者其负责人逃匿的，由人民法院依法强制执行。

生产安全事故的责任人未依法承担赔偿责任，经人民法院依法采取执行措施后，仍不能对受害人给予足额赔偿的，应当继续履行赔偿义务；受害人发现责任人有其他财产的，可以随时请求人民法院执行。

第七章　附　　则

第一百一十七条 本法下列用语的含义：

危险物品，是指易燃易爆物品、危险化学品、放射性物品等能够危及人身安全和财产安全的物品。

重大危险源，是指长期地或者临时地生产、搬运、使用或者储存危险物品，且危险物品的数量等于或者超过临界量的单元（包括场所和设施）。

第一百一十八条 本法规定的生产安全一般事故、较大事故、重大事故、特别重大事故的划分标准由国务院规定。

国务院应急管理部门和其他负有安全生产监督管理职责的部门应当根据各自的职责分工，制定相关行业、领域重大危险源的辨识标准和重大事故隐患的判定标准。

第一百一十九条 本法自2002年11月1日起施行。

建设工程消防设计审查验收管理暂行规定

（2020年4月1日住房和城乡建设部令第51号公布 自2020年6月1日起施行）

第一章 总 则

第一条 为了加强建设工程消防设计审查验收管理，保证建设工程消防设计、施工质量，根据《中华人民共和国建筑法》《中华人民共和国消防法》《建设工程质量管理条例》等法律、行政法规，制定本规定。

第二条 特殊建设工程的消防设计审查、消防验收，以及其他建设工程的消防验收备案（以下简称备案）、抽查，适用本规定。

本规定所称特殊建设工程，是指本规定第十四条所列的建设工程。

本规定所称其他建设工程，是指特殊建设工程以外的其他按照国家工程建设消防技术标准需要进行消防设计的建设工程。

第三条 国务院住房和城乡建设主管部门负责指导监督全国建设工程消防设计审查验收工作。

县级以上地方人民政府住房和城乡建设主管部门（以下简称消防设计审查验收主管部门）依职责承担本行政区域内建设工程的消防设计审查、消防验收、备案和抽查工作。

跨行政区域建设工程的消防设计审查、消防验收、备案和抽查工作，由该建设工程所在行政区域消防设计审查验收主管部门共同的上一级主管部门指定负责。

第四条 消防设计审查验收主管部门应当运用互联网技术等信息化手段开展消防设计审查、消防验收、备案和抽查工作，建立健全有关单位和从业人员的信用管理制度，不断提升政务服务水平。

第五条 消防设计审查验收主管部门实施消防设计审查、消防验收、备案和抽查工作所需经费，按照《中华人民共和国行政许可法》等有关法律法规的规定执行。

第六条 消防设计审查验收主管部门应当及时将消防验收、备案和抽查情况告知消防救援机构，并与消防救援机构共享建筑平面图、消防设施平面布置图、消防设施系统图等资料。

第七条 从事建设工程消防设计审查验收的工作人员，以及建设、设计、施工、工程监理、技术服务等单位的从业人员，应当具备相应的专业技术能力，定期参加职业培训。

第二章 有关单位的消防设计、施工质量责任与义务

第八条 建设单位依法对建设工程消防设计、施工质量负首要责任。设计、施工、工程监理、技术服务等单位依法对建设工程消防设计、施工质量负主体责任。建设、设计、施工、工程监理、技术服务等单位的从业人员依法对建设工程消防设计、施工质量承担相应的个人责任。

第九条 建设单位应当履行下列消防设计、施工质量责任和义务：

（一）不得明示或者暗示设计、施工、工程监理、技术服务等单位及其从业人员违反建设工程法律法规和国家工程建设消防技术标准，降低建设工程消防设计、施工质量；

（二）依法申请建设工程消防设计审查、消防验收，办理备案并接受抽查；

（三）实行工程监理的建设工程，依法将消防施工质量委托监理；

（四）委托具有相应资质的设计、施工、工程监理单位；

（五）按照工程消防设计要求和合同约定，选用合格的消防产品和满足防火性能要求的建筑材料、建筑构配件和设备；

（六）组织有关单位进行建设工程竣工验收时，对建设工程是否符合消防要求进行查验；

（七）依法及时向档案管理机构移交建设工程消防有关档案。

第十条 设计单位应当履行下列消防设计、施工质量责任和义务：

（一）按照建设工程法律法规和国家工程建设消防技术标准进行设计，编制符合要求的消防设计文件，不得违反国家工程建设消防技术标准强制性条文；

（二）在设计文件中选用的消防产品和具有防火性能要求的建筑材料、建筑构配件和设备，应当注明规格、性能等技术指标，符合国家规定的标准；

（三）参加建设单位组织的建设工程竣工验收，对建设工程消防设计实施情况签章确认，并对建设工程消防设计质量负责。

第十一条 施工单位应当履行下列消防设计、施工质量责任和义务：

（一）按照建设工程法律法规、国家工程建设消防技术标准，以及经消防设计审查合格或者满足工程需要的消防设计文件组织施工，不得擅自改变消防设计进行施工，降低消防施工质量；

（二）按照消防设计要求、施工技术标准和合同约定检验消防产品和具有防火性能要求的建筑材料、建筑构配件和设备的质量，使用合格产品，保证消防施工质量；

（三）参加建设单位组织的建设工程竣工验收，对建设工程消防施工质量签章确认，并对建设工程消防施工质量负责。

第十二条 工程监理单位应当履行下列消防设计、施工质量责任和义务：

（一）按照建设工程法律法规、国家工程建设消防技术标准，以及经消防设计审查合格或者满足工程需要的消防设计文件实施工程监理；

（二）在消防产品和具有防火性能要求的建筑材料、建筑构配件和设备使用、安装前，核查产品质量证明文件，不得同意使用或者安装不合格的消防产品和防火性能不符合要求的建筑材料、建筑构配件和设备；

（三）参加建设单位组织的建设工程竣工验收，对建设工程消防施工质量签章确认，并对建设工程消防施工质量承担监理责任。

第十三条 提供建设工程消防设计图纸技术审查、消防设施检测或者建设工程消防验收现场评定等服务的技术服务机构，应当按照建设工程法律法规、国家工程建设消防技术标准和国家有关规定提供服务，并对出具的意见或者报告负责。

第三章 特殊建设工程的消防设计审查

第十四条 具有下列情形之一的建设工程是特殊建设工程：

（一）总建筑面积大于二万平方米的体育场馆、会堂，公共展览馆、博物馆的展示厅；

（二）总建筑面积大于一万五千平方米的民用机场航站楼、客运车站候车室、客运码头候船厅；

（三）总建筑面积大于一万平方米的宾馆、饭店、商场、市场；

（四）总建筑面积大于二千五百平方米的影剧院，公共图书馆的阅览室，营业性室内健身、休闲场馆，医院的门诊楼，大学的教学楼、图书馆、食堂，劳动密集型企业的生产加工车间，寺庙、教堂；

（五）总建筑面积大于一千平方米的托儿所、幼儿园的儿童用房，儿童游乐厅等室内儿童活动场所，养老院、福利院，医院、疗养院的病房楼，中小学校的教学楼、图书馆、食堂，学校的集体宿舍，劳动密集型企业的员工集体宿舍；

（六）总建筑面积大于五百平方米的歌舞厅、录像厅、放映厅、卡拉OK厅、夜总会、游艺厅、桑拿浴室、网吧、酒吧，具有娱乐功能的餐馆、茶馆、咖啡厅；

（七）国家工程建设消防技术标准规定的一类高层住宅建筑；

（八）城市轨道交通、隧道工程，大型发电、变配电工程；

（九）生产、储存、装卸易燃易爆危险物品的工厂、仓库和专用车站、码头，易燃易爆气体和液体的充装站、供应站、调压站；

（十）国家机关办公楼、电力调度楼、电信楼、邮政楼、防灾指挥调度楼、广播电视楼、档案楼；

（十一）设有本条第一项至第六项所列情形的建设工程；

（十二）本条第十项、第十一项规定以外的单体建筑面积大于四万平方米或者建筑高度超过五十米的公共建筑。

第十五条 对特殊建设工程实行消防设计审查制度。

特殊建设工程的建设单位应当向消防设计审查验收主管部门申请消防设计审查，消防设计审查验收主管部门依法对审查的结果负责。

特殊建设工程未经消防设计审查或者审查不合格的，建设单位、施工单位不得施工。

第十六条 建设单位申请消防设计审查，应当提交下列材料：

（一）消防设计审查申请表；

（二）消防设计文件；

（三）依法需要办理建设工程规划许可的，应当提交建设工程规划许可文件；

（四）依法需要批准的临时性建筑，应当提交批准文件。

第十七条 特殊建设工程具有下列情形之一的，建设单位除提交本规定第十六条所列材料外，还应当同时提交特殊消防设计技术资料：

（一）国家工程建设消防技术标准没有规定，必须采用国际标准或者境外工程建设消防技术标准的；

（二）消防设计文件拟采用的新技术、新工艺、新材料不符合国家工程建设消防技术标准规定的。

前款所称特殊消防设计技术资料，应当包括特殊消防设计文件，设计采用的国际标准、境外工程建设消防技术标准的中文文本，以及有关的应用实例、产品说明等资料。

第十八条 消防设计审查验收主管部门收到建设单位提交的消防设计审查申请后，对申请材料齐全的，应当出具受理凭证；申请材料不齐全的，应当一次性告知需要补正的全部内容。

第十九条 对具有本规定第十七条情形之一的建设工程，消防设计审查验收主管部门应当自受理消防设计审查申请之日起五个工作日内，将申请材料报送省、自治区、直辖市人民政府住房和城乡建设主管部门组织专家评审。

第二十条 省、自治区、直辖市人民政府住房和城乡建设主管部门应当建立由具有工程消防、建筑等专业高级技术职称人员组成的专家库，制定专家库管理制度。

第二十一条 省、自治区、直辖市人民政府住房和城乡建设主管部门应当在收到申请材料之日起十个工作日内组织召开专家评审会，对建设单位提交的特殊消防设计技术资料进行评审。

评审专家从专家库随机抽取，对于技术复杂、专业性强或者国家有特殊要求的项目，可以直接邀请相应专业的中国科学院院士、中国工程院院士、全国工程勘察设计大师以及境外具有相应资历的专家参加评审；与特殊建设工程设计单位有利害关系的专家不得参加评审。

评审专家应当符合相关专业要求，总数不得少于七人，且独立出具评审意见。特殊消防设计技术资料经四分之三以上评审专家同意即为评审通过，评审专家有不同意见的，应当注明。省、自治区、直辖市人民政府住房和城乡建设主管部门应当将专家评审意见，书面通知报请评审的消防设计审查验收主管部门，同时报国务院住房和城乡建设主管部门备案。

第二十二条　消防设计审查验收主管部门应当自受理消防设计审查申请之日起十五个工作日内出具书面审查意见。依照本规定需要组织专家评审的，专家评审时间不超过二十个工作日。

第二十三条　对符合下列条件的，消防设计审查验收主管部门应当出具消防设计审查合格意见：

（一）申请材料齐全、符合法定形式；

（二）设计单位具有相应资质；

（三）消防设计文件符合国家工程建设消防技术标准（具有本规定第十七条情形之一的特殊建设工程，特殊消防设计技术资料通过专家评审）。

对不符合前款规定条件的，消防设计审查验收主管部门应当出具消防设计审查不合格意见，并说明理由。

第二十四条　实行施工图设计文件联合审查的，应当将建设工程消防设计的技术审查并入联合审查。

第二十五条　建设、设计、施工单位不得擅自修改经审查合格的消防设计文件。确需修改的，建设单位应当依照本规定重新申请消防设计审查。

第四章 特殊建设工程的消防验收

第二十六条 对特殊建设工程实行消防验收制度。

特殊建设工程竣工验收后,建设单位应当向消防设计审查验收主管部门申请消防验收;未经消防验收或者消防验收不合格的,禁止投入使用。

第二十七条 建设单位组织竣工验收时,应当对建设工程是否符合下列要求进行查验:

(一)完成工程消防设计和合同约定的消防各项内容;

(二)有完整的工程消防技术档案和施工管理资料(含涉及消防的建筑材料、建筑构配件和设备的进场试验报告);

(三)建设单位对工程涉及消防的各分部分项工程验收合格;施工、设计、工程监理、技术服务等单位确认工程消防质量符合有关标准;

(四)消防设施性能、系统功能联调联试等内容检测合格。

经查验不符合前款规定的建设工程,建设单位不得编制工程竣工验收报告。

第二十八条 建设单位申请消防验收,应当提交下列材料:

(一)消防验收申请表;

(二)工程竣工验收报告;

(三)涉及消防的建设工程竣工图纸。

消防设计审查验收主管部门收到建设单位提交的消防验收申请后,对申请材料齐全的,应当出具受理凭证;申请材料不齐全的,应当一次性告知需要补正的全部内容。

第二十九条 消防设计审查验收主管部门受理消防验收申请后,应当按照国家有关规定,对特殊建设工程进行现场评定。现场评定包括对建筑物防(灭)火设施的外观进行现场抽样查看;通过专业仪器设备对涉及距离、高度、宽度、长度、面积、厚度等可测量的指标进行现场抽样测量；对消防设施的功能进行抽样测试、联调联试消防设施的系统功能等内容。

第三十条　消防设计审查验收主管部门应当自受理消防验收申请之日起十五日内出具消防验收意见。对符合下列条件的，应当出具消防验收合格意见：

（一）申请材料齐全、符合法定形式；

（二）工程竣工验收报告内容完备；

（三）涉及消防的建设工程竣工图纸与经审查合格的消防设计文件相符；

（四）现场评定结论合格。

对不符合前款规定条件的，消防设计审查验收主管部门应当出具消防验收不合格意见，并说明理由。

第三十一条　实行规划、土地、消防、人防、档案等事项联合验收的建设工程，消防验收意见由地方人民政府指定的部门统一出具。

第五章　其他建设工程的消防设计、备案与抽查

第三十二条　其他建设工程，建设单位申请施工许可或者申请批准开工报告时，应当提供满足施工需要的消防设计图纸及技术资料。

未提供满足施工需要的消防设计图纸及技术资料的，有关部门不得发放施工许可证或者批准开工报告。

第三十三条　对其他建设工程实行备案抽查制度。

其他建设工程经依法抽查不合格的，应当停止使用。

第三十四条　其他建设工程竣工验收合格之日起五个工作日内，建设单位应当报消防设计审查验收主管部门备案。

建设单位办理备案，应当提交下列材料：

（一）消防验收备案表；

（二）工程竣工验收报告；

（三）涉及消防的建设工程竣工图纸。

本规定第二十七条有关建设单位竣工验收消防查验的规定，适用于其他建设工程。

第三十五条 消防设计审查验收主管部门收到建设单位备案材料后，对备案材料齐全的，应当出具备案凭证；备案材料不齐全的，应当一次性告知需要补正的全部内容。

第三十六条 消防设计审查验收主管部门应当对备案的其他建设工程进行抽查。抽查工作推行"双随机、一公开"制度，随机抽取检查对象，随机选派检查人员。抽取比例由省、自治区、直辖市人民政府住房和城乡建设主管部门，结合辖区内消防设计、施工质量情况确定，并向社会公示。

消防设计审查验收主管部门应当自其他建设工程被确定为检查对象之日起十五个工作日内，按照建设工程消防验收有关规定完成检查，制作检查记录。检查结果应当通知建设单位，并向社会公示。

第三十七条 建设单位收到检查不合格整改通知后，应当停止使用建设工程，并组织整改，整改完成后，向消防设计审查验收主管部门申请复查。

消防设计审查验收主管部门应当自收到书面申请之日起七个工作日内进行复查，并出具复查意见。复查合格后方可使用建设工程。

第六章 附 则

第三十八条 违反本规定的行为，依照《中华人民共和国建筑法》《中华人民共和国消防法》《建设工程质量管理条例》等法律法规给予处罚；构成犯罪的，依法追究刑事责任。

建设、设计、施工、工程监理、技术服务等单位及其从业人员违反有关建设工程法律法规和国家工程建设消防技术标准,除依法给予处罚或者追究刑事责任外,还应当依法承担相应的民事责任。

第三十九条 建设工程消防设计审查验收规则和执行本规定所需要的文书式样,由国务院住房和城乡建设主管部门制定。

第四十条 新颁布的国家工程建设消防技术标准实施之前,建设工程的消防设计已经依法审查合格的,按原审查意见的标准执行。

第四十一条 住宅室内装饰装修、村民自建住宅、救灾和非人员密集场所的临时性建筑的建设活动,不适用本规定。

第四十二条 省、自治区、直辖市人民政府住房和城乡建设主管部门可以根据有关法律法规和本规定,结合本地实际情况,制定实施细则。

第四十三条 本规定自2020年6月1日起施行。

国务院办公厅关于国家综合性消防救援车辆悬挂应急救援专用号牌有关事项的通知

(2018年12月4日 国办发〔2018〕114号)

各省、自治区、直辖市人民政府,国务院各部委、各直属机构:

根据《中共中央办公厅 国务院办公厅关于印发〈组建国家综合性消防救援队伍框架方案〉的通知》要求和《全国人民代表大会常务委员会关于国务院机构改革涉及法律规定的行政机关职责调整问题的决定》精神,为保障国家综合性消防救援队伍依法履行职责使命,经国务院同意,国家综合性消防救援车辆悬挂应急救援专用号牌(以下简称专用号牌)。现将有关事项通知如下:

一、专用号牌的核发范围和管理

国家综合性消防救援车辆中符合执行和保障应急救援任务规定

的悬挂专用号牌，主要包括灭火消防车、举高消防车、专勤消防车、战勤保障消防车、消防摩托车、应急救援指挥车、救援运输车、消防宣传车、火场勘查车等。应急部为专用号牌及配套行驶证件的核发主管单位。驾驶悬挂专用号牌车辆的人员须持公安机关交通管理部门核发的相应准驾车型机动车驾驶证。

二、专用号牌要素和车辆外观

专用号牌分为汽车号牌和摩托车号牌两种。汽车号牌每副两只，分别悬挂在车辆前后部；摩托车号牌为单只，悬挂在车辆后部。专用号牌为白底黑字，配以红色汉字"应急"，其中：汽车号牌字符共8位，依次为省（自治区、直辖市）汉字简称、所属救援队伍代号、四位序号和汉字"应急"；摩托车号牌字符共7位，依次为汉字"应急"、省（自治区、直辖市）汉字简称、三位序号和所属救援队伍代号。悬挂专用号牌车辆外观参照国际通行做法进行标识涂装，车身前面涂装"救援 RESCUE"字样，车身侧面涂装国家综合性消防救援队伍徽标、"消防"字样和所属单位名称、车辆编号，车顶涂装车辆编号，车身两侧及车辆尾部涂装装饰条。

三、悬挂专用号牌车辆的道路优先通行权

悬挂专用号牌的车辆执行应急救援任务时可以使用警报器、标志灯具；在确保安全的前提下，不受行驶路线、行驶方向、行驶速度和信号灯的限制，其他车辆和行人应当让行。非执行应急救援任务时，悬挂专用号牌的车辆不得使用警报器、标志灯具，应遵守《中华人民共和国道路交通安全法》及其实施条例，自觉维护公共交通安全和秩序。对悬挂专用号牌车辆及其驾驶人的道路交通安全违法行为、道路交通事故，由公安机关交通管理部门依据《中华人民共和国道路交通安全法》处理，并实行交通违法和交通事故抄告制度。

四、悬挂专用号牌车辆的政策保障

对悬挂专用号牌的车辆免征车辆购置税、免收车辆通行费和停车费。国家综合性消防救援车辆由部队号牌改挂专用号牌的，一次性免征改挂当年车船税，此后按有关规定执行。应急部负责制定悬

挂专用号牌机动车参加交通事故责任强制保险办法。悬挂专用号牌消防救援车辆的环保政策平移不变。

国家综合性消防救援车辆悬挂专用号牌工作意义重大、使命光荣。应急部要按照党中央、国务院决策部署要求和本通知精神，认真组织实施。各地区、各有关部门要积极支持国家综合性消防救援车辆悬挂专用号牌相关工作，明确责任分工，加强沟通衔接，做好宣传解读，确保工作平稳顺利有序开展。

附件：应急救援专用号牌式样和车辆涂装样图（略）

关于做好国家综合性消防救援队伍人员有关优待工作的通知

（2019年8月14日 应急〔2019〕84号）

各省、自治区、直辖市党委组织部、应急管理厅（局）、发展改革委、财政厅（局）、人力资源社会保障厅（局）、住房和城乡建设厅（委、管委及城市园林绿化主管部门）、农业农村厅（局、委、办）、文化和旅游厅（局）、卫生健康委、退役军人事务厅（局）、林业和草原主管部门、文物局，新疆生产建设兵团党委组织部、应急管理局、发展改革委、财政局、人力资源社会保障局、住房和城乡建设局、农业农村局、旅游局、卫生健康委、退役军人事务局、林业和草原主管部门、文物局，国家税务总局各省、自治区、直辖市和计划单列市税务局：

为深入贯彻落实习近平总书记向国家综合性消防救援队伍授旗训词精神，进一步鼓舞士气、凝聚力量，增强国家综合性消防救援队伍人员（以下简称消防救援人员）职业荣誉感，激励广大消防救援指战员许党报国、献身使命，依据中共中央办公厅、国务院办公厅印发的《组建国家综合性消防救援队伍框架方案》，现就做好消防救援人员优待工作有关事宜通知如下：

一、在职、退休、残疾消防救援人员和消防救援院校学员，凭有效证件参观游览公园、风景名胜区、面向公众开放的文物和博物馆单位、国家历史文化名城等景区时，享受当地对现役军人的同等优待。

二、预备消防士在职期间（2年），其家庭由当地退役军人事务部门发给优待金或者给予其他优待。

三、预备消防士和三级、四级消防士入职前的承包地（山、林）等，应当保留；在国家综合性消防救援队伍工作期间，除依照国家有关规定和承包合同的约定缴纳有关税费外，免除其他负担。

四、预备消防士和三级、四级消防士入职前是国家机关、社会团体、企业事业单位职工（含合同制人员）的，退出（不含辞退、开除）国家综合性消防救援队伍后，符合相关法律规定的，允许复工复职，并享受不低于本单位同岗位（工种）、同工龄职工的各项待遇。

五、烈士、因公牺牲、病故消防救援人员的子女、兄弟姐妹，本人自愿并且符合国家综合性消防救援队伍消防员招录条件的，在同等条件下优先招录。

六、享受国家抚恤和补助的烈士遗属、因公牺牲和病故消防救援人员遗属，以及退出国家综合性消防救援队伍的残疾消防救援人员，参照《优抚对象医疗保障办法》有关规定享受医疗保障优待；其中，享受国家定期抚恤补助的，参照《优抚对象住房优待办法》有关规定享受住房优待。

七、退出国家综合性消防救援队伍的消防救援人员，凭国家综合性消防救援队伍人员退出证明，可享受对现有的退役军人就业培训扶持、自主创业税费优惠等优待政策。

八、三级、四级消防士退出国家综合性消防救援队伍后，报考国家公务员，同等条件下优先录取。

九、机关、社会团体、企业事业单位在招用、录用和聘用工作人员或职工时，对退出国家综合性消防救援队伍的消防救援人员的年龄和学历条件可适当放宽，同等条件下优先招录聘用。

十、退出国家综合性消防救援队伍的残疾消防救援人员,在国家机关、社会团体、企业事业单位工作的,享受与所在单位工伤人员同等的生活福利和医疗待遇。所在单位不得因其残疾将其辞退、解除劳动关系或聘用关系。

十一、经组织批准退出(不含辞退、开除)国家综合性消防救援队伍的消防员,工作满5年不满12年,以及工作不满5年的,参照转制前政策给予补助;工作12年以上、不满退休年龄的参照以往做法由政府安排工作(由退役军人事务部门牵头负责),根据本人意愿也可选择领取补助自主就业。

退出(不含退休、辞退、开除)国家综合性消防救援队伍的消防员(转制前入伍),工作期间(含转制前)获得荣誉称号或者立功的,由所在单位按照下列标准增发一次性补助金:

(1)获得一等功(含)以上奖励的,增发15%;
(2)荣获二等功的,增发10%;
(3)荣获三等功的,增发5%。

多次获得奖励的,由消防员所在单位按照其中最高等级奖励的增发比例,增发一次性补助金。

十二、消防救援人员(转制前入伍)符合条件的,可申领子女保育教育补助费和夫妻分居生活补助费,并由所在单位参照转制前标准发放。

十三、消防救援人员符合条件的,同等条件下优先享受地方住房保障政策。

国家综合性消防救援队伍作为应急救援的主力军和国家队,承担着防范化解重大安全风险、应对处置各类灾害事故的重要职责。认真做好消防救援人员优待工作,对于推动建立消防救援职业荣誉体系,增强广大消防救援人员职业荣誉感,保持消防救援队伍有生力量和战斗力具有重要作用。各单位要提高政治站位,深化思想认识,认真贯彻落实消防救援人员优待政策,做好优待政策的执行和宣传工作,切实传递好党和政府对国家综合性消防救援队伍的关怀和温暖。

国家综合性消防救援队伍消防员招录办法

(2021年7月29日 人社部发〔2021〕58号)

第一章 总 则

第一条 为规范国家综合性消防救援队伍消防员招录工作，建设对党忠诚、纪律严明、赴汤蹈火、竭诚为民的消防救援队伍，依据《中华人民共和国消防法》、《中华人民共和国消防救援衔条例》等法律法规，制定本办法。

第二条 消防员招录工作实行计划管理，严格招录标准，遵循公开公正、平等自愿、竞争择优的原则。

第三条 人力资源社会保障部、应急管理部主管全国消防员招录工作。应急管理部统一组织实施招录工作。

第四条 国家综合性消防救援队伍各总队联合应急管理等厅（局）成立省级消防员招录工作组织，负责招录具体工作。人力资源社会保障等厅（局）进行政策指导和提供服务。

第二章 招录条件与范围

第五条 消防员招录对象应当具备下列基本条件：

（一）具有中华人民共和国国籍；

（二）遵守宪法和法律，拥护中国共产党领导和社会主义制度；

（三）志愿加入国家综合性消防救援队伍；

（四）年龄为18周岁以上、22周岁以下；

（五）具有高中以上文化程度；

（六）身体和心理健康；

（七）具有良好的品行；

（八）法律、法规规定的其他条件。

第六条 大学专科以上学历人员、解放军和武警部队退役士兵、具有 2 年以上灭火救援实战经验的政府专职消防队员和政府专职林业扑火队员，年龄可以放宽至 24 周岁；对消防救援工作急需的特殊专业人才，经应急管理部批准年龄可以进一步放宽，原则上不超过 28 周岁。

第七条 消防员面向社会公开招录，主要从本省级行政区域常住人口中招录，根据需要也可以面向其他省份招录。

第三章　招录程序

第八条 各省级消防员招录工作组织根据消防员编配情况和工作需要提出招录需求，报应急管理部汇总审核，应急管理部会同人力资源社会保障部下达年度招录计划。

招录计划应当包括编制员额、在编人数、超缺编情况、拟招录数量和拟招录地区等内容。

第九条 消防员招录按照宣传动员、组织报名、资格审查、体格检查、政治考核、体能测试和岗位适应性测试、心理测试和面试、公示、录用等程序组织实施。具体顺序可以根据招录工作需要予以调整。

（一）宣传动员。统一发布消防员招录公告，通过网络、报刊、电视等，广泛开展政策咨询和宣传动员。

（二）组织报名。一般采用网上报名的方式。招录对象在规定时间内登录网上招录平台录入报名信息。

（三）资格审查。对报名信息进行网上初审，对证件证书等原件进行现场复核。

（四）体格检查。体格检查应当在指定的市级以上综合性医院进行，标准参照《应征公民体格检查标准》（陆勤人员）执行。

招录对象对体格检查结果有疑问的，经省级消防员招录工作组织同意，可以进行一次复检，体格检查结果以复检结论为准。对可以通过服用药物或者其他治疗手段影响检查结果的项目不予复检。

（五）政治考核。参照征兵政治考核要求，按照规定程序严格考核招录对象的政治面貌、宗教信仰、政治言行等，对具有《征兵政治考核工作规定》第八条、第九条所列情形的，政治考核不得通过。同时，应当对招录对象的个人基本信息、文化程度、毕业（就读）学校、主要经历、现实表现、奖惩情况以及家庭成员、主要社会关系成员的政治情况等进行全面核查了解，并审核人事档案。

（六）体能测试和岗位适应性测试。体能测试主要考察招录对象肌肉力量、肌肉耐力和柔韧素质等；岗位适应性测试主要考察招录对象协调能力、空间位置感知以及对高空、黑暗环境的心理适应度。

体能测试、岗位适应性测试项目及标准由应急管理部制定。

（七）心理测试和面试。心理测试主要考察招录对象的心理承受和自我调节能力；面试主要考察招录对象的身体形态、仪容仪表、语言表达、交流沟通能力等内容。

（八）公示。根据招录对象政治考核、体格检查、体能测试和岗位适应性测试、心理测试和面试等情况，择优提出拟录用人员名单，面向社会公示，公示时间不少于5个工作日。

（九）录用。公示期满，根据公示情况，确定录用人员名单。对没有问题或者反映问题不影响录用的，按照规定程序办理录用手续；对有严重问题并查有实据的，不予录用；对反映有严重问题，但一时难以查实的，暂缓录用，待查实并作出结论后再决定是否录用。

录用人员名单送人力资源社会保障等部门备案。

第十条 消防员录用后须填写《献身消防救援事业志愿书》。省级消防员招录工作组织核发《消防员入职批准书》，并调取录用人员档案。

第十一条 新录用消防员须参加为期一年的入职训练。训练期间待遇按照预备消防士（一档）标准执行。

入职训练3个月内，进行政治考核复查、体格检查复检、心理测试复测，不符合招录条件的，取消录用。

第十二条 消防员入职训练期满考核合格的，正式授衔定级；考核不合格，或者有其他不适宜从事消防救援工作情形的，取消录用。

第十三条 新录用消防员工作5年（含入职训练期）内不得辞职。非正当原因擅自离职的，此后不得再次参加消防员招录，并记入相关人员信用记录。

消防员被取消录用、擅自离职等，其人事档案按照有关规定进行转递。

第四章 纪律与监督

第十四条 消防员招录坚持信息公开、过程公开、结果公开，主动接受监督。招录工作实行回避制度，回避情形参照《事业单位人事管理回避规定》执行。

第十五条 应急管理、人力资源社会保障等部门应当认真履行职责，及时受理相关举报，按有关规定调查处理，对消防员招录过程中违纪违规的行为及时予以制止和纠正，保证招录工作公开、公平、公正。

第十六条 消防员招录单位在招录工作中有下列行为之一的，责令其限期改正；逾期不改正的，对直接负责的主管人员和其他直接责任人员依法依规给予处分：

（一）未按照招录计划组织招录的；
（二）未按照招录条件进行资格审查的；
（三）未按照规定程序组织考核选拔的；
（四）未按照规定公示拟录用人员名单的；
（五）其他应当责令改正的违纪违规行为。

第十七条 消防员招录工作人员有下列行为之一的，由相关部门给予处分，并将其调离消防员招录工作岗位，不得再从事招录工作；构成犯罪的，依法追究刑事责任：

（一）指使、纵容他人作弊，或者在考核选拔过程中参与作弊的；

（二）在保密期限内，泄露面试评分要素等应当保密的信息的；

（三）玩忽职守，造成不良影响的；

（四）其他严重违纪违规行为。

第十八条 招录对象有下列情形之一的，按照有关规定给予相应处理：

（一）伪造、涂改证件、证明等报名材料，或者以其他不正当手段获取招录资格的；

（二）提供的涉及招录资格的申请材料或者信息不实，且影响资格审查结果的；

（三）作弊、串通作弊或者参与有组织作弊的；

（四）拒绝、妨碍工作人员履行管理职责的；

（五）威胁、侮辱、诽谤、诬陷工作人员或者其他招录对象的；

（六）其他扰乱招录工作秩序的违纪违规行为。

第五章 附 则

第十九条 消防员招录所需经费，由财政分级保障。

第二十条 本办法由人力资源社会保障部、应急管理部共同负责解释。

第二十一条 本办法自颁布之日起施行。2018 年 12 月 23 日印发的《人力资源社会保障部 应急管理部关于印发〈国家综合性消防救援队伍消防员招录办法（试行）〉的通知》（人社部规〔2018〕5 号）同时废止。

消防技术服务机构从业条件

(2019年8月29日 应急〔2019〕88号)

第一条 为了规范消防技术服务机构从业活动,提升消防技术服务质量,根据《中华人民共和国消防法》和有关规定,制定本从业条件。

第二条 消防技术服务机构是指从事消防设施维护保养检测、消防安全评估等社会消防技术服务活动的企业。

消防技术服务从业人员是指在消防技术服务机构中执业的注册消防工程师,以及取得消防设施操作员国家职业资格证书、在消防技术服务机构中从事消防技术服务活动的人员。

第三条 从事消防设施维护保养检测服务的消防技术服务机构,应当具备下列条件:

(一)企业法人资格;

(二)工作场所建筑面积不少于200平方米;

(三)消防技术服务基础设备和消防设施维护保养检测设备配备符合附表1和附表2的要求;

(四)注册消防工程师不少于2人,且企业技术负责人由一级注册消防工程师担任;

(五)取得消防设施操作员国家职业资格证书的人员不少于6人,其中中级技能等级以上的不少于2人;

(六)健全的质量管理体系。

第四条 从事消防安全评估服务的消防技术服务机构,应当具备下列条件:

(一)企业法人资格;

(二)工作场所建筑面积不少于100平方米;

(三）消防技术服务基础设备和消防安全评估设备配备符合附表1和附表3的要求；

（四）注册消防工程师不少于2人，且企业技术负责人由一级注册消防工程师担任；

（五）健全的消防安全评估过程控制体系。

第五条　同时从事消防设施维护保养检测、消防安全评估的消防技术服务机构，应当具备下列条件：

（一）企业法人资格；

（二）工作场所建筑面积不少于200平方米；

（三）消防技术服务基础设备和消防设施维护保养检测、消防安全评估设备配备符合附表1、附表2和附表3的要求；

（四）注册消防工程师不少于2人，且企业技术负责人由一级注册消防工程师担任；

（五）取得消防设施操作员国家职业资格证书的人员不少于6人，其中中级技能等级以上的不少于2人；

（六）健全的质量管理和消防安全评估过程控制体系。

第六条　注册消防工程师不得同时在2个（含本数）以上消防技术服务机构执业。在消防技术服务机构执业的注册消防工程师，不得在其他机关、团体、企业、事业单位兼职。

第七条　消防技术服务机构承接业务，应当明确项目负责人。项目负责人应当由注册消防工程师担任。

第八条　消防技术服务机构应当将机构和从业人员的基本信息，以及消防技术服务项目情况录入社会消防技术服务信息系统。

附表1

消防技术服务基础设备配备要求

序号	设备名称	单位	配备数量	备注
1	计算机	套	3	每套中包括光盘刻录机、移动存储器各1个
2	打印机	台	1	激光打印机
3	传真机	台	1	适用普通纸
4	照相机	台	3	不低于800万像素
5	录音录像设备	个	2	用于现场记录,记录时间不少于10h
6	对讲机	对	2	通话距离不小于1000m;含防爆型一对
7	消防技术服务专用车辆	台	2	满足装载相关专业设备和开展消防技术服务要求,并设置消防技术服务机构标识
8	个人防护和劳动保护装备			按照实际需要配备

注:打印机、传真机等可配备同时满足相应要求的一体机。

附表2

消防设施维护保养检测设备配备要求

序号	设备名称	单位	配备数量	备注
1	秒表	个	3	量程不小于15min；精度：0.1s
2	卷尺	个	4	量程不小于30m；精度：1mm；2个。量程不小于5m；精度：1mm；2个
3	游标卡尺	个	3	量程不小于150mm；精度：0.02mm
4	钢直尺	个	3	量程不小于50cm；精度：1mm
5	直角尺	个	3	主要用于对消防软管卷盘的检查
6	电子秤	个	1	量程不小于30kg
7	测力计	个	1	量程：50N~500N；精度：±0.5%
8	强光手电	个	4	警用充电式，LED冷光源
9	激光测距仪	个	3	量程不小于50m；精度：3mm
10	数字照度计	个	3	量程不小于2000Lx；精度：±5%
11	数字声级计	个	3	量程：30dB~130dB；1.5dB
12	数字风速计	个	3	量程：0m/s~45m/s；精度：±3%
13	数字微压计	个	1	量程：0Pa~3000Pa；精度：±3%，具有清零功能，并配有检测软管
14	数字温湿度计	个	1	用于环境温湿度检测
15	超声波流量计	个	1	测量管径范围：0mm~300mm；精度：±1%
16	数字坡度仪	个	1	量程：0°~±90°；精度：±0.1°
17	垂直度测定仪	个	1	量程：0mm~500mm；精度：±0.2μm
18	消火栓测压接头	套	3	压力表量程：0MPa~1.6MPa；精度：1.6级
19	喷水末端试水接头	套	3	压力表量程：0MPa~0.6MPa；精度：1.6级
20	接地电阻测量仪	个	2	量程：0Ω~1000Ω；精度：±2%

续表

序号	设备名称	单位	配备数量	备注
21	绝缘电阻测量仪	个	2	量程：1MΩ~2000MΩ；精度：±2%
22	数字万用表	个	3	可测量交直流电压、电流、电阻、电容等
23	感烟探测器功能试验器	个	3	检测杆高度不小于2.5m，加配聚烟罩，内置电源线，连续工作时间不低于2h
24	感温探测器功能试验器	个	3	检测杆高度不小于2.5m，内置电源线；连续工作时间不低于2h
25	线型光束感烟探测器滤光片	套	1	减光值分别为0.4dB和10.0dB各一片；具备手持功能
26	火焰探测器功能试验器	套	1	红外线波长大于或等于850nm，紫外线波长小于或等于280nm。检测杆高度不小于2.5m
27	漏电电流检测仪	个	1	量程：0A~2A；精度：0.1mA
28	便携式可燃气体检测仪	个	1	可检测一氧化碳、氢气、氨气、液化石油气、甲烷等可燃气体浓度
29	数字压力表	个	1	量程：0MPa~20MPa；精度0.4级；具有清零功能
30	细水雾末端试水装置	套	1	压力表量程：0MPa~20MPa；精度：0.4级

注：其他常用五金工具、电工工具等，按实际需要配备。

附表3

消防安全评估设备配备要求

序号	设备名称	单位	配备数量	备注
1	计算机	套	2	满足评估业务需要
2	评估软件	套	2	满足评估业务需要〔评估需要的软件包括而不仅限于：人员疏散能力模拟分析软件、烟气流动模拟分析软件（CFD）、结构安全计算分析软件等〕
3	烟气分析仪	台	1	满足评估业务需要
4	烟密度仪	台	1	满足评估业务需要
5	辐射热通量计	台	1	满足评估业务需要

住房和城乡建设部、应急管理部关于做好移交承接建设工程消防设计审查验收职责的通知

（2019年3月27日 建科函〔2019〕52号）

各省、自治区住房和城乡建设厅、应急管理厅，海南省自然资源和规划厅，直辖市住房和城乡建设（管）委、规划和自然资源委（局）、应急管理局，新疆生产建设兵团住房和城乡建设局、应急管理局：

为贯彻落实《中共中央办公厅国务院办公厅关于调整住房和城乡建设部职责机构编制的通知》和《中央编办关于建设工程消防设计审查验收职责划转核增行政编制的通知》（中央编办发〔2018〕169号）要求，切实做好消防救援机构向住房和城乡建设主管部门移交建设工程消防设计审查验收职责工作，确保工作无缝衔接。现就有关事项通知如下：

一、移交承接的范围为各级消防救援机构依据《中华人民共和国消防法》《建设工程消防监督管理规定》(公安部令第106号,第119号令修改)承担的建设工程消防设计审核、消防验收、备案和抽查职责。

二、2019年4月1日至6月30日为建设工程消防设计审查验收职责移交承接期,各地应于6月30日前全部完成移交承接工作。

三、自2019年4月1日起,已明确建设工程消防设计审查验收职责承接机构的地方,由承接机构受理并负责建设工程消防设计审查验收工作,当地消防救援机构可以派员协助;未明确承接机构的,由当地人民政府指定的机构受理并负责建设工程消防设计审查验收工作。

四、建设工程消防设计审查验收职责移交完成后,各地住房和城乡建设主管部门或者其他负责建设工程消防设计审查验收工作的部门应当与消防救援机构共享建筑总平面、建筑平面、消防设施系统图等与消防安全检查和灭火救援有关的图纸、资料,以及消防验收结果等信息。

五、移交承接建设工程消防设计审查验收职责时,要按照中央要求和财政部有关规定,妥善做好移交经费管理职能、及时足额划转各类资金,以及预算调剂、划转等工作。

森林防火条例

(1988年1月16日国务院公布 2008年11月19日国务院第36次常务会议修订通过 2008年12月1日国务院令第541号公布 自2009年1月1日起施行)

第一章 总 则

第一条 为了有效预防和扑救森林火灾,保障人民生命财产安全，保护森林资源，维护生态安全，根据《中华人民共和国森林法》，制定本条例。

第二条 本条例适用于中华人民共和国境内森林火灾的预防和扑救。但是，城市市区的除外。

第三条 森林防火工作实行预防为主、积极消灭的方针。

第四条 国家森林防火指挥机构负责组织、协调和指导全国的森林防火工作。

国务院林业主管部门负责全国森林防火的监督和管理工作，承担国家森林防火指挥机构的日常工作。

国务院其他有关部门按照职责分工，负责有关的森林防火工作。

第五条 森林防火工作实行地方各级人民政府行政首长负责制。

县级以上地方人民政府根据实际需要设立的森林防火指挥机构，负责组织、协调和指导本行政区域的森林防火工作。

县级以上地方人民政府林业主管部门负责本行政区域森林防火的监督和管理工作，承担本级人民政府森林防火指挥机构的日常工作。

县级以上地方人民政府其他有关部门按照职责分工，负责有关的森林防火工作。

第六条 森林、林木、林地的经营单位和个人，在其经营范围内承担森林防火责任。

第七条 森林防火工作涉及两个以上行政区域的，有关地方人民政府应当建立森林防火联防机制，确定联防区域，建立联防制度，实行信息共享，并加强监督检查。

第八条 县级以上人民政府应当将森林防火基础设施建设纳入国民经济和社会发展规划，将森林防火经费纳入本级财政预算。

第九条 国家支持森林防火科学研究，推广和应用先进的科学技术，提高森林防火科技水平。

第十条 各级人民政府、有关部门应当组织经常性的森林防火宣传活动，普及森林防火知识，做好森林火灾预防工作。

第十一条 国家鼓励通过保险形式转移森林火灾风险,提高林业防灾减灾能力和灾后自我救助能力。

第十二条 对在森林防火工作中作出突出成绩的单位和个人,按照国家有关规定,给予表彰和奖励。

对在扑救重大、特别重大森林火灾中表现突出的单位和个人,可以由森林防火指挥机构当场给予表彰和奖励。

第二章 森林火灾的预防

第十三条 省、自治区、直辖市人民政府林业主管部门应当按照国务院林业主管部门制定的森林火险区划等级标准,以县为单位确定本行政区域的森林火险区划等级,向社会公布,并报国务院林业主管部门备案。

第十四条 国务院林业主管部门应当根据全国森林火险区划等级和实际工作需要,编制全国森林防火规划,报国务院或者国务院授权的部门批准后组织实施。

县级以上地方人民政府林业主管部门根据全国森林防火规划,结合本地实际,编制本行政区域的森林防火规划,报本级人民政府批准后组织实施。

第十五条 国务院有关部门和县级以上地方人民政府应当按照森林防火规划,加强森林防火基础设施建设,储备必要的森林防火物资,根据实际需要整合、完善森林防火指挥信息系统。

国务院和省、自治区、直辖市人民政府根据森林防火实际需要,充分利用卫星遥感技术和现有军用、民用航空基础设施,建立相关单位参与的航空护林协作机制,完善航空护林基础设施,并保障航空护林所需经费。

第十六条 国务院林业主管部门应当按照有关规定编制国家重大、特别重大森林火灾应急预案,报国务院批准。

县级以上地方人民政府林业主管部门应当按照有关规定编制森

林火灾应急预案，报本级人民政府批准，并报上一级人民政府林业主管部门备案。

县级人民政府应当组织乡（镇）人民政府根据森林火灾应急预案制定森林火灾应急处置办法；村民委员会应当按照森林火灾应急预案和森林火灾应急处置办法的规定，协助做好森林火灾应急处置工作。

县级以上人民政府及其有关部门应当组织开展必要的森林火灾应急预案的演练。

第十七条 森林火灾应急预案应当包括下列内容：

（一）森林火灾应急组织指挥机构及其职责；

（二）森林火灾的预警、监测、信息报告和处理；

（三）森林火灾的应急响应机制和措施；

（四）资金、物资和技术等保障措施；

（五）灾后处置。

第十八条 在林区依法开办工矿企业、设立旅游区或者新建开发区的，其森林防火设施应当与该建设项目同步规划、同步设计、同步施工、同步验收；在林区成片造林的，应当同时配套建设森林防火设施。

第十九条 铁路的经营单位应当负责本单位所属林地的防火工作，并配合县级以上地方人民政府做好铁路沿线森林火灾危险地段的防火工作。

电力、电信线路和石油天然气管道的森林防火责任单位，应当在森林火灾危险地段开设防火隔离带，并组织人员进行巡护。

第二十条 森林、林木、林地的经营单位和个人应当按照林业主管部门的规定，建立森林防火责任制，划定森林防火责任区，确定森林防火责任人，并配备森林防火设施和设备。

第二十一条 地方各级人民政府和国有林业企业、事业单位应当根据实际需要，成立森林火灾专业扑救队伍；县级以上地方人民政府应当指导森林经营单位和林区的居民委员会、村民委员会、企业、事业单位建立森林火灾群众扑救队伍。专业的和群众的火灾扑救队伍应当定期进行培训和演练。

第二十二条　森林、林木、林地的经营单位配备的兼职或者专职护林员负责巡护森林，管理野外用火，及时报告火情，协助有关机关调查森林火灾案件。

第二十三条　县级以上地方人民政府应当根据本行政区域内森林资源分布状况和森林火灾发生规律，划定森林防火区，规定森林防火期，并向社会公布。

森林防火期内，各级人民政府森林防火指挥机构和森林、林木、林地的经营单位和个人，应当根据森林火险预报，采取相应的预防和应急准备措施。

第二十四条　县级以上人民政府森林防火指挥机构，应当组织有关部门对森林防火区内有关单位的森林防火组织建设、森林防火责任制落实、森林防火设施建设等情况进行检查；对检查中发现的森林火灾隐患，县级以上地方人民政府林业主管部门应当及时向有关单位下达森林火灾隐患整改通知书，责令限期整改，消除隐患。

被检查单位应当积极配合，不得阻挠、妨碍检查活动。

第二十五条　森林防火期内，禁止在森林防火区野外用火。因防治病虫鼠害、冻害等特殊情况确需野外用火的，应当经县级人民政府批准，并按照要求采取防火措施，严防失火；需要进入森林防火区进行实弹演习、爆破等活动的，应当经省、自治区、直辖市人民政府林业主管部门批准，并采取必要的防火措施；中国人民解放军和中国人民武装警察部队因处置突发事件和执行其他紧急任务需要进入森林防火区的，应当经其上级主管部门批准，并采取必要的防火措施。

第二十六条　森林防火期内，森林、林木、林地的经营单位应当设置森林防火警示宣传标志，并对进入其经营范围的人员进行森林防火安全宣传。

森林防火期内，进入森林防火区的各种机动车辆应当按照规定安装防火装置，配备灭火器材。

第二十七条 森林防火期内，经省、自治区、直辖市人民政府批准，林业主管部门、国务院确定的重点国有林区的管理机构可以设立临时性的森林防火检查站，对进入森林防火区的车辆和人员进行森林防火检查。

第二十八条 森林防火期内，预报有高温、干旱、大风等高火险天气的，县级以上地方人民政府应当划定森林高火险区，规定森林高火险期。必要时，县级以上地方人民政府可以根据需要发布命令，严禁一切野外用火；对可能引起森林火灾的居民生活用火应当严格管理。

第二十九条 森林高火险期内，进入森林高火险区的，应当经县级以上地方人民政府批准，严格按照批准的时间、地点、范围活动，并接受县级以上地方人民政府林业主管部门的监督管理。

第三十条 县级以上人民政府林业主管部门和气象主管机构应当根据森林防火需要，建设森林火险监测和预报台站，建立联合会商机制，及时制作发布森林火险预警预报信息。

气象主管机构应当无偿提供森林火险天气预报服务。广播、电视、报纸、互联网等媒体应当及时播发或者刊登森林火险天气预报。

第三章　森林火灾的扑救

第三十一条 县级以上地方人民政府应当公布森林火警电话，建立森林防火值班制度。

任何单位和个人发现森林火灾，应当立即报告。接到报告的当地人民政府或者森林防火指挥机构应当立即派人赶赴现场，调查核实，采取相应的扑救措施，并按照有关规定逐级报上级人民政府和森林防火指挥机构。

第三十二条 发生下列森林火灾，省、自治区、直辖市人民政府森林防火指挥机构应当立即报告国家森林防火指挥机构，由国家森林防火指挥机构按照规定报告国务院，并及时通报国务院有关部门：

（一）国界附近的森林火灾；
（二）重大、特别重大森林火灾；
（三）造成3人以上死亡或者10人以上重伤的森林火灾；
（四）威胁居民区或者重要设施的森林火灾；
（五）24小时尚未扑灭明火的森林火灾；
（六）未开发原始林区的森林火灾；
（七）省、自治区、直辖市交界地区危险性大的森林火灾；
（八）需要国家支援扑救的森林火灾。
本条第一款所称"以上"包括本数。

第三十三条　发生森林火灾，县级以上地方人民政府森林防火指挥机构应当按照规定立即启动森林火灾应急预案；发生重大、特别重大森林火灾，国家森林防火指挥机构应当立即启动重大、特别重大森林火灾应急预案。

森林火灾应急预案启动后，有关森林防火指挥机构应当在核实火灾准确位置、范围以及风力、风向、火势的基础上，根据火灾现场天气、地理条件，合理确定扑救方案，划分扑救地段，确定扑救责任人，并指定负责人及时到达森林火灾现场具体指挥森林火灾的扑救。

第三十四条　森林防火指挥机构应当按照森林火灾应急预案，统一组织和指挥森林火灾的扑救。

扑救森林火灾，应当坚持以人为本、科学扑救，及时疏散、撤离受火灾威胁的群众，并做好火灾扑救人员的安全防护，尽最大可能避免人员伤亡。

第三十五条　扑救森林火灾应当以专业火灾扑救队伍为主要力量；组织群众扑救队伍扑救森林火灾的，不得动员残疾人、孕妇和未成年人以及其他不适宜参加森林火灾扑救的人员参加。

第三十六条　武装警察森林部队负责执行国家赋予的森林防火任务。武装警察森林部队执行森林火灾扑救任务，应当接受火灾发生地县级以上地方人民政府森林防火指挥机构的统一指挥；执行跨省、自治区、直辖市森林火灾扑救任务的,应当接受国家森林防火指挥机构的统一指挥。

中国人民解放军执行森林火灾扑救任务的,依照《军队参加抢险救灾条例》的有关规定执行。

第三十七条 发生森林火灾,有关部门应当按照森林火灾应急预案和森林防火指挥机构的统一指挥,做好扑救森林火灾的有关工作。

气象主管机构应当及时提供火灾地区天气预报和相关信息,并根据天气条件适时开展人工增雨作业。

交通运输主管部门应当优先组织运送森林火灾扑救人员和扑救物资。

通信主管部门应当组织提供应急通信保障。

民政部门应当及时设置避难场所和救灾物资供应点,紧急转移并妥善安置灾民,开展受灾群众救助工作。

公安机关应当维护治安秩序,加强治安管理。

商务、卫生等主管部门应当做好物资供应、医疗救护和卫生防疫等工作。

第三十八条 因扑救森林火灾的需要,县级以上人民政府森林防火指挥机构可以决定采取开设防火隔离带、清除障碍物、应急取水、局部交通管制等应急措施。

因扑救森林火灾需要征用物资、设备、交通运输工具的,由县级以上人民政府决定。扑火工作结束后,应当及时返还被征用的物资、设备和交通工具,并依照有关法律规定给予补偿。

第三十九条 森林火灾扑灭后,火灾扑救队伍应当对火灾现场进行全面检查,清理余火,并留有足够人员看守火场,经当地人民政府森林防火指挥机构检查验收合格,方可撤出看守人员。

第四章 灾后处置

第四十条 按照受害森林面积和伤亡人数,森林火灾分为一般森林火灾、较大森林火灾、重大森林火灾和特别重大森林火灾:

(一)一般森林火灾:受害森林面积在1公顷以下或者其他林地起火的,或者死亡1人以上3人以下的,或者重伤1人以上10人以下的;

(二)较大森林火灾:受害森林面积在1公顷以上100公顷以下的,或者死亡3人以上10人以下的,或者重伤10人以上50人以下的;

(三)重大森林火灾:受害森林面积在100公顷以上1000公顷以下的,或者死亡10人以上30人以下的,或者重伤50人以上100人以下的;

(四)特别重大森林火灾:受害森林面积在1000公顷以上的,或者死亡30人以上的,或者重伤100人以上的。

本条第一款所称"以上"包括本数,"以下"不包括本数。

第四十一条 县级以上人民政府林业主管部门应当会同有关部门及时对森林火灾发生原因、肇事者、受害森林面积和蓄积、人员伤亡、其他经济损失等情况进行调查和评估,向当地人民政府提出调查报告;当地人民政府应当根据调查报告,确定森林火灾责任单位和责任人,并依法处理。

森林火灾损失评估标准,由国务院林业主管部门会同有关部门制定。

第四十二条 县级以上地方人民政府林业主管部门应当按照有关要求对森林火灾情况进行统计,报上级人民政府林业主管部门和本级人民政府统计机构,并及时通报本级人民政府有关部门。

森林火灾统计报告表由国务院林业主管部门制定,报国家统计局备案。

第四十三条　森林火灾信息由县级以上人民政府森林防火指挥机构或者林业主管部门向社会发布。重大、特别重大森林火灾信息由国务院林业主管部门发布。

第四十四条　对因扑救森林火灾负伤、致残或者死亡的人员，按照国家有关规定给予医疗、抚恤。

第四十五条　参加森林火灾扑救的人员的误工补贴和生活补助以及扑救森林火灾所发生的其他费用，按照省、自治区、直辖市人民政府规定的标准，由火灾肇事单位或者个人支付；起火原因不清的，由起火单位支付；火灾肇事单位、个人或者起火单位确实无力支付的部分，由当地人民政府支付。误工补贴和生活补助以及扑救森林火灾所发生的其他费用，可以由当地人民政府先行支付。

第四十六条　森林火灾发生后，森林、林木、林地的经营单位和个人应当及时采取更新造林措施，恢复火烧迹地森林植被。

第五章　法律责任

第四十七条　违反本条例规定，县级以上地方人民政府及其森林防火指挥机构、县级以上人民政府林业主管部门或者其他有关部门及其工作人员，有下列行为之一的，由其上级行政机关或者监察机关责令改正；情节严重的，对直接负责的主管人员和其他直接责任人员依法给予处分；构成犯罪的，依法追究刑事责任：

（一）未按照有关规定编制森林火灾应急预案的；

（二）发现森林火灾隐患未及时下达森林火灾隐患整改通知书的；

（三）对不符合森林防火要求的野外用火或者实弹演习、爆破等活动予以批准的；

（四）瞒报、谎报或者故意拖延报告森林火灾的；

（五）未及时采取森林火灾扑救措施的；

（六）不依法履行职责的其他行为。

第四十八条　违反本条例规定,森林、林木、林地的经营单位或者个人未履行森林防火责任的,由县级以上地方人民政府林业主管部门责令改正,对个人处500元以上5000元以下罚款,对单位处1万元以上5万元以下罚款。

第四十九条　违反本条例规定,森林防火区内的有关单位或者个人拒绝接受森林防火检查或者接到森林火灾隐患整改通知书逾期不消除火灾隐患的,由县级以上地方人民政府林业主管部门责令改正,给予警告,对个人并处200元以上2000元以下罚款,对单位并处5000元以上1万元以下罚款。

第五十条　违反本条例规定,森林防火期内未经批准擅自在森林防火区内野外用火的,由县级以上地方人民政府林业主管部门责令停止违法行为,给予警告,对个人并处200元以上3000元以下罚款,对单位并处1万元以上5万元以下罚款。

第五十一条　违反本条例规定,森林防火期内未经批准在森林防火区内进行实弹演习、爆破等活动的,由县级以上地方人民政府林业主管部门责令停止违法行为,给予警告,并处5万元以上10万元以下罚款。

第五十二条　违反本条例规定,有下列行为之一的,由县级以上地方人民政府林业主管部门责令改正,给予警告,对个人并处200元以上2000元以下罚款,对单位并处2000元以上5000元以下罚款:

(一)森林防火期内,森林、林木、林地的经营单位未设置森林防火警示宣传标志的;

(二)森林防火期内,进入森林防火区的机动车辆未安装森林防火装置的;

(三)森林高火险期内,未经批准擅自进入森林高火险区活动的。

第五十三条　违反本条例规定,造成森林火灾,构成犯罪的,依法追究刑事责任;尚不构成犯罪的,除依照本条例第四十八条、第四十九条、第五十条、第五十一条、第五十二条的规定追究法律责任外,县级以上地方人民政府林业主管部门可以责令责任人补种树木。

第六章 附 则

第五十四条 森林消防专用车辆应当按照规定喷涂标志图案,安装警报器、标志灯具。

第五十五条 在中华人民共和国边境地区发生的森林火灾,按照中华人民共和国政府与有关国家政府签订的有关协定开展扑救工作;没有协定的,由中华人民共和国政府和有关国家政府协商办理。

第五十六条 本条例自2009年1月1日起施行。

草原防火条例

(1993年10月5日中华人民共和国国务院令第130号公布 2008年11月19日国务院第36次常务会议修订 2008年11月29日国务院令第542号公布 自2009年1月1日起施行)

第一章 总 则

第一条 为了加强草原防火工作,积极预防和扑救草原火灾,保护草原,保障人民生命和财产安全,根据《中华人民共和国草原法》,制定本条例。

第二条 本条例适用于中华人民共和国境内草原火灾的预防和扑救。但是,林区和城市市区的除外。

第三条 草原防火工作实行预防为主、防消结合的方针。

第四条 县级以上人民政府应当加强草原防火工作的组织领导,将草原防火所需经费纳入本级财政预算,保障草原火灾预防和扑救工作的开展。

草原防火工作实行地方各级人民政府行政首长负责制和部门、单位领导负责制。

第五条 国务院草原行政主管部门主管全国草原防火工作。

县级以上地方人民政府确定的草原防火主管部门主管本行政区域内的草原防火工作。

县级以上人民政府其他有关部门在各自的职责范围内做好草原防火工作。

第六条 草原的经营使用单位和个人，在其经营使用范围内承担草原防火责任。

第七条 草原防火工作涉及两个以上行政区域或者涉及森林防火、城市消防的，有关地方人民政府及有关部门应当建立联防制度，确定联防区域，制定联防措施，加强信息沟通和监督检查。

第八条 各级人民政府或者有关部门应当加强草原防火宣传教育活动，提高公民的草原防火意识。

第九条 国家鼓励和支持草原火灾预防和扑救的科学技术研究，推广先进的草原火灾预防和扑救技术。

第十条 对在草原火灾预防和扑救工作中有突出贡献或者成绩显著的单位、个人，按照国家有关规定给予表彰和奖励。

第二章　草原火灾的预防

第十一条 国务院草原行政主管部门根据草原火灾发生的危险程度和影响范围等，将全国草原划分为极高、高、中、低四个等级的草原火险区。

第十二条 国务院草原行政主管部门根据草原火险区划和草原防火工作的实际需要，编制全国草原防火规划，报国务院或者国务院授权的部门批准后组织实施。

县级以上地方人民政府草原防火主管部门根据全国草原防火规划，结合本地实际，编制本行政区域的草原防火规划，报本级人民政府批准后组织实施。

第十三条 草原防火规划应当主要包括下列内容：

（一）草原防火规划制定的依据；

（二）草原防火组织体系建设；

（三）草原防火基础设施和装备建设；

（四）草原防火物资储备；

（五）保障措施。

第十四条 县级以上人民政府应当组织有关部门和单位，按照草原防火规划，加强草原火情瞭望和监测设施、防火隔离带、防火道路、防火物资储备库（站）等基础设施建设，配备草原防火交通工具、灭火器械、观察和通信器材等装备，储存必要的防火物资，建立和完善草原防火指挥信息系统。

第十五条 国务院草原行政主管部门负责制订全国草原火灾应急预案，报国务院批准后组织实施。

县级以上地方人民政府草原防火主管部门负责制订本行政区域的草原火灾应急预案，报本级人民政府批准后组织实施。

第十六条 草原火灾应急预案应当主要包括下列内容：

（一）草原火灾应急组织机构及其职责；

（二）草原火灾预警与预防机制；

（三）草原火灾报告程序；

（四）不同等级草原火灾的应急处置措施；

（五）扑救草原火灾所需物资、资金和队伍的应急保障；

（六）人员财产撤离、医疗救治、疾病控制等应急方案。

草原火灾根据受害草原面积、伤亡人数、受灾牲畜数量以及对城乡居民点、重要设施、名胜古迹、自然保护区的威胁程度等，分为特别重大、重大、较大、一般四个等级。具体划分标准由国务院草原行政主管部门制定。

第十七条 县级以上地方人民政府应当根据草原火灾发生规律，确定本行政区域的草原防火期，并向社会公布。

第十八条 在草原防火期内,因生产活动需要在草原上野外用火的,应当经县级人民政府草原防火主管部门批准。用火单位或者个人应当采取防火措施,防止失火。

在草原防火期内,因生活需要在草原上用火的,应当选择安全地点,采取防火措施,用火后彻底熄灭余火。

除本条第一款、第二款规定的情形外,在草原防火期内,禁止在草原上野外用火。

第十九条 在草原防火期内,禁止在草原上使用枪械狩猎。

在草原防火期内,在草原上进行爆破、勘察和施工等活动的,应当经县级以上地方人民政府草原防火主管部门批准,并采取防火措施,防止失火。

在草原防火期内,部队在草原上进行实弹演习、处置突发性事件和执行其他任务,应当采取必要的防火措施。

第二十条 在草原防火期内,在草原上作业或者行驶的机动车辆,应当安装防火装置,严防漏火、喷火和闸瓦脱落引起火灾。在草原上行驶的公共交通工具上的司机和乘务人员,应当对旅客进行草原防火宣传。司机、乘务人员和旅客不得丢弃火种。

在草原防火期内,对草原上从事野外作业的机械设备,应当采取防火措施;作业人员应当遵守防火安全操作规程,防止失火。

第二十一条 在草原防火期内,经本级人民政府批准,草原防火主管部门应当对进入草原、存在火灾隐患的车辆以及可能引发草原火灾的野外作业活动进行草原防火安全检查。发现存在火灾隐患的,应当告知有关责任人员采取措施消除火灾隐患;拒不采取措施消除火灾隐患的,禁止进入草原或者在草原上从事野外作业活动。

第二十二条 在草原防火期内,出现高温、干旱、大风等高火险天气时,县级以上地方人民政府应当将极高草原火险区、高草原火险区以及一旦发生草原火灾可能造成人身重大伤亡或者财产重大损失的区域划为草原防火管制区,规定管制期限,及时向社会公布,并报上一级人民政府备案。

在草原防火管制区内,禁止一切野外用火。对可能引起草原火灾的非野外用火,县级以上地方人民政府或者草原防火主管部门应当按照管制要求,严格管理。

进入草原防火管制区的车辆,应当取得县级以上地方人民政府草原防火主管部门颁发的草原防火通行证,并服从防火管制。

第二十三条 草原上的农(牧)场、工矿企业和其他生产经营单位,以及驻军单位、自然保护区管理单位和农村集体经济组织等,应当在县级以上地方人民政府的领导和草原防火主管部门的指导下,落实草原防火责任制,加强火源管理,消除火灾隐患,做好本单位的草原防火工作。

铁路、公路、电力和电信线路以及石油天然气管道等的经营单位,应当在其草原防火责任区内,落实防火措施,防止发生草原火灾。

承包经营草原的个人对其承包经营的草原,应当加强火源管理,消除火灾隐患,履行草原防火义务。

第二十四条 省、自治区、直辖市人民政府可以根据本地的实际情况划定重点草原防火区,报国务院草原行政主管部门备案。

重点草原防火区的县级以上地方人民政府和自然保护区管理单位,应当根据需要建立专业扑火队;有关乡(镇)、村应当建立群众扑火队。扑火队应当进行专业培训,并接受县级以上地方人民政府的指挥、调动。

第二十五条 县级以上人民政府草原防火主管部门和气象主管机构,应当联合建立草原火险预报预警制度。气象主管机构应当根据草原防火的实际需要,做好草原火险气象等级预报和发布工作;新闻媒体应当及时播报草原火险气象等级预报。

第三章 草原火灾的扑救

第二十六条 从事草原火情监测以及在草原上从事生产经营活

动的单位和个人，发现草原火情的，应当采取必要措施，并及时向当地人民政府或者草原防火主管部门报告。其他发现草原火情的单位和个人，也应当及时向当地人民政府或者草原防火主管部门报告。

当地人民政府或者草原防火主管部门接到报告后，应当立即组织人员赶赴现场，核实火情，采取控制和扑救措施，防止草原火灾扩大。

第二十七条　当地人民政府或者草原防火主管部门应当及时将草原火灾发生时间、地点、估测过火面积、火情发展趋势等情况报上级人民政府及其草原防火主管部门；境外草原火灾威胁到我国草原安全的，还应当报告境外草原火灾距我国边境距离、沿边境蔓延长度以及对我国草原的威胁程度等情况。

禁止瞒报、谎报或者授意他人瞒报、谎报草原火灾。

第二十八条　县级以上地方人民政府应当根据草原火灾发生情况确定火灾等级，并及时启动草原火灾应急预案。特别重大、重大草原火灾以及境外草原火灾威胁到我国草原安全的，国务院草原行政主管部门应当及时启动草原火灾应急预案。

第二十九条　草原火灾应急预案启动后，有关地方人民政府应当按照草原火灾应急预案的要求，立即组织、指挥草原火灾的扑救工作。

扑救草原火灾应当首先保障人民群众的生命安全，有关地方人民政府应当及时动员受到草原火灾威胁的居民以及其他人员转移到安全地带，并予以妥善安置；情况紧急时，可以强行组织避灾疏散。

第三十条　县级以上人民政府有关部门应当按照草原火灾应急预案的分工，做好相应的草原火灾应急工作。

气象主管机构应当做好气象监测和预报工作，及时向当地人民政府提供气象信息，并根据天气条件适时实施人工增雨。

民政部门应当及时设置避难场所和救济物资供应点，开展受灾群众救助工作。

卫生主管部门应当做好医疗救护、卫生防疫工作。

铁路、交通、航空等部门应当优先运送救灾物资、设备、药物、食品。

通信主管部门应当组织提供应急通信保障。

公安部门应当及时查处草原火灾案件，做好社会治安维护工作。

第三十一条 扑救草原火灾应当组织和动员专业扑火队和受过专业培训的群众扑火队；接到扑救命令的单位和个人，必须迅速赶赴指定地点，投入扑救工作。

扑救草原火灾，不得动员残疾人、孕妇、未成年人和老年人参加。

需要中国人民解放军和中国人民武装警察部队参加草原火灾扑救的，依照《军队参加抢险救灾条例》的有关规定执行。

第三十二条 根据扑救草原火灾的需要，有关地方人民政府可以紧急征用物资、交通工具和相关的设施、设备；必要时，可以采取清除障碍物、建设隔离带、应急取水、局部交通管制等应急管理措施。

因救灾需要，紧急征用单位和个人的物资、交通工具、设施、设备或者占用其房屋、土地的，事后应当及时返还，并依照有关法律规定给予补偿。

第三十三条 发生特别重大、重大草原火灾的，国务院草原行政主管部门应当立即派员赶赴火灾现场，组织、协调、督导火灾扑救，并做好跨省、自治区、直辖市草原防火物资的调用工作。

发生威胁林区安全的草原火灾的，有关草原防火主管部门应当及时通知有关林业主管部门。

境外草原火灾威胁到我国草原安全的，国务院草原行政主管部门应当立即派员赶赴有关现场，组织、协调、督导火灾预防，并及时将有关情况通知外交部。

第三十四条 国家实行草原火灾信息统一发布制度。特别重大、重大草原火灾以及威胁到我国草原安全的境外草原火灾信息，由国务院草原行政主管部门发布；其他草原火灾信息，由省、自治区、直辖市人民政府草原防火主管部门发布。

第三十五条 重点草原防火区的县级以上地方人民政府可以根

据草原火灾应急预案的规定，成立草原防火指挥部，行使本章规定的本级人民政府在草原火灾扑救中的职责。

第四章 灾后处置

第三十六条 草原火灾扑灭后，有关地方人民政府草原防火主管部门或者其指定的单位应当对火灾现场进行全面检查，清除余火，并留有足够的人员看守火场。经草原防火主管部门检查验收合格，看守人员方可撤出。

第三十七条 草原火灾扑灭后，有关地方人民政府应当组织有关部门及时做好灾民安置和救助工作，保障灾民的基本生活条件，做好卫生防疫工作，防止传染病的发生和传播。

第三十八条 草原火灾扑灭后，有关地方人民政府应当组织有关部门及时制定草原恢复计划，组织实施补播草籽和人工种草等技术措施，恢复草场植被，并做好畜禽检疫工作，防止动物疫病的发生。

第三十九条 草原火灾扑灭后，有关地方人民政府草原防火主管部门应当及时会同公安等有关部门，对火灾发生时间、地点、原因以及肇事人等进行调查并提出处理意见。

草原防火主管部门应当对受灾草原面积、受灾畜禽种类和数量、受灾珍稀野生动植物种类和数量、人员伤亡以及物资消耗和其他经济损失等情况进行统计，对草原火灾给城乡居民生活、工农业生产、生态环境造成的影响进行评估，并按照国务院草原行政主管部门的规定上报。

第四十条 有关地方人民政府草原防火主管部门应当严格按照草原火灾统计报表的要求，进行草原火灾统计，向上一级人民政府草原防火主管部门报告，并抄送同级公安部门、统计机构。草原火灾统计报表由国务院草原行政主管部门会同国务院公安部门制定，报国家统计部门备案。

第四十一条 对因参加草原火灾扑救受伤、致残或者死亡的人员,按照国家有关规定给予医疗、抚恤。

第五章 法律责任

第四十二条 违反本条例规定,县级以上人民政府草原防火主管部门或者其他有关部门及其工作人员,有下列行为之一的,由其上级行政机关或者监察机关责令改正;情节严重的,对直接负责的主管人员和其他直接责任人员依法给予处分;构成犯罪的,依法追究刑事责任:

(一)未按照规定制订草原火灾应急预案的;

(二)对不符合草原防火要求的野外用火或者爆破、勘察和施工等活动予以批准的;

(三)对不符合条件的车辆发放草原防火通行证的;

(四)瞒报、谎报或者授意他人瞒报、谎报草原火灾的;

(五)未及时采取草原火灾扑救措施的;

(六)不依法履行职责的其他行为。

第四十三条 截留、挪用草原防火资金或者侵占、挪用草原防火物资的,依照有关财政违法行为处罚处分的法律、法规进行处理;构成犯罪的,依法追究刑事责任。

第四十四条 违反本条例规定,有下列行为之一的,由县级以上地方人民政府草原防火主管部门责令停止违法行为,采取防火措施,并限期补办有关手续,对有关责任人员处2000元以上5000元以下罚款,对有关责任单位处5000元以上2万元以下罚款:

(一)未经批准在草原上野外用火或者进行爆破、勘察和施工等活动的;

(二)未取得草原防火通行证进入草原防火管制区的。

第四十五条 违反本条例规定,有下列行为之一的,由县级以上地方人民政府草原防火主管部门责令停止违法行为,采取防火措施,消除火灾隐患,并对有关责任人员处200元以上2000元以下罚款,对有关责任单位处2000元以上2万元以下罚款;拒不采取防火措施、消除火灾隐患的,由县级以上地方人民政府草原防火主管部门代为采取防火措施、消除火灾隐患,所需费用由违法单位或者个人承担:

(一)在草原防火期内,经批准的野外用火未采取防火措施的;

(二)在草原上作业和行驶的机动车辆未安装防火装置或者存在火灾隐患的;

(三)在草原上行驶的公共交通工具上的司机、乘务人员或者旅客丢弃火种的;

(四)在草原上从事野外作业的机械设备作业人员不遵守防火安全操作规程或者对野外作业的机械设备未采取防火措施的;

(五)在草原防火管制区内未按照规定用火的。

第四十六条 违反本条例规定,草原上的生产经营等单位未建立或者未落实草原防火责任制的,由县级以上地方人民政府草原防火主管部门责令改正,对有关责任单位处5000元以上2万元以下罚款。

第四十七条 违反本条例规定,故意或者过失引发草原火灾,构成犯罪的,依法追究刑事责任。

第六章 附 则

第四十八条 草原消防车辆应当按照规定喷涂标志图案,安装警报器、标志灯具。

第四十九条 本条例自2009年1月1日起施行。

高层民用建筑消防安全管理规定

(2021年6月21日应急管理部令第5号公布 自2021年8月1日起施行)

第一章 总 则

第一条 为了加强高层民用建筑消防安全管理,预防火灾和减少火灾危害,根据《中华人民共和国消防法》等法律、行政法规和国务院有关规定,制定本规定。

第二条 本规定适用于已经建成且依法投入使用的高层民用建筑(包括高层住宅建筑和高层公共建筑)的消防安全管理。

第三条 高层民用建筑消防安全管理贯彻预防为主、防消结合的方针,实行消防安全责任制。

建筑高度超过100米的高层民用建筑应当实行更加严格的消防安全管理。

第二章 消防安全职责

第四条 高层民用建筑的业主、使用人是高层民用建筑消防安全责任主体,对高层民用建筑的消防安全负责。高层民用建筑的业主、使用人是单位的,其法定代表人或者主要负责人是本单位的消防安全责任人。

高层民用建筑的业主、使用人可以委托物业服务企业或者消防技术服务机构等专业服务单位(以下统称消防服务单位)提供消防安全服务,并应当在服务合同中约定消防安全服务的具体内容。

第五条 同一高层民用建筑有两个及以上业主、使用人的,各业主、使用人对其专有部分的消防安全负责，对共有部分的消防安全共同负责。

同一高层民用建筑有两个及以上业主、使用人的，应当共同委托物业服务企业，或者明确一个业主、使用人作为统一管理人，对共有部分的消防安全实行统一管理，协调、指导业主、使用人共同做好整栋建筑的消防安全工作，并通过书面形式约定各方消防安全责任。

第六条 高层民用建筑以承包、租赁或者委托经营、管理等形式交由承包人、承租人、经营管理人使用的，当事人在订立承包、租赁、委托管理等合同时，应当明确各方消防安全责任。委托方、出租方依照法律规定，可以对承包方、承租方、受托方的消防安全工作统一协调、管理。

实行承包、租赁或者委托经营、管理时，业主应当提供符合消防安全要求的建筑物，督促使用人加强消防安全管理。

第七条 高层公共建筑的业主单位、使用单位应当履行下列消防安全职责：

（一）遵守消防法律法规，建立和落实消防安全管理制度；

（二）明确消防安全管理机构或者消防安全管理人员；

（三）组织开展防火巡查、检查，及时消除火灾隐患；

（四）确保疏散通道、安全出口、消防车通道畅通；

（五）对建筑消防设施、器材定期进行检验、维修，确保完好有效；

（六）组织消防宣传教育培训，制定灭火和应急疏散预案，定期组织消防演练；

（七）按照规定建立专职消防队、志愿消防队（微型消防站）等消防组织；

（八）法律、法规规定的其他消防安全职责。

委托物业服务企业，或者明确统一管理人实施消防安全管理的，物业服务企业或者统一管理人应当按照约定履行前款规定的消防安全职责，业主单位、使用单位应当督促并配合物业服务企业或者统一管理人做好消防安全工作。

第八条 高层公共建筑的业主、使用人、物业服务企业或者统一管理人应当明确专人担任消防安全管理人，负责整栋建筑的消防安全管理工作，并在建筑显著位置公示其姓名、联系方式和消防安全管理职责。

高层公共建筑的消防安全管理人应当履行下列消防安全管理职责：

（一）拟订年度消防工作计划，组织实施日常消防安全管理工作；

（二）组织开展防火检查、巡查和火灾隐患整改工作；

（三）组织实施对建筑共用消防设施设备的维护保养；

（四）管理专职消防队、志愿消防队（微型消防站）等消防组织；

（五）组织开展消防安全的宣传教育和培训；

（六）组织编制灭火和应急疏散综合预案并开展演练。

高层公共建筑的消防安全管理人应当具备与其职责相适应的消防安全知识和管理能力。对建筑高度超过100米的高层公共建筑，鼓励有关单位聘用相应级别的注册消防工程师或者相关工程类中级及以上专业技术职务的人员担任消防安全管理人。

第九条 高层住宅建筑的业主、使用人应当履行下列消防安全义务：

（一）遵守住宅小区防火安全公约和管理规约约定的消防安全事项；

（二）按照不动产权属证书载明的用途使用建筑；

（三）配合消防服务单位做好消防安全工作；

（四）按照法律规定承担消防服务费用以及建筑消防设施维修、更新和改造的相关费用；

（五）维护消防安全，保护消防设施，预防火灾，报告火警，成年人参加有组织的灭火工作；

（六）法律、法规规定的其他消防安全义务。

第十条 接受委托的高层住宅建筑的物业服务企业应当依法履行下列消防安全职责：

（一）落实消防安全责任，制定消防安全制度，拟订年度消防安全工作计划和组织保障方案；

（二）明确具体部门或者人员负责消防安全管理工作；

（三）对管理区域内的共用消防设施、器材和消防标志定期进行检测、维护保养，确保完好有效；

（四）组织开展防火巡查、检查，及时消除火灾隐患；

（五）保障疏散通道、安全出口、消防车通道畅通，对占用、堵塞、封闭疏散通道、安全出口、消防车通道等违规行为予以制止；制止无效的，及时报告消防救援机构等有关行政管理部门依法处理；

（六）督促业主、使用人履行消防安全义务；

（七）定期向所在住宅小区业主委员会和业主、使用人通报消防安全情况，提示消防安全风险；

（八）组织开展经常性的消防宣传教育；

（九）制定灭火和应急疏散预案，并定期组织演练；

（十）法律、法规规定和合同约定的其他消防安全职责。

第十一条 消防救援机构和其他负责消防监督检查的机构依法对高层民用建筑进行消防监督检查，督促业主、使用人、受委托的消防服务单位等落实消防安全责任；对监督检查中发现的火灾隐患，通知有关单位或者个人立即采取措施消除隐患。

消防救援机构应当加强高层民用建筑消防安全法律、法规的宣传，督促、指导有关单位做好高层民用建筑消防安全宣传教育工作。

第十二条 村民委员会、居民委员会应当依法组织制定防火安全公约，对高层民用建筑进行防火安全检查，协助人民政府和有关部门加强消防宣传教育；对老年人、未成年人、残疾人等开展有针对性的消防宣传教育，加强消防安全帮扶。

第十三条 供水、供电、供气、供热、通信、有线电视等专业运营单位依法对高层民用建筑内由其管理的设施设备消防安全负责，并定期进行检查和维护。

第三章　消防安全管理

第十四条　高层民用建筑施工期间，建设单位应当与施工单位明确施工现场的消防安全责任。施工期间应当严格落实现场防范措施，配置消防器材，指定专人监护，采取防火分隔措施，不得影响其他区域的人员安全疏散和建筑消防设施的正常使用。

高层民用建筑的业主、使用人不得擅自变更建筑使用功能、改变防火防烟分区，不得违反消防技术标准使用易燃、可燃装修装饰材料。

第十五条　高层民用建筑的业主、使用人或者物业服务企业、统一管理人应当对动用明火作业实行严格的消防安全管理，不得在具有火灾、爆炸危险的场所使用明火；因施工等特殊情况需要进行电焊、气焊等明火作业的，应当按照规定办理动火审批手续，落实现场监护人，配备消防器材，并在建筑主入口和作业现场显著位置公告。作业人员应当依法持证上岗，严格遵守消防安全规定，清除周围及下方的易燃、可燃物，采取防火隔离措施。作业完毕后，应当进行全面检查，消除遗留火种。

高层公共建筑内的商场、公共娱乐场所不得在营业期间动火施工。

高层公共建筑内应当确定禁火禁烟区域，并设置明显标志。

第十六条　高层民用建筑内电器设备的安装使用及其线路敷设、维护保养和检测应当符合消防技术标准及管理规定。

高层民用建筑业主、使用人或者消防服务单位，应当安排专业机构或者电工定期对管理区域内由其管理的电器设备及线路进行检查；对不符合安全要求的，应当及时维修、更换。

第十七条　高层民用建筑内燃气用具的安装使用及其管路敷设、

维护保养和检测应当符合消防技术标准及管理规定。禁止违反燃气安全使用规定，擅自安装、改装、拆除燃气设备和用具。

高层民用建筑使用燃气应当采用管道供气方式。禁止在高层民用建筑地下部分使用液化石油气。

第十八条 禁止在高层民用建筑内违反国家规定生产、储存、经营甲、乙类火灾危险性物品。

第十九条 设有建筑外墙外保温系统的高层民用建筑，其管理单位应当在主入口及周边相关显著位置，设置提示性和警示性标识，标示外墙外保温材料的燃烧性能、防火要求。对高层民用建筑外墙外保温系统破损、开裂和脱落的，应当及时修复。高层民用建筑在进行外墙外保温系统施工时，建设单位应当采取必要的防火隔离以及限制住人和使用的措施，确保建筑内人员安全。

禁止使用易燃、可燃材料作为高层民用建筑外墙外保温材料。禁止在其建筑内及周边禁放区域燃放烟花爆竹；禁止在其外墙周围堆放可燃物。对于使用难燃外墙外保温材料或者采用与基层墙体、装饰层之间有空腔的建筑外墙外保温系统的高层民用建筑，禁止在其外墙动火用电。

第二十条 高层民用建筑的电缆井、管道井等竖向管井和电缆桥架应当在每层楼板处进行防火封堵，管井检查门应当采用防火门。

禁止占用电缆井、管道井，或者在电缆井、管道井等竖向管井堆放杂物。

第二十一条 高层民用建筑的户外广告牌、外装饰不得采用易燃、可燃材料，不得妨碍防烟排烟、逃生和灭火救援，不得改变或者破坏建筑立面防火结构。

禁止在高层民用建筑外窗设置影响逃生和灭火救援的障碍物。

建筑高度超过50米的高层民用建筑外墙上设置的装饰、广告牌应当采用不燃材料并易于破拆。

第二十二条 禁止在消防车通道、消防车登高操作场地设置构筑物、停车泊位、固定隔离桩等障碍物。

禁止在消防车通道上方、登高操作面设置妨碍消防车作业的架空管线、广告牌、装饰物等障碍物。

第二十三条 高层公共建筑内餐饮场所的经营单位应当及时对厨房灶具和排油烟罩设施进行清洗,排油烟管道每季度至少进行一次检查、清洗。

高层住宅建筑的公共排油烟管道应当定期检查,并采取防火措施。

第二十四条 除为满足高层民用建筑的使用功能所设置的自用物品暂存库房、档案室和资料室等附属库房外,禁止在高层民用建筑内设置其他库房。

高层民用建筑的附属库房应当采取相应的防火分隔措施,严格遵守有关消防安全管理规定。

第二十五条 高层民用建筑内的锅炉房、变配电室、空调机房、自备发电机房、储油间、消防水泵房、消防水箱间、防排烟风机房等设备用房应当按照消防技术标准设置,确定为消防安全重点部位,设置明显的防火标志,实行严格管理,并不得占用和堆放杂物。

第二十六条 高层民用建筑消防控制室应当由其管理单位实行24小时值班制度,每班不应少于2名值班人员。

消防控制室值班操作人员应当依法取得相应等级的消防行业特有工种职业资格证书,熟练掌握火警处置程序和要求,按照有关规定检查自动消防设施、联动控制设备运行情况,确保其处于正常工作状态。

消防控制室内应当保存高层民用建筑总平面布局图、平面布置图和消防设施系统图及控制逻辑关系说明、建筑消防设施维修保养记录和检测报告等资料。

第二十七条 高层公共建筑内有关单位、高层住宅建筑所在社区居民委员会或者物业服务企业按照规定建立的专职消防队、志愿消防队(微型消防站)等消防组织,应当配备必要的人员、场所和器材、装备,定期进行消防技能培训和演练,开展防火巡查、消防道阀门等应当标识开、关状态；对需要保持常开或者常闭状态的阀门，应当采取铅封等限位措施。

第三十二条　不具备自主维护保养检测能力的高层民用建筑业主、使用人或者物业服务企业应当聘请具备从业条件的消防技术服务机构或者消防设施施工安装企业对建筑消防设施进行维护保养和检测；存在故障、缺损的，应当立即组织维修、更换，确保完好有效。

因维修等需要停用建筑消防设施的，高层民用建筑的管理单位应当严格履行内部审批手续，制定应急方案，落实防范措施，并在建筑入口处等显著位置公告。

第三十三条　高层公共建筑消防设施的维修、更新、改造的费用，由业主、使用人按照有关法律规定承担，共有部分按照专有部分建筑面积所占比例承担。

高层住宅建筑的消防设施日常运行、维护和维修、更新、改造费用，由业主依照法律规定承担；委托消防服务单位的，消防设施的日常运行、维护和检测费用应当纳入物业服务或者消防技术服务专项费用。共用消防设施的维修、更新、改造费用，可以依法从住宅专项维修资金列支。

第三十四条　高层民用建筑应当进行每日防火巡查，并填写巡查记录。其中，高层公共建筑内公众聚集场所在营业期间应当至少每2小时进行一次防火巡查，医院、养老院、寄宿制学校、幼儿园应当进行白天和夜间防火巡查，高层住宅建筑和高层公共建筑内的其他场所可以结合实际确定防火巡查的频次。

防火巡查应当包括下列内容：

（一）用火、用电、用气有无违章情况；

（二）安全出口、疏散通道、消防车通道畅通情况；

（三）消防设施、器材完好情况，常闭式防火门关闭情况；

（四）消防安全重点部位人员在岗在位等情况。

第三十五条　高层住宅建筑应当每月至少开展一次防火检查，

宣传，及时处置、扑救初起火灾。

　　第二十八条　高层民用建筑的疏散通道、安全出口应当保持畅通，禁止堆放物品、锁闭出口、设置障碍物。平时需要控制人员出入或者设有门禁系统的疏散门，应当保证发生火灾时易于开启，并在现场显著位置设置醒目的提示和使用标识。

　　高层民用建筑的常闭式防火门应当保持常闭，闭门器、顺序器等部件应当完好有效；常开式防火门应当保证发生火灾时自动关闭并反馈信号。

　　禁止圈占、遮挡消火栓，禁止在消火栓箱内堆放杂物，禁止在防火卷帘下堆放物品。

　　第二十九条　高层民用建筑内应当在显著位置设置标识，指示避难层（间）的位置。

　　禁止占用高层民用建筑避难层（间）和避难走道或者堆放杂物，禁止锁闭避难层（间）和避难走道出入口。

　　第三十条　高层公共建筑的业主、使用人应当按照国家标准、行业标准配备灭火器材以及自救呼吸器、逃生缓降器、逃生绳等逃生疏散设施器材。

　　高层住宅建筑应当在公共区域的显著位置摆放灭火器材，有条件的配置自救呼吸器、逃生绳、救援哨、疏散用手电筒等逃生疏散设施器材。

　　鼓励高层住宅建筑的居民家庭制定火灾疏散逃生计划，并配置必要的灭火和逃生疏散器材。

　　第三十一条　高层民用建筑的消防车通道、消防车登高操作场地、灭火救援窗、灭火救援破拆口、消防车取水口、室外消火栓、消防水泵接合器、常闭式防火门等应当设置明显的提示性、警示性标识。消防车通道、消防车登高操作场地、防火卷帘下方还应当在地面标识出禁止占用的区域范围。消火栓箱、灭火器箱上应当张贴使用方法的标识。

　　高层民用建筑的消防设施配电柜电源开关、消防设备用房内管高层公共建筑应当每半个月至少开展一次防火检查，并填写检查记录。

防火检查应当包括下列内容：
（一）安全出口和疏散设施情况；
（二）消防车通道、消防车登高操作场地和消防水源情况；
（三）灭火器材配置及有效情况；
（四）用火、用电、用气和危险品管理制度落实情况；
（五）消防控制室值班和消防设施运行情况；
（六）人员教育培训情况；
（七）重点部位管理情况；
（八）火灾隐患整改以及防范措施的落实等情况。

第三十六条　对防火巡查、检查发现的火灾隐患，高层民用建筑的业主、使用人、受委托的消防服务单位，应当立即采取措施予以整改。

对不能当场改正的火灾隐患，应当明确整改责任、期限，落实整改措施，整改期间应当采取临时防范措施，确保消防安全；必要时，应当暂时停止使用危险部位。

第三十七条　禁止在高层民用建筑公共门厅、疏散走道、楼梯间、安全出口停放电动自行车或者为电动自行车充电。

鼓励在高层住宅小区内设置电动自行车集中存放和充电的场所。电动自行车存放、充电场所应当独立设置，并与高层民用建筑保持安全距离；确需设置在高层民用建筑内的，应当与该建筑的其他部分进行防火分隔。

电动自行车存放、充电场所应当配备必要的消防器材，充电设施应当具备充满自动断电功能。

第三十八条　鼓励高层民用建筑推广应用物联网和智能化技术手段对电气、燃气消防安全和消防设施运行等进行监控和预警。

未设置自动消防设施的高层住宅建筑，鼓励因地制宜安装火灾报警和喷水灭火系统、火灾应急广播以及可燃气体探测、无线手动火灾报警、无线声光火灾警报等消防设施。

第三十九条 高层民用建筑的业主、使用人或者消防服务单位、统一管理人应当每年至少组织开展一次整栋建筑的消防安全评估。消防安全评估报告应当包括存在的消防安全问题、火灾隐患以及改进措施等内容。

第四十条 鼓励、引导高层公共建筑的业主、使用人投保火灾公众责任保险。

第四章 消防宣传教育和灭火疏散预案

第四十一条 高层公共建筑内的单位应当每半年至少对员工开展一次消防安全教育培训。

高层公共建筑内的单位应当对本单位员工进行上岗前消防安全培训，并对消防安全管理人员、消防控制室值班人员和操作人员、电工、保安员等重点岗位人员组织专门培训。

高层住宅建筑的物业服务企业应当每年至少对居住人员进行一次消防安全教育培训，进行一次疏散演练。

第四十二条 高层民用建筑应当在每层的显著位置张贴安全疏散示意图，公共区域电子显示屏应当播放消防安全提示和消防安全知识。

高层公共建筑除遵守本条第一款规定外，还应当在首层显著位置提示公众注意火灾危险，以及安全出口、疏散通道和灭火器材的位置。

高层住宅小区除遵守本条第一款规定外，还应当在显著位置设置消防安全宣传栏，在高层住宅建筑单元入口处提示安全用火、用电、用气，以及电动自行车存放、充电等消防安全常识。

第四十三条 高层民用建筑应当结合场所特点，分级分类编制灭火和应急疏散预案。

规模较大或者功能业态复杂，且有两个及以上业主、使用人或者多个职能部门的高层公共建筑，有关单位应当编制灭火和应急疏散总预案，各单位或者职能部门应当根据场所、功能分区、岗位实际编制专项灭火和应急疏散预案或者现场处置方案（以下统称分预案）。

灭火和应急疏散预案应当明确应急组织机构，确定承担通信联络、灭火、疏散和救护任务的人员及其职责，明确报警、联络、灭火、疏散等处置程序和措施。

第四十四条 高层民用建筑的业主、使用人、受委托的消防服务单位应当结合实际，按照灭火和应急疏散总预案和分预案分别组织实施消防演练。

高层民用建筑应当每年至少进行一次全要素综合演练，建筑高度超过100米的高层公共建筑应当每半年至少进行一次全要素综合演练。编制分预案的，有关单位和职能部门应当每季度至少进行一次综合演练或者专项灭火、疏散演练。

演练前，有关单位应当告知演练范围内的人员并进行公告；演练时，应当设置明显标识；演练结束后，应当进行总结评估，并及时对预案进行修订和完善。

第四十五条 高层公共建筑内的人员密集场所应当按照楼层、区域确定疏散引导员，负责在火灾发生时组织、引导在场人员安全疏散。

第四十六条 火灾发生时，发现火灾的人员应当立即拨打119电话报警。

火灾发生后，高层民用建筑的业主、使用人、消防服务单位应当迅速启动灭火和应急疏散预案，组织人员疏散，扑救初起火灾。

火灾扑灭后，高层民用建筑的业主、使用人、消防服务单位应当组织保护火灾现场，协助火灾调查。

第五章　法律责任

第四十七条　违反本规定，有下列行为之一的，由消防救援机构责令改正，对经营性单位和个人处 2000 元以上 10000 元以下罚款，对非经营性单位和个人处 500 元以上 1000 元以下罚款：

（一）在高层民用建筑内进行电焊、气焊等明火作业，未履行动火审批手续、进行公告，或者未落实消防现场监护措施的；

（二）高层民用建筑设置的户外广告牌、外装饰妨碍防烟排烟、逃生和灭火救援，或者改变、破坏建筑立面防火结构的；

（三）未设置外墙外保温材料提示性和警示性标识，或者未及时修复破损、开裂和脱落的外墙外保温系统的；

（四）未按照规定落实消防控制室值班制度，或者安排不具备相应条件的人员值班的；

（五）未按照规定建立专职消防队、志愿消防队等消防组织的；

（六）因维修等需要停用建筑消防设施未进行公告、未制定应急预案或者未落实防范措施的；

（七）在高层民用建筑的公共门厅、疏散走道、楼梯间、安全出口停放电动自行车或者为电动自行车充电，拒不改正的。

第四十八条　违反本规定的其他消防安全违法行为，依照《中华人民共和国消防法》第六十条、第六十一条、第六十四条、第六十五条、第六十六条、第六十七条、第六十八条、第六十九条和有关法律法规予以处罚；构成犯罪的，依法追究刑事责任。

第四十九条　消防救援机构及其工作人员在高层民用建筑消防监督检查中，滥用职权、玩忽职守、徇私舞弊的，对直接负责的主管人员和其他直接责任人员依法给予处分；构成犯罪的，依法追究刑事责任。

第六章 附　　则

第五十条　本规定下列用语的含义：

（一）高层住宅建筑，是指建筑高度大于27米的住宅建筑。

（二）高层公共建筑，是指建筑高度大于24米的非单层公共建筑，包括宿舍建筑、公寓建筑、办公建筑、科研建筑、文化建筑、商业建筑、体育建筑、医疗建筑、交通建筑、旅游建筑、通信建筑等。

（三）业主，是指高层民用建筑的所有权人，包括单位和个人。

（四）使用人，是指高层民用建筑的承租人和其他实际使用人，包括单位和个人。

第五十一条　本规定自2021年8月1日起施行。

消防产品监督管理规定

（2012年8月13日公安部、国家工商行政管理总局、国家质量监督检验检疫总局令第122号公布　自2013年1月1日起施行）

第一章 总　　则

第一条　为了加强消防产品监督管理，提高消防产品质量，依据《中华人民共和国消防法》、《中华人民共和国产品质量法》、《中华人民共和国认证认可条例》等有关法律、行政法规，制定本规定。

第二条　在中华人民共和国境内生产、销售、使用消防产品，以及对消防产品质量实施监督管理，适用本规定。

本规定所称消防产品是指专门用于火灾预防、灭火救援和火灾防护、避难、逃生的产品。

第三条 消防产品必须符合国家标准；没有国家标准的，必须符合行业标准。未制定国家标准、行业标准的，应当符合消防安全要求，并符合保障人体健康、人身财产安全的要求和企业标准。

第四条 国家质量监督检验检疫总局、国家工商行政管理总局和公安部按照各自职责对生产、流通和使用领域的消防产品质量实施监督管理。

县级以上地方质量监督部门、工商行政管理部门和公安机关消防机构按照各自职责对本行政区域内生产、流通和使用领域的消防产品质量实施监督管理。

第二章 市场准入

第五条 依法实行强制性产品认证的消防产品，由具有法定资质的认证机构按照国家标准、行业标准的强制性要求认证合格后，方可生产、销售、使用。

消防产品认证机构应当将消防产品强制性认证有关信息报国家认证认可监督管理委员会和公安部消防局。

实行强制性产品认证的消防产品目录由国家质量监督检验检疫总局、国家认证认可监督管理委员会会同公安部制定并公布，消防产品认证基本规范、认证规则由国家认证认可监督管理委员会制定并公布。

第六条 国家认证认可监督管理委员会应当按照《中华人民共和国认证认可条例》的有关规定，经评审并征求公安部消防局意见后，指定从事消防产品强制性产品认证活动的机构以及与认证有关的检查机构、实验室，并向社会公布。

第七条 消防产品认证机构及其工作人员应当按照有关规定从事认证活动，客观公正地出具认证结论，对认证结果负责。不得增加、减少、遗漏或者变更认证基本规范、认证规则规定的程序。

第八条 从事消防产品强制性产品认证活动的检查机构、实验室及其工作人员，应当确保检查、检测结果真实、准确，并对检查、检测结论负责。

第九条 新研制的尚未制定国家标准、行业标准的消防产品，经消防产品技术鉴定机构技术鉴定符合消防安全要求的，方可生产、销售、使用。消防安全要求由公安部制定。

消防产品技术鉴定机构应当具备国家认证认可监督管理委员会依法认定的向社会出具具有证明作用的数据和结果的消防产品实验室资格或者从事消防产品合格评定活动的认证机构资格。消防产品技术鉴定机构名录由公安部公布。

公安机关消防机构和认证认可监督管理部门按照各自职责对消防产品技术鉴定机构进行监督。

公安部会同国家认证认可监督管理委员会参照消防产品认证机构和实验室管理工作规则，制定消防产品技术鉴定工作程序和规范。

第十条 消防产品技术鉴定应当遵守以下程序：

（一）委托人向消防产品技术鉴定机构提出书面委托，并提供有关文件资料；

（二）消防产品技术鉴定机构依照有关规定对文件资料进行审核；

（三）文件资料经审核符合要求的，消防产品技术鉴定机构按照消防安全要求和有关规定，组织实施消防产品型式检验和工厂检查；

（四）经鉴定认为消防产品符合消防安全要求的，技术鉴定机构应当在接受委托之日起九十日内颁发消防产品技术鉴定证书，并将消防产品有关信息报公安部消防局；认为不符合消防安全要求的，应当书面通知委托人，并说明理由。

消防产品检验时间不计入技术鉴定时限。

第十一条 消防产品技术鉴定机构及其工作人员应当按照有关规定开展技术鉴定工作，对技术鉴定结果负责。

第十二条 消防产品技术鉴定证书有效期为三年。

有效期届满，生产者需要继续生产消防产品的，应当在有效期届满前的六个月内，依照本规定第十条的规定，重新申请消防产品技术鉴定证书。

第十三条 在消防产品技术鉴定证书有效期内，消防产品的生产条件、检验手段、生产技术或者工艺发生变化，对性能产生重大影响的，生产者应当重新委托消防产品技术鉴定。

第十四条 在消防产品技术鉴定证书有效期内，相关消防产品的国家标准、行业标准颁布施行的，生产者应当保证生产的消防产品符合国家标准、行业标准。

前款规定的消防产品被列入强制性产品认证目录的，应当按照本规定实施强制性产品认证。未列入强制性产品认证目录的，在技术鉴定证书有效期届满后，不再实行技术鉴定。

第十五条 消防产品技术鉴定机构应当对其鉴定合格的产品实施有效的跟踪调查，鉴定合格的产品不能持续符合技术鉴定要求的，技术鉴定机构应当暂停其使用直至撤销鉴定证书，并予公布。

第十六条 经强制性产品认证合格或者技术鉴定合格的消防产品，公安部消防局应当予以公布。

第三章　产品质量责任和义务

第十七条 消防产品生产者应当对其生产的消防产品质量负责，建立有效的质量管理体系，保持消防产品的生产条件，保证产品质量、标志、标识符合相关法律法规和标准要求。不得生产应当获得而未获得市场准入资格的消防产品、不合格的消防产品或者国家明令淘汰的消防产品。

消防产品生产者应当建立消防产品销售流向登记制度，如实记录产品名称、批次、规格、数量、销售去向等内容。

第十八条 消防产品销售者应当建立并执行进货检查验收制度，验明产品合格证明和其他标识，不得销售应当获得而未获得市场准入资格的消防产品、不合格的消防产品或者国家明令淘汰的消防产品。

销售者应当采取措施，保持销售产品的质量。

第十九条 消防产品使用者应当查验产品合格证明、产品标识和有关证书，选用符合市场准入的、合格的消防产品。

建设工程设计单位在设计中选用的消防产品，应当注明产品规格、性能等技术指标，其质量要求应当符合国家标准、行业标准。当需要选用尚未制定国家标准、行业标准的消防产品时，应当选用经技术鉴定合格的消防产品。

建设工程施工企业应当按照工程设计要求、施工技术标准、合同的约定和消防产品有关技术标准，对进场的消防产品进行现场检查或者检验，如实记录进货来源、名称、批次、规格、数量等内容；现场检查或者检验不合格的，不得安装。现场检查记录或者检验报告应当存档备查。建设工程施工企业应当建立安装质量管理制度，严格执行有关标准、施工规范和相关要求，保证消防产品的安装质量。

工程监理单位应当依照法律、行政法规及有关技术标准、设计文件和建设工程承包合同对建设工程使用的消防产品的质量及其安装质量实施监督。

机关、团体、企业、事业等单位应当按照国家标准、行业标准定期组织对消防设施、器材进行维修保养，确保完好有效。

第四章　监督检查

第二十条 质量监督部门、工商行政管理部门依据《中华人民共和国产品质量法》以及相关规定对生产领域、流通领域的消防产品质量进行监督检查。

第二十一条 公安机关消防机构对使用领域的消防产品质量进行监督检查，实行日常监督检查和监督抽查相结合的方式。

第二十二条　公安机关消防机构在消防监督检查和建设工程消防监督管理工作中，对使用领域的消防产品质量进行日常监督检查，按照公安部《消防监督检查规定》、《建设工程消防监督管理规定》执行。

第二十三条　公安机关消防机构对使用领域的消防产品质量进行专项监督抽查，由省级以上公安机关消防机构制定监督抽查计划，由县级以上地方公安机关消防机构具体实施。

第二十四条　公安机关消防机构对使用领域的消防产品质量进行监督抽查，应当检查下列内容：

（一）列入强制性产品认证目录的消防产品是否具备强制性产品认证证书，新研制的尚未制定国家标准、行业标准的消防产品是否具备技术鉴定证书；

（二）按照强制性国家标准或者行业标准的规定，应当进行型式检验和出厂检验的消防产品，是否具备型式检验合格和出厂检验合格的证明文件；

（三）消防产品的外观标志、规格型号、结构部件、材料、性能参数、生产厂名、厂址与产地等是否符合有关规定；

（四）消防产品的关键性能是否符合消防产品现场检查判定规则的要求；

（五）法律、行政法规规定的其他内容。

第二十五条　公安机关消防机构实施消防产品质量监督抽查时，检查人员不得少于两人，并应当出示执法身份证件。

实施消防产品质量监督抽查应当填写检查记录，由检查人员、被检查单位管理人员签名；被检查单位管理人员对检查记录有异议或者拒绝签名的，检查人员应当在检查记录中注明。

第二十六条　公安机关消防机构应当根据本规定和消防产品现场检查判定规则，实施现场检查判定。对现场检查判定为不合格的，应当在三日内将判定结论送达被检查人。被检查人对消防产品现场检查判定结论有异议的，公安机关消防机构应当在五日内依照有关规定将样品送符合法定条件的产品质量检验机构进行监督检验，并自收到检验结果之日起三日内，将检验结果告知被检查人。

检验抽取的样品由被检查人无偿供给，其数量不得超过检验的合理需要。检验费用在规定经费中列支，不得向被检查人收取。

第二十七条 被检查人对公安机关消防机构抽样送检的产品检验结果有异议的，可以自收到检验结果之日起五日内向实施监督检查的公安机关消防机构提出书面复检申请。

公安机关消防机构受理复检申请，应当当场出具受理凭证。

公安机关消防机构受理复检申请后，应当在五日内将备用样品送检，自收到复检结果之日起三日内，将复检结果告知申请人。

复检申请以一次为限。复检合格的，费用列入监督抽查经费；不合格的，费用由申请人承担。

第二十八条 质量监督部门、工商行政管理部门接到对消防产品质量问题的举报投诉，应当按职责及时依法处理。对不属于本部门职责范围的，应当及时移交或者书面通报有关部门。

公安机关消防机构接到对消防产品质量问题的举报投诉，应当及时受理、登记，并按照公安部《公安机关办理行政案件程序规定》的相关规定和本规定中消防产品质量监督检查程序处理。

公安机关消防机构对举报投诉的消防产品质量问题进行核查后，对消防安全违法行为应当依法处理。核查、处理情况应当在三日内告知举报投诉人；无法告知的，应当在受理登记中注明。

第二十九条 公安机关消防机构发现使用依法应当获得市场准入资格而未获得准入资格的消防产品或者不合格的消防产品、国家明令淘汰的消防产品等使用领域消防产品质量违法行为，应当依法责令限期改正。

公安机关消防机构应当在收到当事人复查申请或者责令限期改正期限届满之日起三日内进行复查。复查应当填写记录。

第三十条 公安机关消防机构对发现的使用领域消防产品质量违法行为，应当依法查处，并及时将有关情况书面通报同级质量监督部门、工商行政管理部门；质量监督部门、工商行政管理部门应当对生产者、销售者依法及时查处。

第三十一条 质量监督部门、工商行政管理部门和公安机关消防机构应当按照有关规定，向社会公布消防产品质量监督检查情况、重大消防产品质量违法行为的行政处罚情况等信息。

第三十二条 任何单位和个人在接受质量监督部门、工商行政管理部门和公安机关消防机构依法开展的消防产品质量监督检查时，应当如实提供有关情况和资料。

任何单位和个人不得擅自转移、变卖、隐匿或者损毁被采取强制措施的物品，不得拒绝依法进行的监督检查。

第五章 法律责任

第三十三条 生产、销售不合格的消防产品或者国家明令淘汰的消防产品的，由质量监督部门或者工商行政管理部门依照《中华人民共和国产品质量法》的规定从重处罚。

第三十四条 有下列情形之一的，由公安机关消防机构责令改正，依照《中华人民共和国消防法》第五十九条处罚：

（一）建设单位要求建设工程施工企业使用不符合市场准入的消防产品、不合格的消防产品或者国家明令淘汰的消防产品的；

（二）建设工程设计单位选用不符合市场准入的消防产品，或者国家明令淘汰的消防产品进行消防设计的；

（三）建设工程施工企业安装不符合市场准入的消防产品、不合格的消防产品或者国家明令淘汰的消防产品的；

（四）工程监理单位与建设单位或者建设工程施工企业串通，弄虚作假，安装、使用不符合市场准入的消防产品、不合格的消防产品或者国家明令淘汰的消防产品的。

第三十五条 消防产品技术鉴定机构出具虚假文件的，由公安机关消防机构责令改正，依照《中华人民共和国消防法》第六十九条处罚。

第三十六条　人员密集场所使用不符合市场准入的消防产品的，由公安机关消防机构责令限期改正；逾期不改正的，依照《中华人民共和国消防法》第六十五条第二款处罚。

非人员密集场所使用不符合市场准入的消防产品、不合格的消防产品或者国家明令淘汰的消防产品的，由公安机关消防机构责令限期改正；逾期不改正的，对非经营性场所处五百元以上一千元以下罚款，对经营性场所处五千元以上一万元以下罚款，并对直接负责的主管人员和其他直接责任人员处五百元以下罚款。

第三十七条　公安机关消防机构及其工作人员进行消防产品监督执法，应当严格遵守廉政规定，坚持公正、文明执法，自觉接受单位和公民的监督。

公安机关及其工作人员不得指定消防产品的品牌、销售单位，不得参与或者干预建设工程消防产品的招投标活动，不得接受被检查单位、个人的财物或者其他不正当利益。

第三十八条　质量监督部门、工商行政管理部门、公安机关消防机构工作人员在消防产品监督管理中滥用职权、玩忽职守、徇私舞弊的，依法给予处分。

第三十九条　违反本规定，构成犯罪的，依法追究刑事责任。

第六章　附　　则

第四十条　消防产品目录由公安部消防局制定并公布。

第四十一条　消防产品进出口检验监管，由出入境检验检疫部门按照有关规定执行。

消防产品属于《中华人民共和国特种设备安全监察条例》规定的特种设备的，还应当遵守特种设备安全监察有关规定。

第四十二条　本规定中的"三日"、"五日"是指工作日，不含法定节假日。

第四十三条 公安机关消防机构执行本规定所需要的法律文书式样，由公安部制定。

第四十四条 本规定自 2013 年 1 月 1 日起施行。

社会消防技术服务管理规定

（2021 年 9 月 13 日应急管理部令第 7 号公布　自 2021 年 11 月 9 日起施行）

第一章　总　　则

第一条 为规范社会消防技术服务活动，维护消防技术服务市场秩序，促进提高消防技术服务质量，根据《中华人民共和国消防法》，制定本规定。

第二条 在中华人民共和国境内从事社会消防技术服务活动、对消防技术服务机构实施监督管理，适用本规定。

本规定所称消防技术服务机构是指从事消防设施维护保养检测、消防安全评估等社会消防技术服务活动的企业。

第三条 消防技术服务机构及其从业人员开展社会消防技术服务活动应当遵循客观独立、合法公正、诚实信用的原则。

本规定所称消防技术服务从业人员，是指依法取得注册消防工程师资格并在消防技术服务机构中执业的专业技术人员，以及按照有关规定取得相应消防行业特有工种职业资格，在消防技术服务机构中从事社会消防技术服务活动的人员。

第四条 消防技术服务行业组织应当加强行业自律管理，规范从业行为，促进提升服务质量。

消防技术服务行业组织不得从事营利性社会消防技术服务活动，不得从事或者通过消防技术服务机构进行行业垄断。

第二章 从业条件

第五条 从事消防设施维护保养检测的消防技术服务机构,应当具备下列条件:

(一)取得企业法人资格;

(二)工作场所建筑面积不少于200平方米;

(三)消防技术服务基础设备和消防设施维护保养检测设备配备符合有关规定要求;

(四)注册消防工程师不少于2人,其中一级注册消防工程师不少于1人;

(五)取得消防设施操作员国家职业资格证书的人员不少于6人,其中中级技能等级以上的不少于2人;

(六)健全的质量管理体系。

第六条 从事消防安全评估的消防技术服务机构,应当具备下列条件:

(一)取得企业法人资格;

(二)工作场所建筑面积不少于100平方米;

(三)消防技术服务基础设备和消防安全评估设备配备符合有关规定要求;

(四)注册消防工程师不少于2人,其中一级注册消防工程师不少于1人;

(五)健全的消防安全评估过程控制体系。

第七条 同时从事消防设施维护保养检测、消防安全评估的消防技术服务机构,应当具备下列条件:

(一)取得企业法人资格;

(二)工作场所建筑面积不少于200平方米;

(三)消防技术服务基础设备和消防设施维护保养检测、消防安全评估设备配备符合规定的要求;

（四）注册消防工程师不少于2人，其中一级注册消防工程师不少于1人；

（五）取得消防设施操作员国家职业资格证书的人员不少于6人，其中中级技能等级以上的不少于2人；

（六）健全的质量管理和消防安全评估过程控制体系。

第八条 消防技术服务机构可以在全国范围内从业。

第三章 社会消防技术服务活动

第九条 消防技术服务机构及其从业人员应当依照法律法规、技术标准和从业准则，开展下列社会消防技术服务活动，并对服务质量负责：

（一）消防设施维护保养检测机构可以从事建筑消防设施维护保养、检测活动；

（二）消防安全评估机构可以从事区域消防安全评估、社会单位消防安全评估、大型活动消防安全评估等活动，以及消防法律法规、消防技术标准、火灾隐患整改、消防安全管理、消防宣传教育等方面的咨询活动。

消防技术服务机构出具的结论文件，可以作为消防救援机构实施消防监督管理和单位（场所）开展消防安全管理的依据。

第十条 消防设施维护保养检测机构应当按照国家标准、行业标准规定的工艺、流程开展维护保养检测，保证经维护保养的建筑消防设施符合国家标准、行业标准。

第十一条 消防技术服务机构应当依法与从业人员签订劳动合同，加强对所属从业人员的管理。注册消防工程师不得同时在两个以上社会组织执业。

第十二条 消防技术服务机构应当设立技术负责人，对本机构的消防技术服务实施质量监督管理，对出具的书面结论文件进行技术审核。技术负责人应当具备一级注册消防工程师资格。

第十三条 消防技术服务机构承接业务，应当与委托人签订消防技术服务合同，并明确项目负责人。项目负责人应当具备相应的注册消防工程师资格。

消防技术服务机构不得转包、分包消防技术服务项目。

第十四条 消防技术服务机构出具的书面结论文件应当由技术负责人、项目负责人签名并加盖执业印章，同时加盖消防技术服务机构印章。

消防设施维护保养检测机构对建筑消防设施进行维护保养后，应当制作包含消防技术服务机构名称及项目负责人、维护保养日期等信息的标识，在消防设施所在建筑的醒目位置上予以公示。

第十五条 消防技术服务机构应当对服务情况作出客观、真实、完整的记录，按消防技术服务项目建立消防技术服务档案。

消防技术服务档案保管期限为6年。

第十六条 消防技术服务机构应当在其经营场所的醒目位置公示营业执照、工作程序、收费标准、从业守则、注册消防工程师注册证书、投诉电话等事项。

第十七条 消防技术服务机构收费应当遵守价格管理法律法规的规定。

第十八条 消防技术服务机构在从事社会消防技术服务活动中，不得有下列行为：

（一）不具备从业条件，从事社会消防技术服务活动；

（二）出具虚假、失实文件；

（三）消防设施维护保养检测机构的项目负责人或者消防设施操作员未到现场实地开展工作；

（四）泄露委托人商业秘密；

（五）指派无相应资格从业人员从事社会消防技术服务活动；

（六）冒用其他消防技术服务机构名义从事社会消防技术服务活动；

（七）法律、法规、规章禁止的其他行为。

第四章 监督管理

第十九条 县级以上人民政府消防救援机构依照有关法律、法规和本规定,对本行政区域内的社会消防技术服务活动实施监督管理。

消防技术服务机构及其从业人员对消防救援机构依法进行的监督管理应当协助和配合,不得拒绝或者阻挠。

第二十条 应急管理部消防救援局应当建立和完善全国统一的社会消防技术服务信息系统,公布消防技术服务机构及其从业人员的有关信息,发布从业、诚信和监督管理信息,并为社会提供有关信息查询服务。

第二十一条 县级以上人民政府消防救援机构对社会消防技术服务活动开展监督检查的形式有:

(一)结合日常消防监督检查工作,对消防技术服务质量实施监督抽查;

(二)根据需要实施专项检查;

(三)发生火灾事故后实施倒查;

(四)对举报投诉和交办移送的消防技术服务机构及其从业人员的违法从业行为进行核查。

开展社会消防技术服务活动监督检查可以根据实际需要,通过网上核查、服务单位实地核查、机构办公场所现场检查等方式实施。

第二十二条 消防救援机构在对单位(场所)实施日常消防监督检查时,可以对为该单位(场所)提供服务的消防技术服务机构的服务质量实施监督抽查。抽查内容为:

(一)是否冒用其他消防技术服务机构名义从事社会消防技术服务活动;

(二)从事相关社会消防技术服务活动的人员是否具有相应资格;

（三）是否按照国家标准、行业标准维护保养、检测建筑消防设施，经维护保养的建筑消防设施是否符合国家标准、行业标准；

（四）消防设施维护保养检测机构的项目负责人或者消防设施操作员是否到现场实地开展工作；

（五）是否出具虚假、失实文件；

（六）出具的书面结论文件是否由技术负责人、项目负责人签名、盖章，并加盖消防技术服务机构印章；

（七）是否与委托人签订消防技术服务合同；

（八）是否在经其维护保养的消防设施所在建筑的醒目位置公示消防技术服务信息。

第二十三条　消防救援机构根据消防监督管理需要，可以对辖区内从业的消防技术服务机构进行专项检查。专项检查应当随机抽取检查对象，随机选派检查人员，检查情况及查处结果及时向社会公开。专项检查可以抽查下列内容：

（一）是否具备从业条件；

（二）所属注册消防工程师是否同时在两个以上社会组织执业；

（三）从事相关社会消防技术服务活动的人员是否具有相应资格；

（四）是否转包、分包消防技术服务项目；

（五）是否出具虚假、失实文件；

（六）是否设立技术负责人、明确项目负责人，出具的书面结论文件是否由技术负责人、项目负责人签名、盖章，并加盖消防技术服务机构印章；

（七）是否与委托人签订消防技术服务合同；

（八）是否在经营场所公示营业执照、工作程序、收费标准、从业守则、注册消防工程师注册证书、投诉电话等事项；

（九）是否建立和保管消防技术服务档案。

第二十四条　发生有人员死亡或者造成重大社会影响的火灾，消防救援机构开展火灾事故调查时，应当对为起火单位（场所）提供服务的消防技术服务机构实施倒查。

消防救援机构组织调查其他火灾,可以根据需要对为起火单位(场所)提供服务的消防技术服务机构实施倒查。

倒查按照本规定第二十二条、第二十三条的抽查内容实施。

第二十五条 消防救援机构及其工作人员不得设立消防技术服务机构,不得参与消防技术服务机构的经营活动,不得指定或者变相指定消防技术服务机构,不得利用职务接受有关单位或者个人财物,不得滥用行政权力排除、限制竞争。

第五章 法律责任

第二十六条 消防技术服务机构违反本规定,冒用其他消防技术服务机构名义从事社会消防技术服务活动的,责令改正,处2万元以上3万元以下罚款。

第二十七条 消防技术服务机构违反本规定,有下列情形之一的,责令改正,处1万元以上2万元以下罚款:

(一)所属注册消防工程师同时在两个以上社会组织执业的;

(二)指派无相应资格从业人员从事社会消防技术服务活动的;

(三)转包、分包消防技术服务项目的。

对有前款第一项行为的注册消防工程师,处5000元以上1万元以下罚款。

第二十八条 消防技术服务机构违反本规定,有下列情形之一的,责令改正,处1万元以下罚款:

(一)未设立技术负责人、未明确项目负责人的;

(二)出具的书面结论文件未经技术负责人、项目负责人签名、盖章,或者未加盖消防技术服务机构印章的;

(三)承接业务未依法与委托人签订消防技术服务合同的;

(四)消防设施维护保养检测机构的项目负责人或者消防设施操作员未到现场实地开展工作的;

（五）未建立或者保管消防技术服务档案的；

（六）未公示营业执照、工作程序、收费标准、从业守则、注册消防工程师注册证书、投诉电话等事项的。

第二十九条 消防技术服务机构不具备从业条件从事社会消防技术服务活动或者出具虚假文件、失实文件的，或者不按照国家标准、行业标准开展社会消防技术服务活动的，由消防救援机构依照《中华人民共和国消防法》第六十九条的有关规定处罚。

第三十条 消防设施维护保养检测机构未按照本规定要求在经其维护保养的消防设施所在建筑的醒目位置上公示消防技术服务信息的，责令改正，处5000元以下罚款。

第三十一条 消防救援机构对消防技术服务机构及其从业人员实施积分信用管理，具体办法由应急管理部消防救援局制定。

第三十二条 消防技术服务机构有违反本规定的行为，给他人造成损失的，依法承担赔偿责任；经维护保养的建筑消防设施不能正常运行，发生火灾时未发挥应有作用，导致伤亡、损失扩大的，从重处罚；构成犯罪的，依法追究刑事责任。

第三十三条 本规定中的行政处罚由违法行为地设区的市级、县级人民政府消防救援机构决定。

第三十四条 消防技术服务机构及其从业人员对消防救援机构在消防技术服务监督管理中作出的具体行政行为不服的，可以依法申请行政复议或者提起行政诉讼。

第三十五条 消防救援机构的工作人员设立消防技术服务机构，或者参与消防技术服务机构的经营活动，或者指定、变相指定消防技术服务机构，或者利用职务接受有关单位、个人财物，或者滥用行政权力排除、限制竞争，或者有其他滥用职权、玩忽职守、徇私舞弊的行为，依照有关规定给予处分；构成犯罪的，依法追究刑事责任。

第六章 附 则

第三十六条 保修期内的建筑消防设施由施工单位进行维护保养的，不适用本规定。

第三十七条 本规定所称虚假文件，是指消防技术服务机构未提供服务或者以篡改结果方式出具的消防技术文件，或者出具的与当时实际情况严重不符、结论定性严重偏离客观实际的消防技术文件。

本规定所称失实文件，是指消防技术服务机构出具的与当时实际情况部分不符、结论定性部分偏离客观实际的消防技术文件。

第三十八条 本规定中的"以上"、"以下"均含本数。

第三十九条 执行本规定所需要的文书式样，以及消防技术服务机构应当配备的仪器、设备、设施目录，由应急管理部制定。

第四十条 本规定自 2021 年 11 月 9 日起施行。

消防救援机构办理行政案件程序规定

（2021 年 10 月 15 日 应急〔2021〕77 号）

第一章 总 则

第一条 为了规范消防救援机构办理行政案件程序，保障消防救援机构在办理行政案件中正确履行职责，促进严格规范公正文明执法，保护公民、法人或者其他组织的合法权益，根据《中华人民共和国行政处罚法》《中华人民共和国行政强制法》《中华人民共和国消防法》等法律法规，结合消防执法工作实际，制定本规定。

第二条 本规定所称行政案件，是指消防救援机构依照法律、法规、规章的规定对消防安全违法行为实施行政处罚以及行政强制执行的案件。

消防行政许可、消防监督检查、消防产品监督检查、行政强制措施、火灾事故调查中有关管辖、回避、期间、送达、调查取证等一般性程序参照本规定执行。法律、法规、规章另有规定的，从其规定。

第三条 本规定所称执法人员是指具有消防行政执法资格的消防救援机构在编在职工作人员。

第四条 办理行政案件应当以事实为依据，遵循合法、公正、公开、及时的原则，尊重和保障人权，保护公民的人格尊严。

第五条 办理行政案件应当坚持处罚与教育相结合，教育公民、法人或者其他组织自觉守法。

办理行政案件，在少数民族聚居或者多民族共同居住的地区，应当使用当地通用的语言进行询问。对不通晓当地通用语言文字的当事人，应当为其提供翻译。

第六条 消防救援机构及其执法人员对办理行政案件过程中知悉的国家秘密、商业秘密或者个人隐私，应当依法予以保密。

第七条 本规定所称的行政处罚种类包括：

（一）警告；

（二）罚款；

（三）没收违法所得；

（四）责令停产停业、责令停止使用；

（五）责令停止执业、吊销资格；

（六）法律、行政法规规定的其他行政处罚。

第八条 消防救援机构执法人员在办案中玩忽职守、徇私舞弊、滥用职权、索取或者收受他人财物的，依法给予处分；构成犯罪的，依法追究刑事责任。

第九条 消防救援机构依照法律、法规、规章在法定权限内书面委托实施行政处罚的组织在办理行政案件时，适用本规定。

法律、法规授权的履行消防监督管理职能的组织，以及按照国家综合行政执法制度相对集中行使包括消防在内的行政处罚权的组织，在办理行政案件时，可以参照本规定。

第十条 消防救援机构在实施行政处罚、行政强制时，执法人员不得少于两人。法律另有规定的除外。

第十一条 执法人员在调查或者进行检查时，应当主动向当事人或者有关人员出示执法证件。

第十二条 消防救援机构在办理行政案件时，应当按照规定执行行政执法公示、执法全过程记录、重大执法决定法制审核制度。

公开的行政处罚决定被依法变更、撤销、确认违法或者确认无效的，应当在三日内撤回行政处罚决定信息并公开说明理由。

第十三条 消防救援机构应当加强执法信息化建设，提高执法效率和规范化水平。

第二章 一般规定

第一节 管 辖

第十四条 行政案件由违法行为发生地的消防救援机构管辖。违法行为有连续、持续或者继续状态的，违法行为连续、持续或者继续实施的地方都属于违法行为发生地。

第十五条 行政案件由直辖市、市（地区、州、盟）、县（市辖区、县级市、旗）消防救援机构按照法律、行政法规、部门规章规定和管辖分工办理。

第十六条 两个以上消防救援机构都有权管辖的行政案件，由最先立案的消防救援机构管辖。必要时，可以由主要违法行为发生地消防救援机构管辖。

第十七条 对管辖发生争议的，应当协商解决，协商不成的，报请共同的上一级消防救援机构指定管辖；也可以直接由共同的上一级消防救援机构指定管辖。

对于重大、复杂的案件，上级消防救援机构可以直接办理或者指定管辖。

上级消防救援机构直接办理或者指定管辖的，应当通知被指定管辖的消防救援机构和其他有关的消防救援机构。

原办理案件的消防救援机构自收到上级消防救援机构通知之日起不再行使管辖权，并在二日内将案卷材料移送直接办理的上级消防救援机构或者被指定管辖的消防救援机构，及时通知当事人。

第二节 回 避

第十八条 消防救援机构负责人、执法人员有下列情形之一的，应当主动提出回避申请，当事人及其法定代理人有权对其提出回避申请：

（一）是本案当事人近亲属的；
（二）本人或者其近亲属与本案有直接利害关系的；
（三）与本案有其他关系，可能影响案件公正处理的。

第十九条 执法人员的回避，由其所属的消防救援机构负责人决定；消防救援机构负责人的回避，由上一级消防救援机构负责人决定。

第二十条 当事人及其法定代理人要求消防救援机构负责人、执法人员回避的，应当以书面或者口头形式提出申请，并说明理由；口头提出申请的，消防救援机构应当记录在案。

消防救援机构应当在收到申请之日起二日内作出决定并通知申请人。

第二十一条 消防救援机构负责人、执法人员具有应当回避的情形，本人没有申请回避，当事人及其法定代理人也没有申请其回避的，有权决定其回避的消防救援机构可以指令其回避。

第二十二条 在行政案件调查过程中，鉴定人、翻译人员需要回避的，适用本章的规定。

鉴定人、翻译人员的回避，由指派或者聘请的消防救援机构决定。

第二十三条 在消防救援机构作出回避决定前，执法人员不得停止对行政案件的调查。

作出回避决定后，被决定回避的消防救援机构负责人、执法人员不得再参与该行政案件的调查、审核和审批工作。

第二十四条 被决定回避的消防救援机构负责人、执法人员、鉴定人和翻译人员，在回避决定作出前所进行的与案件有关的活动是否有效，由作出回避决定的消防救援机构根据是否影响案件依法公正处理等情况决定。

第三节 时效、期间和送达

第二十五条 违法行为在二年内未被发现的，不再给予行政处罚；涉及公民生命健康安全、金融安全且有危害后果的，上述期限延长至五年。法律另有规定的除外。

前款规定的期限，从违法行为发生之日起计算；违法行为有连续或者继续状态的，从行为终了之日起计算。

第二十六条 期间以时、日、月、年计算，期间开始之时或者日不计算在内。法律文书送达的期间不包括在途时间。期间的最后一日是节假日的，以节假日后的第一日为期满日期。

第二十七条 消防救援机构依照简易程序作出当场行政处罚决定的，应当将决定书当场交付当事人，并由当事人在决定书上签名或者捺指印；当事人拒绝签收的，由执法人员在行政处罚决定书上注明。

除简易程序外的其他行政处罚决定，应当在作出决定的七日内将决定书送达当事人。

强制执行决定，应当自决定之日起三日内送达当事人。

法律、法规、规章对法律文书送达期间有专门规定的，按照有关规定执行。

第二十八条　送达法律文书应当首先采取直接送达方式，当场交付受送达人，由受送达人在附卷的法律文书或者送达回证上注明收到日期，并签名、捺指印或者盖章，受送达人的签收日期为送达日期。

受送达人是公民且本人不在场的，交其同住并具有行为能力的成年家属签收；受送达人是法人或者其他组织的，应当由法人的法定代表人、该组织的主要负责人或者办公室、收发室、值班室等负责收件的人员签收或者盖章；当事人指定代收人的，交代收人签收。

受送达人的同住成年家属，法人或者其他组织负责收件的人员或者代收人在附卷法律文书上签收的日期为送达日期。

第二十九条　受送达人拒绝接收的，消防救援机构可以邀请受送达人住所地的居民委员会、村民委员会等基层组织的工作人员或者受送达人所在单位的工作人员作见证人，说明情况，在送达回证上注明拒收事由和日期，由执法人员、见证人签名或者盖章，将法律文书留在受送达人的住所；也可以把法律文书留在受送达人的住所，并采取拍照、录像等方式记录送达过程，即视为送达。

第三十条　直接送达有困难的，消防救援机构可以邮寄送达或者委托其他消防救援机构代为送达。

邮寄送达的，以回执上注明的收件日期为送达日期。法律文书在期满前交邮的，不算过期。

委托送达的，受委托的消防救援机构按照直接送达或者留置送达方式送达法律文书，并及时将送达回证交回委托的消防救援机构。

第三十一条　经受送达人同意，消防救援机构可以采用传真、电子邮件、移动通信、互联网通讯工具等能够确认其即时收悉的特定系统，电子送达法律文书，但法律法规规定不能电子送达的除外。受送达人同意采用电子送达的，应当在电子送达地址确认书中予以确认。

采取电子送达方式送达的，以系统显示发送成功的日期为送达日期，但受送达人证明到达其确认的特定系统的日期与消防救援机构系统显示发送成功的日期不一致的，以受送达人证明到达其特定系统的日期为准。

第三十二条　受送达人下落不明或者用上述方式无法送达的，消防救援机构采取公告方式送达，说明公告送达的原因，并在案卷中记明原因和经过。公告送达的范围和方式应当便于公民知晓，可以在受送达人住所地张贴公告，也可以在报纸、消防救援机构门户网站、信息网络等媒体上刊登公告，发出公告日期以最后张贴或者刊登的日期为准，经过六十日公告期满，即视为送达。在受送达人住所地张贴公告的，应当采取拍照、录像等方式记录张贴过程。

法律、法规、规章对公告送达的期限有专门规定的，按照有关规定执行。

第三章　调查取证

第一节　基本要求

第三十三条　消防救援机构办理行政案件进行调查时，应当全面、客观、公正地收集、调取证据材料，并依法予以审查、核实。

第三十四条　需要调查的案件事实包括：

（一）当事人的基本情况；

（二）违法行为是否存在；

（三）违法行为是否为当事人实施；

（四）实施违法行为的时间、地点、手段、后果以及其他情节；

（五）当事人有无法定从重、从轻、减轻以及不予行政处罚的情形；

（六）与案件有关的其他事实。

第三十五条　需要向有关单位和个人调取证据的，经消防救援机构负责人批准，开具调取证据通知书，明确调取的证据和提供时限，并依法制作清单。

被调取人应当在通知书上盖章或者签名（捺指印），被调取人拒绝的，消防救援机构应当注明。必要时，消防救援机构应当采用录音、录像等方式固定证据内容及取证过程。

第三十六条 可以用于证明案件事实的材料，都是证据。消防救援机构办理行政案件的证据包括：

（一）书证；

（二）物证；

（三）视听资料；

（四）电子数据；

（五）证人证言；

（六）当事人陈述和申辩；

（七）鉴定意见；

（八）勘验笔录、检查笔录、现场笔录。

证据必须经查证属实，方可作为认定案件事实的根据。

第三十七条 书证应当符合下列要求：

（一）书证应当为原件。收集原件确有困难的，可以收集与原件核对无误的复制件、影印件或者抄录件；

（二）证明同一内容的多页书证的复制件、影印件、抄录件，应当由持有人加盖骑缝章或者逐页签名或者捺指印，并注明总页数；

（三）取得书证原件的节录本的，应当保持文件内容的完整性，注明出处和节录地点、日期，并有节录人的签名或者捺指印；

（四）书证的复制件、影印件或者抄录件，应当注明出具时间、证据来源，经核对无异后标明"经核对与原件一致"，并由被调查对象或者证据提供人签名、捺指印或者盖章；

（五）有关部门出具的证明材料作为证据的，证明材料上应当加盖出具部门的印章并注明日期；

（六）当事人或者证据提供人拒绝在证据复制件、各式笔录及其他需要其确认的证据材料上签名或者盖章的，应当采用拍照、录像等方式记录，在相关证据材料上注明拒绝情况和日期，由执法人员签名或者盖章。

书证有更改不能作出合理解释的,或者书证的副本、复制件不能反映书证原件及其内容的,不能作为证据使用。

其他部门收集并移交消防救援机构的证人证言、当事人陈述和申辩等言词证据,按照书证的有关要求执行。

第三十八条 物证应当符合下列要求:

(一)物证应当为原物。在原物不便搬运、不易保存或者依法应当由有关部门保管、处理或者依法应当返还时,可以拍摄或者制作足以反映原物外形或者内容的照片、录像,经与原物核实无误或者经鉴定证明为真实的,可以作为证据使用;

(二)原物为数量较多的种类物,可以收集其中的一部分,也可以采用拍照、抽样等方式收集。拍照取证的,应当对物证的现场方位、全貌以及重点部位特征等进行拍照或者录像;抽样取证的,应当通知当事人到场,当事人拒不到场或者暂时难以确定当事人的,可以由在场的无利害关系人见证;

(三)收集物证,应当载明获取该物证的时间、原物存放地点、发现地点等要素,并对现场尽可能以拍照、录像等方式予以同步记录;

(四)拍摄物证的照片或者录像应当存入案卷。

第三十九条 视听资料应当符合下列要求:

(一)应为视听资料的原始载体;

(二)注明制作的时间和方法、制作人、证明对象等;

(三)声音资料还应当附有该声音内容的文字记录。

收集视听资料原始载体确有困难的,可以收集与原件核对无误的复制件。视听资料的复制件,应当注明制作过程、制作时间等,并由执法人员、制作人、原件持有人签名或者盖章。持有人无法或者拒绝签名的,应当注明情况。

第四十条 电子数据应当符合下列要求:

(一)应为电子数据的原始载体;

（二）注明制作时间和方法、制作人、证明对象等；

（三）收集原始载体确有困难的，可以采用拷贝复制、打印、拍照、录像等方式提取或者固定电子数据。

提取电子数据应当制作笔录，载明有关原因、制作过程和方法、制作时间等情况，并附电子数据清单，由执法人员、制作人、电子数据持有人签名。持有人无法或者拒绝签名的，应当注明情况。

消防救援机构可以利用互联网信息系统或者电子技术设备收集、固定消防安全违法行为证据。用来收集、固定消防安全违法行为证据的互联网信息系统或者电子技术设备应当符合相关规定，保证所收集、固定电子数据的真实性、完整性。

第四十一条 证人证言应当符合下列要求：

（一）载明证人的姓名、年龄、性别、身份证件种类及号码、职业、住址等基本情况；

（二）证人应当逐页签名或者捺指印；

（三）注明出具日期；

（四）附有居民身份证复印件等证明证人身份的文件。

证人口头陈述的，执法人员应当制作询问笔录。

第四十二条 当事人陈述和申辩应当符合下列要求：

（一）口头主张的，执法人员应当在询问笔录或者行政处罚告知笔录中记录；

（二）自行提供书面材料的，当事人应当在其提供书面材料的结尾处签名、捺指印或者盖章，对打印的书面材料应当逐页签名、捺指印或者盖章，并附有居民身份证复印件等证明当事人身份的文件；执法人员收到书面材料后，应当在首页写明收到日期，并签名。

第四十三条 鉴定意见应当符合下列要求：

（一）载明委托人和委托鉴定的事项，提交鉴定的相关材料；

（二）载明鉴定的依据和使用的科学技术手段，结论性意见；

（三）有鉴定人的签名，鉴定机构的盖章，载明鉴定时间；

（四）通过分析获得的鉴定意见，应当说明分析过程；

（五）附鉴定机构和鉴定人的资质证明或者其他证明文件。

多人参加鉴定，对鉴定意见有不同意见的，应当注明。

第四十四条　勘验笔录应当符合下列要求：

（一）载明勘验时间，现场地点，勘验人员，气象条件，现场保护情况等；

（二）客观记录现场方位、建筑结构和周围环境，现场勘验情况，有关的痕迹和物品的情况，尸体的位置、特征和数量等；

（三）载明提取痕迹、物品情况，制图和照相的情况；

（四）由勘验人员、当事人或者见证人签名。当事人、见证人拒绝签名或者无法签名的，应当在现场勘验笔录上注明。现场图应当由制图人、审核人签名。

第四十五条　检查笔录应当符合下列要求：

（一）载明检查的时间、地点；

（二）客观记录检查情况；

（三）由执法人员、当事人或者见证人签名。当事人拒绝或者不能签名的，应当在笔录中注明原因。

检查中提取物证、书证的，应当在检查笔录中反映其名称、特征、数量、来源及处理情况，并依法制作清单。

进行多次检查的，应当在制作首次检查笔录后，逐次制作补充检查笔录。

第四十六条　现场笔录应当符合下列要求：

（一）载明事件发生的时间和地点，执法人员、当事人或者见证人的基本情况；

（二）客观记录执法人员现场工作的事由和目的、过程和结果等情况；

（三）由执法人员、当事人或者见证人签名。当事人拒绝或者不能签名的，应当在笔录中注明原因。

实施行政强制措施时制作现场笔录的，还应当记录执法人员告知当事人采取行政强制措施的理由、依据以及当事人依法享有的权利、救济途径,并听取其陈述和申辩的情况。

第四十七条 立案前核查或者监督检查过程中依法取得的证据材料,可以作为案件的证据。

对于移送的案件,移送机关依职权调查收集的证据材料,可以作为案件的证据。

第二节 询 问

第四十八条 执法人员在调查时,可以询问当事人及其他有关人员。执法人员不得少于两人,并应当向当事人或者有关人员出示执法证件。询问应当个别进行,并制作笔录。

第四十九条 询问当事人,可以在现场、到其住所或者单位进行,也可以书面、电话或者当场通知其到消防救援机构或者其他指定地点进行。当事人是单位的,应当依法对其直接负责的主管人员和其他直接责任人员进行询问。

询问其他人员,可以在现场进行,也可以到其单位、学校、住所、居住地居(村)民委员会或者其提出的地点进行。必要时,也可以书面、电话或者当场通知其到消防救援机构提供证言。

第五十条 首次询问时,应当问明被询问人的姓名、出生日期、户籍所在地、现住址、身份证件种类及号码,对违法嫌疑人还应当询问是否受过消防行政处罚;必要时,还可以载明其家庭主要成员、工作单位、文化程度、民族等情况。

被询问人为外国人的,首次询问时还应当问明其国籍、出入境证件种类及号码、签证种类等情况;必要时,还可以载明其在华关系人、入境时间、入境事由等情况。

第五十一条 询问时,应当采取制作权利义务告知书方式或者直接在询问笔录中以问答的方式,告知被询问人必须如实提供证据、证言和故意作伪证或者隐匿证据应负的法律责任,对与本案无关的问题有拒绝回答的权利。

询问当事人时,应当听取当事人的陈述和申辩。对当事人的陈述和申辩，应当核查。

被询问人请求自行提供书面材料的，应当准许。必要时，执法人员可以要求当事人和其他有关人员自行书写。

第五十二条 询问未成年人时，应当通知其父母或者其他监护人到场，其父母或者其他监护人不能到场的，也可以通知未成年人的其他成年亲属，所在学校、单位、居住地基层组织或者未成年人保护组织的代表到场，并将有关情况记录在案。确实无法通知或者通知后未到场的，应当在询问笔录中注明。

第五十三条 询问聋哑人时，应当有通晓手语的人提供帮助，并在询问笔录中注明被询问人的聋哑情况以及翻译人员的姓名、住址、工作单位和联系方式。

对不通晓当地通用的语言文字的被询问人，应当为其配备翻译人员，并在询问笔录中注明翻译人员的姓名、住址、工作单位和联系方式。

询问精神病人、智力残疾人或者有其他交流障碍的人员时，应当在被询问人的成年亲属或者监护人见证下进行询问，并在询问笔录中注明。

第五十四条 询问笔录应当如实地记录询问过程和询问内容，对询问人提出的问题，被询问人拒绝回答的，应当注明。

询问笔录应当交被询问人核对，对阅读有困难的，应当向其宣读。记录有误或者遗漏的，应当允许被询问人更正或者补充，修改和补充部分应当由被询问人捺指印。

被询问人确认执法人员制作的笔录无误的，应当在询问笔录上逐页签名或者捺指印。被询问人确认自行书写的笔录无误的，应当在结尾处签名或者捺指印。拒绝签名或者捺指印的，执法人员应当在询问笔录中注明。

执法人员应当在询问笔录上签名，翻译人员应当在询问笔录的结尾处签名。

第三节　抽样取证

第五十五条　执法人员实施抽样取证时，应符合以下要求：

（一）采用随机的方式，抽取样品的数量以能够认定本品的品质特征为限；

（二）有被抽样物品的持有人或者见证人在场，并查点清楚，制作抽样单；

（三）对抽样取证的现场、被抽样物品及被抽取的样品进行拍照或者对抽样过程进行录像。

第五十六条　消防救援机构对抽取的样品，应当及时进行检验。检验结果应当及时告知当事人。

对抽样取证检验结果有异议的，可以按照有关规定进行复检。

对抽取的样品，经检验不属于证据的，应当及时返还；样品因检验造成破坏或者损耗而无法退还的，应当向被检查人说明情况。

第四节　先行登记保存

第五十七条　证据可能灭失或者以后难以取得的，经消防救援机构负责人批准，可以依法先行登记保存。

第五十八条　先行登记保存有关证据，应当当场清点，制作先行登记保存清单，由当事人和执法人员签名或者盖章，当场交当事人一份，并当场交付先行登记保存决定书。必要时，应当对采取证据保全措施的证据进行拍照或者对采取证据保全的过程进行录像。

先行登记保存期间，当事人或者有关人员不得损坏、销毁或者转移证据。

第五十九条　对先行登记保存的证据，消防救援机构应当于先行登记保存之日起七日内采取以下措施：

（一）及时采取记录、复制、拍照、录像等证据保全措施；

（二）需要鉴定、检验的，及时送交有关部门鉴定、检验；

（三）不再需要采取登记保存措施的，通知当事人解除先行登记保存措施。

逾期未作出处理决定的，视为先行登记保存措施自动解除。

第五节 勘验、检查

第六十条 对于火灾现场和其他场所进行勘验，应当提取与案件有关的证据材料，确定调查方向和范围。

现场勘验参照火灾事故调查现场勘验的有关规定执行。

第六十一条 消防救援机构在办理行政案件过程中，为了查清违法事实，固定和补充证据，可以对与违法行为有关的场所、物品进行检查，并制作检查笔录。

消防救援机构依法开展的消防监督检查，依照法律、法规、规章的规定执行。

第六十二条 检查场所或者物品时，应当避免对被检查物品造成不必要的损坏。

检查时，应当有当事人或者其他见证人在场。

第六十三条 检查笔录由执法人员、当事人或者见证人签名；当事人不在场或者拒绝签名的，执法人员应当在检查笔录中注明。

进行多次检查的，应当在首次制作检查笔录后，逐次补充制作检查笔录。

检查时的全程录音录像可以替代检查笔录，但应当对视听资料的关键内容和相应时间段等作文字说明。

第六节 鉴　　定

第六十四条 为了查明案情，需要对执法中专门性技术问题进行鉴定的，应当委托具有法定鉴定资格的机构或者指派、聘请具有专门知识的人员进行鉴定。

没有法定鉴定机构的，可以委托其他具备鉴定条件的机构进行鉴定。

需要聘请消防救援机构以外的人进行鉴定的，应当制作鉴定聘请书。

第六十五条 消防救援机构应当为鉴定提供必要的条件，及时送交有关检材和比对样本等原始材料，介绍与鉴定有关的情况，明确提出要求鉴定解决的问题。

禁止强迫或者暗示鉴定人作出某种鉴定意见。

第六十六条 消防救援机构认为必要时，可以决定重新鉴定。

同一行政案件的同一事项重新鉴定以一次为限。

第六十七条 存在下列情形之一的，应当进行重新鉴定：

（一）鉴定程序违法或者违反相关专业技术要求，可能影响鉴定意见正确性的；

（二）鉴定机构和鉴定人不具备相应资质和条件的；

（三）鉴定意见明显依据不足的；

（四）故意作虚假鉴定的；

（五）应当回避而没有回避的；

（六）检材虚假或者被损坏的；

（七）其他应当重新鉴定的。

重新鉴定的，消防救援机构应当另行委托鉴定机构或者指派、聘请鉴定人。

第七节　证据审查

第六十八条 消防救援机构应当对证据进行审查，进行全面、客观和公正的分析判断，审查证据的合法性、客观性、关联性，判断证据的证明力。

第六十九条 消防救援机构应当从以下方面审查证据的合法性：

（一）证据是否符合法定形式；

（二）证据的取得是否符合法律、法规、规章和司法解释的要求；

（三）影响证据合法性的其他因素。

第七十条 消防救援机构应当从以下方面审查证据的客观性：

（一）证据形成的原因和发现、收集证据时的客观环境；
（二）证据是否为原件，复制件与原件是否相符；
（三）提供证据的人或者证人与当事人是否具有利害关系；
（四）影响证据客观性的其他因素。

第七十一条 消防救援机构应当从以下方面审查证据的关联性：
（一）证据的证明对象是否与案件事实有内在联系，以及关联程度；
（二）证据证明的事实对案件主要情节和案件性质的影响程度；
（三）证据之间是否互相印证，形成证据链。

第七十二条 下列证据材料不能作为定案的根据：
（一）以非法手段取得的证据；
（二）被进行技术处理而无法辨明真伪的证据材料；
（三）不能正确表达意志的证人提供的证言；
（四）不具备合法性和真实性的其他证据材料。

第四章 简易程序和快速办理

第一节 简易程序

第七十三条 违法事实确凿并有法定依据，对公民处以二百元以下、对法人或者其他组织处以三千元以下罚款或者警告的行政处罚的，可以当场作出行政处罚决定。法律另有规定的，从其规定。

第七十四条 当场行政处罚，应当按照下列程序实施：
（一）向当事人出示执法证件；
（二）收集证据；
（三）口头告知当事人拟作出行政处罚决定内容及事实、理由和依据，并告知当事人依法享有的陈述权和申辩权；
（四）充分听取当事人的陈述和申辩。当事人提出的事实、理由或者证据成立的，应当采纳；

（五）填写预定格式、编有号码的当场行政处罚决定书并交付当事人。

前款规定的行政处罚决定书应当载明当事人的违法行为，行政处罚的种类和依据、罚款数额、时间、地点，申请行政复议、提起行政诉讼的途径和期限以及作出行政处罚决定的消防救援机构名称，并由执法人员签名或者盖章。

第七十五条　执法人员当场作出行政处罚决定的，应当在作出决定之日起二日内将行政处罚决定书报所属消防救援机构备案。

第二节　快速办理

第七十六条　对不适用简易程序，但事实清楚，当事人自愿认错认罚，且对违法事实和法律适用没有异议的行政处罚案件，消防救援机构可以通过简化取证方式和审核审批手续等措施快速办理。

第七十七条　行政处罚案件具有下列情形之一的，不适用快速办理：

（一）对个人处两千元以上罚款的，对单位处一万元以上罚款的；

（二）当事人系盲、聋、哑人，未成年人或者疑似精神病人、智力残疾人的；

（三）依法适用听证程序的；

（四）依法可能没收违法所得的；

（五）其他不宜快速办理的。

第七十八条　消防救援机构快速办理行政处罚案件，应当符合以下规定：

（一）通过快速办理案件权利义务告知书告知当事人快速办理的相关规定，征得其同意，并由其签名确认；

（二）当事人在自行书写材料或者询问笔录中承认违法事实、认错认罚，并有视音频记录、电子数据、消防监督检查记录等关键证据能够相互印证的，消防救援机构可以不再开展其他调查取证工作；

（三）行政处罚决定由执法人员提出处理意见，可以经法制审核后，报消防救援机构负责人审批；

（四）履行处罚前告知程序。可以采用口头方式，由执法人员在案卷材料中注明告知情况，并由当事人签名确认；

（五）制作处罚决定书并送达当事人。

第七十九条 对快速办理的行政处罚案件，消防救援机构可以根据当事人认错悔改、积极主动改正违法行为等情节，依法对当事人从轻、减轻处罚或者不予行政处罚。

第八十条 快速办理的行政处罚案件应当填写立案登记表，自立案之日起七日内作出处理决定。

第八十一条 消防救援机构快速办理行政处罚案件时，发现不适宜快速办理的，应当告知当事人。快速办理阶段依法收集的证据，可以作为定案的根据。

第五章 普通程序

第一节 立 案

第八十二条 消防救援机构在消防监督管理工作中，或者通过其他部门移送等途径，发现公民、法人或者其他组织有依法应当给予行政处罚的消防安全违法行为的，应当及时立案。

第八十三条 立案应当填写立案审批表，载明案件基本情况，由消防救援机构负责人批准。

第二节 处罚决定

第八十四条 适用普通程序办理的行政处罚案件，承办人在调查结束后，认为案件事实清楚，主要证据齐全的，应当提出处理意见，经法制审核后，报消防救援机构负责人审批，作出决定。

按照规定需要承办部门负责人审核的，应当在法制审核前完成。

第八十五条 法制审核后，法制部门或者法制员应当根据不同情况，分别作出以下处理：

（一）经审核合格的，提出审核意见，报消防救援机构负责人审批；

（二）事实不清、证据不足、文书不完备或者需要查清、补充有关事项的，提出工作建议或者意见，退回承办部门或者承办人补充办理；

（三）定性不准、处理意见不适当或者严重违反法定程序的，提出处理意见，退回承办部门或者承办人依法处理。

初次从事行政处罚决定法制审核的人员，应当通过国家统一法律职业资格考试取得法律职业资格。

第八十六条 对情节复杂或者给予较大数额罚款、责令停止使用、责令停产停业、责令停止执业、吊销资格、没收较大数额违法所得等行政处罚，消防救援机构负责人应当组织集体讨论决定。

第八十七条 消防救援机构在作出行政处罚决定之前，应当告知当事人拟作出的行政处罚内容及事实、理由、依据，并告知当事人依法享有的陈述、申辩、要求听证等权利。

第八十八条 当事人有权进行陈述和申辩。消防救援机构必须充分听取当事人的意见，对当事人提出的事实、理由和证据，应当进行复核；当事人提出的事实、理由或者证据成立的，消防救援机构应当采纳。

消防救援机构不得因当事人陈述、申辩而给予更重的处罚。

第八十九条 消防救援机构根据行政处罚案件的不同情况分别作出下列决定：

（一）确有应受行政处罚的违法行为的，根据情节轻重及具体情况，作出行政处罚决定；

（二）确有违法行为，但有依法不予行政处罚情形的，作出不予行政处罚决定；

（三）违法事实不能成立的，作出不予行政处罚决定；

（四）违法行为涉嫌构成犯罪的，移送司法机关。

第九十条　消防救援机构作出行政处罚决定，应当制作行政处罚决定书。行政处罚决定书应当载明下列事项：

（一）当事人的姓名或者名称、地址等基本情况；

（二）违反法律、法规、规章的事实和证据；

（三）行政处罚的种类和依据；

（四）行政处罚的履行方式和期限；

（五）申请行政复议或者提起行政诉讼的途径和期限；

（六）作出行政处罚决定的消防救援机构名称和作出决定的日期。

行政处罚决定书应当盖有作出行政处罚决定的消防救援机构的印章。

第九十一条　一个当事人有两种以上违法行为的，分别决定，合并执行，可以制作一份决定书，分别写明对每种违法行为的处理内容和合并执行的内容。

一个案件有多个违法行为人的，分别决定，可以制作一式多份决定书，写明给予每个人的处理决定，分别送达每一个违法行为人。

第九十二条　行政处罚案件应当自立案之日起六十日内作出行政处罚决定；案情复杂、期限届满不能终结的案件，经消防救援机构负责人同意，可以延长三十日。

办理其他行政案件，有法定办案期限的，按照相关法律法规办理。

为了查明案情进行鉴定、检验的期间，不计入办案期限。

第六章　听证程序

第九十三条　消防救援机构拟作出下列行政处罚决定，应当告知当事人有要求举行听证的权利：

（一）较大数额罚款；

（二）没收较大数额违法所得；
（三）责令停止执业、吊销资格；
（四）责令停止使用、停产停业；
（五）法律、法规、规章规定当事人可以要求举行听证的其他情形。

前款第一项所称"较大数额罚款"，是指对个人处以二千元以上罚款，对单位处以三万元以上罚款。对依照地方性法规或者地方政府规章作出的罚款处罚，适用听证的罚款数额按照地方规定执行。前款第二项所称的"较大数额违法所得"适用较大数额罚款的规定。

第九十四条 对适用听证程序的行政处罚案件，消防救援机构在提出处罚意见后，应当告知当事人拟作出的行政处罚和有要求举行听证的权利。

当事人要求听证的，应当在消防救援机构告知后五日内提出申请。逾期视为放弃要求听证的权利。

当事人明确放弃听证权利的，消防救援机构可以直接作出行政处罚或者不予行政处罚决定。当事人放弃听证权利应当在行政处罚告知笔录中载明，并且由当事人或者其代理人签字或者盖章确认。

第九十五条 消防救援机构对符合听证条件的，应当自收到听证申请之日起十日内举行。

第九十六条 消防救援机构应当在举行听证的七日前将举行听证通知书送达听证申请人，并将举行听证的时间、地点通知其他听证参加人。

第九十七条 听证申请人不能按期参加听证的，可以申请延期，是否准许，由听证主持人决定。

消防救援机构变更听证日期或者场所的，应当按照前条规定通知或者公告。

第九十八条 听证由消防救援机构法制部门组织实施。

未设置法制部门的，由非本案承办人员组织听证。必要时，可以由上级消防救援机构派员组织听证。

第九十九条 听证设听证主持人一名,负责组织听证;记录员一名,具体承担听证准备和制作听证笔录工作。必要时,可以设听证员一至二名,协助听证主持人进行听证。

听证主持人由消防救援机构负责人指定;记录员由听证主持人指定。

本案承办人员不得担任听证主持人、听证员或者记录员。

第一百条 听证主持人在听证活动中履行下列职责:

(一)决定举行听证的时间、地点;

(二)决定听证是否公开举行;

(三)要求听证参加人到场参加听证、提供或者补充证据;

(四)就案件的事实、理由、证据、程序、处罚依据等相关内容组织质证和辩论;

(五)决定听证的延期、中止或者终止;

(六)维持听证秩序,对违反听证会场纪律的,应当警告制止;对不听制止,干扰听证正常进行的旁听人员,责令其退场;

(七)听证员、记录员的回避;

(八)其他有关职责。

第一百零一条 听证参加人包括:

(一)当事人及其代理人;

(二)本案承办人员;

(三)证人、鉴定人;

(四)翻译人员;

(五)其他有关人员。

第一百零二条 当事人在听证活动中享有下列权利:

(一)申请回避;

(二)参加听证,也可以委托一至二人代理参加听证;

(三)进行陈述、申辩和质证;

(四)核对、补正听证笔录;

(五)依法享有的其他权利。

第一百零三条 与听证案件处理结果有直接利害关系的其他公民、法人或者其他组织,作为第三人申请参加听证的,应当允许。为查明案情,必要时,听证主持人可以通知其参加听证。

第一百零四条 除涉及国家秘密、商业秘密或者个人隐私依法予以保密外,听证应当公开举行。

第一百零五条 听证按照下列程序进行:

(一)宣布案由和听证纪律;核对听证参加人是否到场,并核实身份;宣布听证员、记录员和翻译人员名单,告知当事人有申请回避、申辩和质证的权利;对不公开听证的,宣布不公开听证的理由;

(二)承办人员提出当事人的违法事实、出示证据,说明拟作出的行政处罚的内容及法律依据;

(三)当事人或者其委托代理人对案件的事实、证据、适用的法律等进行陈述、申辩和质证,提交新的证据材料;第三人可以陈述事实,提供证据;

(四)听证主持人就案件的有关问题向当事人或者其委托代理人、承办人员、证人询问;

(五)承办人员、当事人或者其委托代理人进行辩论与质证;

(六)当事人或者其委托代理人、第三人和承办人员作最后陈述;

(七)听证主持人宣布听证结束。

第一百零六条 有下列情形之一,应当中止听证:

(一)需要通知新的证人到会、调取新的证据或者需要重新鉴定的;

(二)因回避致使听证不能继续进行的;

(三)当事人因不可抗力或者有其他正当理由暂时无法继续参加听证的;

(四)其他需要中止听证的。

中止听证,应当在听证笔录中写明情况,由听证主持人签名。中止听证的情形消除后,听证主持人应当及时恢复听证。

第一百零七条 有下列情形之一，应当终止听证：

（一）听证申请人撤回听证申请的；

（二）听证申请人及其代理人无正当理由拒不出席或者未经听证主持人允许，中途退出听证的；

（三）听证申请人死亡或者作为听证申请人的法人或者其他组织被撤销、解散的，没有权利、义务承受人的；

（四）听证过程中，听证申请人或者其代理人扰乱听证秩序，不听劝阻，致使听证无法正常进行的；

（五）其他需要终止听证的。

听证终止，应当在听证笔录中写明情况，由听证主持人签名。

第一百零八条 记录员应当将举行听证的情况记入听证笔录。听证笔录应当载明下列内容：

（一）案由；

（二）听证的时间、地点和方式；

（三）听证人员和听证参加人的身份情况；

（四）承办人员陈述的事实、证据和法律依据以及行政处罚意见；

（五）听证申请人或者其代理人的陈述和申辩；

（六）第三人陈述的事实和理由；

（七）承办人员、听证申请人或者其代理人、第三人辩论与质证的内容；

（八）证人陈述的事实；

（九）听证申请人、第三人、承办人员的最后陈述意见；

（十）其他事项。

听证笔录经听证参加人审核无误或者补正后，由听证参加人当场签名或者盖章；拒绝签名或者盖章的，在听证笔录中注明情况。

听证笔录经听证主持人审阅后，由听证主持人、听证员和记录员签名。

第一百零九条 听证结束后，听证主持人应当写出听证报告书，提出处理意见和建议，连同听证笔录一并报送消防救援机构负责人。

听证报告书应当包括下列内容：

（一）案由；

（二）听证人员和听证参加人的基本情况；

（三）听证的时间、地点和方式；

（四）听证会的基本情况；

（五）案件事实；

（六）处理意见和建议。

第一百一十条 听证结束后，消防救援机构应当根据听证笔录，依照本规定第八十六条、第八十九条的规定，作出决定。

第七章 执 行

第一节 一般规定

第一百一十一条 消防救援机构依法作出行政处理决定后，被处理人应当在行政决定的期限内予以履行。

被处理人逾期不履行的，作出行政处理决定的消防救援机构依法强制执行或者申请人民法院强制执行。

第一百一十二条 当事人对行政处理决定不服，申请行政复议或者提起行政诉讼的，行政处理决定不停止执行，但法律另有规定的除外。

第一百一十三条 消防救援机构在依法作出强制执行决定或者申请人民法院强制执行前，应当事先催告当事人履行行政决定。催告以书面形式作出，并直接送达当事人。当事人拒绝接受或者无法直接送达当事人的，依照本规定第二章的有关规定送达。

催告书应当载明下列事项：

（一）履行义务的期限；

（二）履行义务的方式；

（三）涉及金钱给付的，应当有明确的金额和给付方式；

（四）当事人依法享有的陈述权和申辩权。

第一百一十四条 当事人收到催告书后有权进行陈述和申辩。消防救援机构应当充分听取当事人的意见，记录、复核当事人提出的事实、理由和证据。当事人提出的事实、理由或者证据成立的，应当采纳。

第一百一十五条 经催告，当事人无正当理由逾期仍不履行行政决定，法律规定由消防救援机构强制执行的，消防救援机构可以作出强制执行决定。

强制执行决定应当以书面形式作出，并载明下列事项：

（一）当事人的姓名或者名称、地址；

（二）强制执行的理由和依据；

（三）强制执行的方式和时间；

（四）申请行政复议或者提起行政诉讼的途径和期限；

（五）作出决定的消防救援机构名称、印章和日期。

第一百一十六条 具有下列情形之一的，中止强制执行：

（一）当事人履行行政决定确有困难或者暂无履行能力的；

（二）第三人对执行标的主张权利，确有理由的；

（三）执行可能造成难以弥补的损失，且中止执行不损害公共利益的；

（四）其他需要中止执行的。

中止执行的情形消失后，消防救援机构应当恢复执行。对没有明显社会危害，当事人确无能力履行，中止执行满三年未恢复执行的，不再执行。

第一百一十七条 具有下列情形之一的，终结强制执行：

（一）公民死亡，无遗产可供执行，又无义务承受人的；

（二）单位终止，无财产可供执行，又无义务承受人的；

（三）执行标的灭失的；

（四）据以执行的行政决定被撤销的；

（五）其他需要终结执行的。

第一百一十八条　在执行中或者执行完毕后，据以执行的行政决定被撤销、变更，或者执行错误，应当恢复原状或者退还财物；不能恢复原状或者退还财物的，依法给予赔偿。

第一百一十九条　消防救援机构不得在夜间或者法定节假日实施行政强制执行。但是，情况紧急的除外。

消防救援机构不得对居民生活采取停止供水、供电、供热、供燃气等方式迫使当事人履行相关行政决定。

第二节　罚款的执行

第一百二十条　消防救援机构作出罚款决定，被处罚人应当自收到行政处罚决定书之日起十五日内，到指定的银行缴纳罚款；具备条件的，也可以通过网上支付等方式缴纳罚款。

第一百二十一条　当场作出行政处罚决定，符合《中华人民共和国行政处罚法》规定当场收缴罚款情形的，可以当场收缴罚款。

第一百二十二条　消防救援机构及其执法人员当场收缴罚款的，必须向当事人出具国务院财政部门或者省、自治区、直辖市人民政府财政部门统一制发的专用票据；不出具财政部门统一制发的专用票据的，当事人有权拒绝缴纳罚款。

第一百二十三条　执法人员当场收缴的罚款，应当自收缴罚款之日起二日内，交至所属消防救援机构；消防救援机构应当在二日内将罚款缴付指定的银行。

第一百二十四条　当事人确有经济困难，经当事人申请和作出处罚决定的消防救援机构批准，可以暂缓或者分期缴纳罚款。

第一百二十五条　当事人未在规定期限内缴纳罚款的，消防救援机构可以每日按罚款数额的百分之三加处罚款。加处罚款的标准应当告知被处罚人。

加处罚款的数额不得超出原罚款的数额。

当事人申请行政复议或者提起行政诉讼的，加处罚款的数额在行政复议或者行政诉讼期间不予计算。

第一百二十六条　当事人在法定期限内不申请行政复议或者提起行政诉讼，又不履行行政决定的，消防救援机构可以自期限届满之日起三个月内，依法申请人民法院强制执行。

消防救援机构批准延期、分期缴纳罚款的，申请人民法院强制执行的期限，自暂缓或者分期缴纳罚款期限结束之日起计算。

申请人民法院强制执行前，消防救援机构应当催告当事人履行义务，催告书送达十日后当事人仍未履行义务的，消防救援机构可以向人民法院申请强制执行。

第一百二十七条　消防救援机构向人民法院申请强制执行，应当提供下列材料：

（一）强制执行申请书；

（二）行政处罚决定书及作出决定的事实、理由和依据；

（三）当事人的意见及消防救援机构催告情况；

（四）申请强制执行标的情况；

（五）法律、法规规定的其他材料。

强制执行申请书应当由作出处理决定的消防救援机构负责人签名，加盖消防救援机构印章，并注明日期。

第一百二十八条　消防救援机构对人民法院不予受理强制执行申请、不予强制执行的裁定有异议的，可以在十五日内向上一级人民法院申请复议。

第三节　其他处理决定的执行

第一百二十九条　消防救援机构作出吊销资格处罚的，应当对被吊销的资格证予以收缴。当事人拒不缴销证件的，可以公告宣布作废。

第一百三十条　消防救援机构作出没收违法所得行政处罚的，除依法应当退赔的外，应当依法予以没收，并按照国家有关规定上缴。

第一百三十一条 当事人不执行消防救援机构作出的责令停产停业、停止使用决定的,作出决定的消防救援机构应当自履行期限届满之日起三日内催告当事人履行义务。当事人收到催告书后有权进行陈述和申辩。消防救援机构应当充分听取当事人的意见,记录、复核当事人提出的事实、理由和证据。当事人提出的事实、理由或者证据成立的,应当采纳。

经催告,当事人逾期仍不履行义务且无正当理由的,消防救援机构负责人应当组织集体研究强制执行方案,确定执行的方式和时间。强制执行决定书应当自决定之日起三日内制作、送达当事人。

第一百三十二条 消防救援机构实施强制执行应当遵守下列规定:

(一)实施强制执行时,通知当事人到场,当场向当事人宣读强制执行决定,听取当事人的陈述和申辩;

(二)当事人不到场的,邀请见证人到场,由见证人和现场执法人员在现场笔录上签名或者盖章;

(三)对实施强制执行过程制作现场笔录,必要时,可以进行现场拍照或者录音录像。

第一百三十三条 对当事人有《中华人民共和国消防法》第六十条第一款第三项、第四项、第五项、第六项规定的消防安全违法行为,经责令改正拒不改正的,消防救援机构应当按照有关法律法规规定实施代履行或者委托没有利害关系的第三人代履行。

第一百三十四条 消防救援机构实施代履行的,应当自责令改正拒不改正之日起三日内催告当事人履行义务。

第一百三十五条 代履行应当遵守下列规定:

(一)代履行前送达决定书,代履行决定书应当载明当事人的姓名或者名称、地址,代履行的理由和依据、方式和时间、标的、费用预算以及代履行人;

(二)代履行三日前,催告当事人履行,当事人履行的,停止代履行;

（三）代履行时，作出决定的消防救援机构应当派员到场监督，并制作现场笔录；

（四）代履行完毕，消防救援机构到场监督的工作人员、代履行人和当事人或者见证人应当在执行文书上签名或者盖章。

代履行的费用按照成本合理确定，由当事人承担。但是，法律另有规定的除外。

代履行不得采用暴力、胁迫以及其他非法方式。

第一百三十六条 需要立即清除疏散通道、消防车通道等影响逃生和灭火救援的障碍物，当事人不能清除的，消防救援机构可以决定立即实施代履行；当事人不在场的，消防救援机构应当在事后立即通知当事人，并依法作出处理。

第八章 案件终结

第一百三十七条 行政案件具有下列情形之一的，应当予以结案：

（一）作出不予行政处罚决定的；

（二）作出行政处罚等处理决定，且已执行的；

（三）作出终止案件调查决定的；

（四）案件移送有管辖权的行政机关、司法机关或者监察机关的；

（五）作出处理决定后，因执行对象灭失、死亡、终止等客观原因导致无法执行或者无需执行的；

（六）其他应予结案的情形。

申请人民法院强制执行，人民法院受理的，按照结案处理。人民法院强制执行完毕后，消防救援机构应当及时将相关案卷材料归档。

第一百三十八条 经过调查，发现行政案件具有下列情形之一的，经消防救援机构负责人批准，作出终止案件调查决定：

（一）违法行为已过追责期限的；
（二）涉嫌违法的公民死亡，或者法人、其他组织终止的；
（三）没有违法事实的；
（四）其他需要终止调查的情形。

第一百三十九条 对在办理行政案件过程中形成的文书材料，应当按照"一案一卷"原则建立案卷，并按照有关规定在结案后将案卷妥善存档保管。

第九章 案件移送

第一百四十条 消防救援机构发现所查处的案件不属于本部门管辖的，应当移送有管辖权的其他部门。

第一百四十一条 消防救援机构发现消防安全违法行为涉嫌犯罪的，应当按照有关规定依法移送司法机关。

第十章 附 则

第一百四十二条 本规定所称"以上"、"以下"、"内"皆包括本数或者本级。

本规定中十日以内期限的规定是指工作日，不含法定节假日。

第一百四十三条 消防救援机构办理涉外案件，应当按照国家有关办理涉外案件的法律、法规、规章的规定执行。

第一百四十四条 执行本规定所需要的法律文书式样，由应急管理部统一制定。办理行政案件中需要的其他法律文书，由各省、自治区、直辖市消防救援机构统一制定。

第一百四十五条 法律、法规、规章对办理行政案件程序另有规定的，从其规定。

第一百四十六条 本规定自 2021 年 11 月 9 日起施行。

机关、团体、企业、事业单位消防安全管理规定

(2001年11月14日公安部令第61号公布 自2002年5月1日起施行)

第一章 总 则

第一条 为了加强和规范机关、团体、企业、事业单位的消防安全管理,预防火灾和减少火灾危害,根据《中华人民共和国消防法》,制定本规定。

第二条 本规定适用于中华人民共和国境内的机关、团体、企业、事业单位(以下统称单位)自身的消防安全管理。

法律、法规另有规定的除外。

第三条 单位应当遵守消防法律、法规、规章(以下统称消防法规),贯彻预防为主、防消结合的消防工作方针,履行消防安全职责,保障消防安全。

第四条 法人单位的法定代表人或者非法人单位的主要负责人是单位的消防安全责任人,对本单位的消防安全工作全面负责。

第五条 单位应当落实逐级消防安全责任制和岗位消防安全责任制,明确逐级和岗位消防安全职责,确定各级、各岗位的消防安全责任人。

第二章 消防安全责任

第六条 单位的消防安全责任人应当履行下列消防安全职责:

(一)贯彻执行消防法规,保障单位消防安全符合规定,掌握本

单位的消防安全情况；

（二）将消防工作与本单位的生产、科研、经营、管理等活动统筹安排，批准实施年度消防工作计划；

（三）为本单位的消防安全提供必要的经费和组织保障；

（四）确定逐级消防安全责任，批准实施消防安全制度和保障消防安全的操作规程；

（五）组织防火检查，督促落实火灾隐患整改，及时处理涉及消防安全的重大问题；

（六）根据消防法规的规定建立专职消防队、义务消防队；

（七）组织制定符合本单位实际的灭火和应急疏散预案，并实施演练。

第七条 单位可以根据需要确定本单位的消防安全管理人。消防安全管理人对单位的消防安全责任人负责，实施和组织落实下列消防安全管理工作：

（一）拟订年度消防工作计划，组织实施日常消防安全管理工作；

（二）组织制订消防安全制度和保障消防安全的操作规程并检查督促其落实；

（三）拟订消防安全工作的资金投入和组织保障方案；

（四）组织实施防火检查和火灾隐患整改工作；

（五）组织实施对本单位消防设施、灭火器材和消防安全标志的维护保养，确保其完好有效，确保疏散通道和安全出口畅通；

（六）组织管理专职消防队和义务消防队；

（七）在员工中组织开展消防知识、技能的宣传教育和培训，组织灭火和应急疏散预案的实施和演练；

（八）单位消防安全责任人委托的其他消防安全管理工作。

消防安全管理人应当定期向消防安全责任人报告消防安全情况，及时报告涉及消防安全的重大问题。未确定消防安全管理人的单位，前款规定的消防安全管理工作由单位消防安全责任人负责实施。

第八条　实行承包、租赁或者委托经营、管理时，产权单位应当提供符合消防安全要求的建筑物，当事人在订立的合同中依照有关规定明确各方的消防安全责任；消防车通道、涉及公共消防安全的疏散设施和其他建筑消防设施应当由产权单位或者委托管理的单位统一管理。

承包、承租或者受委托经营、管理的单位应当遵守本规定，在其使用、管理范围内履行消防安全职责。

第九条　对于有两个以上产权单位和使用单位的建筑物，各产权单位、使用单位对消防车通道、涉及公共消防安全的疏散设施和其他建筑消防设施应当明确管理责任，可以委托统一管理。

第十条　居民住宅区的物业管理单位应当在管理范围内履行下列消防安全职责：

（一）制定消防安全制度，落实消防安全责任，开展消防安全宣传教育；

（二）开展防火检查，消除火灾隐患；

（三）保障疏散通道、安全出口、消防车通道畅通；

（四）保障公共消防设施、器材以及消防安全标志完好有效。

其他物业管理单位应当对受委托管理范围内的公共消防安全管理工作负责。

第十一条　举办集会、焰火晚会、灯会等具有火灾危险的大型活动的主办单位、承办单位以及提供场地的单位，应当在订立的合同中明确各方的消防安全责任。

第十二条　建筑工程施工现场的消防安全由施工单位负责。实行施工总承包的，由总承包单位负责。分包单位向总承包单位负责，服从总承包单位对施工现场的消防安全管理。

对建筑物进行局部改建、扩建和装修的工程，建设单位应当与施工单位在订立的合同中明确各方对施工现场的消防安全责任。

第三章　消防安全管理

第十三条　下列范围的单位是消防安全重点单位，应当按照本规定的要求，实行严格管理：

（一）商场（市场）、宾馆（饭店）、体育场（馆）、会堂、公共娱乐场所等公众聚集场所（以下统称公众聚集场所）；

（二）医院、养老院和寄宿制的学校、托儿所、幼儿园；

（三）国家机关；

（四）广播电台、电视台和邮政、通信枢纽；

（五）客运车站、码头、民用机场；

（六）公共图书馆、展览馆、博物馆、档案馆以及具有火灾危险性的文物保护单位；

（七）发电厂（站）和电网经营企业；

（八）易燃易爆化学物品的生产、充装、储存、供应、销售单位；

（九）服装、制鞋等劳动密集型生产、加工企业；

（十）重要的科研单位；

（十一）其他发生火灾可能性较大以及一旦发生火灾可能造成重大人身伤亡或者财产损失的单位。

高层办公楼（写字楼）、高层公寓楼等高层公共建筑，城市地下铁道、地下观光隧道等地下公共建筑和城市重要的交通隧道，粮、棉、木材、百货等物资集中的大型仓库和堆场，国家和省级等重点工程的施工现场，应当按照本规定对消防安全重点单位的要求，实行严格管理。

第十四条　消防安全重点单位及其消防安全责任人、消防安全管理人应当报当地公安消防机构备案。

第十五条　消防安全重点单位应当设置或者确定消防工作的归口管理职能部门，并确定专职或者兼职的消防管理人员；其他单位应当确定专职或者兼职消防管理人员，可以确定消防工作的归口管理职能部门。归口管理职能部门和专兼职消防管理人员在消防安全责任人或者消防安全管理人的领导下开展消防安全管理工作。

第十六条 公众聚集场所应当在具备下列消防安全条件后，向当地公安消防机构申报进行消防安全检查，经检查合格后方可开业使用：

（一）依法办理建筑工程消防设计审核手续，并经消防验收合格；

（二）建立健全消防安全组织，消防安全责任明确；

（三）建立消防安全管理制度和保障消防安全的操作规程；

（四）员工经过消防安全培训；

（五）建筑消防设施齐全、完好有效；

（六）制定灭火和应急疏散预案。

第十七条 举办集会、焰火晚会、灯会等具有火灾危险的大型活动，主办或者承办单位应当在具备消防安全条件后，向公安消防机构申报对活动现场进行消防安全检查，经检查合格后方可举办。

第十八条 单位应当按照国家有关规定，结合本单位的特点，建立健全各项消防安全制度和保障消防安全的操作规程，并公布执行。

单位消防安全制度主要包括以下内容：消防安全教育、培训；防火巡查、检查；安全疏散设施管理；消防（控制室）值班；消防设施、器材维护管理；火灾隐患整改；用火、用电安全管理；易燃易爆危险物品和场所防火防爆；专职和义务消防队的组织管理；灭火和应急疏散预案演练；燃气和电气设备的检查和管理（包括防雷、防静电）；消防安全工作考评和奖惩；其他必要的消防安全内容。

第十九条 单位应当将容易发生火灾、一旦发生火灾可能严重危及人身和财产安全以及对消防安全有重大影响的部位确定为消防安全重点部位，设置明显的防火标志，实行严格管理。

第二十条 单位应当对动用明火实行严格的消防安全管理。禁止在具有火灾、爆炸危险的场所使用明火；因特殊情况需要进行电、气焊等明火作业的，动火部门和人员应当按照单位的用火管理制度办理审批手续，落实现场监护人，在确认无火灾、爆炸危险后方可动火施工。动火施工人员应当遵守消防安全规定，并落实相应的消防安全措施。

公众聚集场所或者两个以上单位共同使用的建筑物局部施工需要使用明火时，施工单位和使用单位应当共同采取措施，将施工区和使用区进行防火分隔，清除动火区域的易燃、可燃物，配置消防器材，专人监护，保证施工及使用范围的消防安全。

公共娱乐场所在营业期间禁止动火施工。

第二十一条 单位应当保障疏散通道、安全出口畅通，并设置符合国家规定的消防安全疏散指示标志和应急照明设施，保持防火门、防火卷帘、消防安全疏散指示标志、应急照明、机械排烟送风、火灾事故广播等设施处于正常状态。

严禁下列行为：

（一）占用疏散通道；

（二）在安全出口或者疏散通道上安装栅栏等影响疏散的障碍物；

（三）在营业、生产、教学、工作等期间将安全出口上锁、遮挡或者将消防安全疏散指示标志遮挡、覆盖；

（四）其他影响安全疏散的行为。

第二十二条 单位应当遵守国家有关规定，对易燃易爆危险物品的生产、使用、储存、销售、运输或者销毁实行严格的消防安全管理。

第二十三条 单位应当根据消防法规的有关规定，建立专职消防队、义务消防队，配备相应的消防装备、器材，并组织开展消防业务学习和灭火技能训练，提高预防和扑救火灾的能力。

第二十四条 单位发生火灾时，应当立即实施灭火和应急疏散预案，务必做到及时报警，迅速扑救火灾，及时疏散人员。邻近单位应当给予支援。任何单位、人员都应当无偿为报火警提供便利，不得阻拦报警。

单位应当为公安消防机构抢救人员、扑救火灾提供便利和条件。

火灾扑灭后，起火单位应当保护现场，接受事故调查，如实提供火灾事故的情况，协助公安消防机构调查火灾原因，核定火灾损失，查明火灾事故责任。未经公安消防机构同意，不得擅自清理火灾现场。

第四章 防火检查

第二十五条 消防安全重点单位应当进行每日防火巡查，并确定巡查的人员、内容、部位和频次。其他单位可以根据需要组织防火巡查。巡查的内容应当包括：

（一）用火、用电有无违章情况；

（二）安全出口、疏散通道是否畅通，安全疏散指示标志、应急照明是否完好；

（三）消防设施、器材和消防安全标志是否在位、完整；

（四）常闭式防火门是否处于关闭状态，防火卷帘下是否堆放物品影响使用；

（五）消防安全重点部位的人员在岗情况；

（六）其他消防安全情况。

公众聚集场所在营业期间的防火巡查应当至少每二小时一次；营业结束时应当对营业现场进行检查，消除遗留火种。医院、养老院、寄宿制的学校、托儿所、幼儿园应当加强夜间防火巡查，其他消防安全重点单位可以结合实际组织夜间防火巡查。

防火巡查人员应当及时纠正违章行为，妥善处置火灾危险，无法当场处置的，应当立即报告。发现初起火灾应当立即报警并及时扑救。

防火巡查应当填写巡查记录，巡查人员及其主管人员应当在巡查记录上签名。

第二十六条 机关、团体、事业单位应当至少每季度进行一次防火检查，其他单位应当至少每月进行一次防火检查。检查的内容应当包括：

（一）火灾隐患的整改情况以及防范措施的落实情况；

（二）安全疏散通道、疏散指示标志、应急照明和安全出口情况；

（三）消防车通道、消防水源情况；

（四）灭火器材配置及有效情况；

（五）用火、用电有无违章情况；

（六）重点工种人员以及其他员工消防知识的掌握情况；

（七）消防安全重点部位的管理情况；

（八）易燃易爆危险物品和场所防火防爆措施的落实情况以及其他重要物资的防火安全情况；

（九）消防（控制室）值班情况和设施运行、记录情况；

（十）防火巡查情况；

（十一）消防安全标志的设置情况和完好、有效情况；

（十二）其他需要检查的内容。

防火检查应当填写检查记录。检查人员和被检查部门负责人应当在检查记录上签名。

第二十七条 单位应当按照建筑消防设施检查维修保养有关规定的要求，对建筑消防设施的完好有效情况进行检查和维修保养。

第二十八条 设有自动消防设施的单位，应当按照有关规定定期对其自动消防设施进行全面检查测试，并出具检测报告，存档备查。

第二十九条 单位应当按照有关规定定期对灭火器进行维护保养和维修检查。对灭火器应当建立档案资料，记明配置类型、数量、设置位置、检查维修单位（人员）、更换药剂的时间等有关情况。

第五章 火灾隐患整改

第三十条 单位对存在的火灾隐患，应当及时予以消除。

第三十一条 对下列违反消防安全规定的行为，单位应当责成有关人员当场改正并督促落实：

（一）违章进入生产、储存易燃易爆危险物品场所的；

（二）违章使用明火作业或者在具有火灾、爆炸危险的场所吸烟、使用明火等违反禁令的；

（三）将安全出口上锁、遮挡，或者占用、堆放物品影响疏散通道畅通的；

（四）消火栓、灭火器材被遮挡影响使用或者被挪作他用的；

（五）常闭式防火门处于开启状态，防火卷帘下堆放物品影响使用的；

（六）消防设施管理、值班人员和防火巡查人员脱岗的；

（七）违章关闭消防设施、切断消防电源的；

（八）其他可以当场改正的行为。

违反前款规定的情况以及改正情况应当有记录并存档备查。

第三十二条 对不能当场改正的火灾隐患，消防工作归口管理职能部门或者专兼职消防管理人员应当根据本单位的管理分工，及时将存在的火灾隐患向单位的消防安全管理人或者消防安全责任人报告，提出整改方案。消防安全管理人或者消防安全责任人应当确定整改的措施、期限以及负责整改的部门、人员，并落实整改资金。

在火灾隐患未消除之前，单位应当落实防范措施，保障消防安全。不能确保消防安全，随时可能引发火灾或者一旦发生火灾将严重危及人身安全的，应当将危险部位停产停业整改。

第三十三条 火灾隐患整改完毕，负责整改的部门或者人员应当将整改情况记录报送消防安全责任人或者消防安全管理人签字确认后存档备查。

第三十四条 对于涉及城市规划布局而不能自身解决的重大火灾隐患，以及机关、团体、事业单位确无能力解决的重大火灾隐患，单位应当提出解决方案并及时向其上级主管部门或者当地人民政府报告。

第三十五条 对公安消防机构责令限期改正的火灾隐患，单位应当在规定的期限内改正并写出火灾隐患整改复函，报送公安消防机构。

第六章　消防安全宣传教育和培训

第三十六条 单位应当通过多种形式开展经常性的消防安全宣传教育。消防安全重点单位对每名员工应当至少每年进行一次消防安全培训。宣传教育和培训内容应当包括：

（一）有关消防法规、消防安全制度和保障消防安全的操作规程；

（二）本单位、本岗位的火灾危险性和防火措施；

（三）有关消防设施的性能、灭火器材的使用方法；

（四）报火警、扑救初起火灾以及自救逃生的知识和技能。

公众聚集场所对员工的消防安全培训应当至少每半年进行一次，培训的内容还应当包括组织、引导在场群众疏散的知识和技能。

单位应当组织新上岗和进入新岗位的员工进行上岗前的消防安全培训。

第三十七条 公众聚集场所在营业、活动期间，应当通过张贴图画、广播、闭路电视等向公众宣传防火、灭火、疏散逃生等常识。

学校、幼儿园应当通过寓教于乐等多种形式对学生和幼儿进行消防安全常识教育。

第三十八条 下列人员应当接受消防安全专门培训：

（一）单位的消防安全责任人、消防安全管理人；

（二）专、兼职消防管理人员；

（三）消防控制室的值班、操作人员；
（四）其他依照规定应当接受消防安全专门培训的人员。
前款规定中的第（三）项人员应当持证上岗。

第七章　灭火、应急疏散预案和演练

第三十九条　消防安全重点单位制定的灭火和应急疏散预案应当包括下列内容：
（一）组织机构，包括：灭火行动组、通讯联络组、疏散引导组、安全防护救护组；
（二）报警和接警处置程序；
（三）应急疏散的组织程序和措施；
（四）扑救初起火灾的程序和措施；
（五）通讯联络、安全防护救护的程序和措施。

第四十条　消防安全重点单位应当按照灭火和应急疏散预案，至少每半年进行一次演练，并结合实际，不断完善预案。其他单位应当结合本单位实际，参照制定相应的应急方案，至少每年组织一次演练。

消防演练时，应当设置明显标识并事先告知演练范围内的人员。

第八章　消防档案

第四十一条　消防安全重点单位应当建立健全消防档案。消防档案应当包括消防安全基本情况和消防安全管理情况。消防档案应当详实，全面反映单位消防工作的基本情况，并附有必要的图表，根据情况变化及时更新。

单位应当对消防档案统一保管、备查。

第四十二条　消防安全基本情况应当包括以下内容：
（一）单位基本概况和消防安全重点部位情况；

（二）建筑物或者场所施工、使用或者开业前的消防设计审核、消防验收以及消防安全检查的文件、资料；

（三）消防管理组织机构和各级消防安全责任人；

（四）消防安全制度；

（五）消防设施、灭火器材情况；

（六）专职消防队、义务消防队人员及其消防装备配备情况；

（七）与消防安全有关的重点工种人员情况；

（八）新增消防产品、防火材料的合格证明材料；

（九）灭火和应急疏散预案。

第四十三条 消防安全管理情况应当包括以下内容：

（一）公安消防机构填发的各种法律文书；

（二）消防设施定期检查记录、自动消防设施全面检查测试的报告以及维修保养的记录；

（三）火灾隐患及其整改情况记录；

（四）防火检查、巡查记录；

（五）有关燃气、电气设备检测（包括防雷、防静电）等记录资料；

（六）消防安全培训记录；

（七）灭火和应急疏散预案的演练记录；

（八）火灾情况记录；

（九）消防奖惩情况记录。

前款规定中的第（二）、（三）、（四）、（五）项记录，应当记明检查的人员、时间、部位、内容、发现的火灾隐患以及处理措施等；第（六）项记录，应当记明培训的时间、参加人员、内容等；第（七）项记录，应当记明演练的时间、地点、内容、参加部门以及人员等。

第四十四条 其他单位应当将本单位的基本概况、公安消防机构填发的各种法律文书、与消防工作有关的材料和记录等统一保管备查。

第九章 奖　　惩

第四十五条　单位应当将消防安全工作纳入内部检查、考核、评比内容。对在消防安全工作中成绩突出的部门（班组）和个人，单位应当给予表彰奖励。对未依法履行消防安全职责或者违反单位消防安全制度的行为，应当依照有关规定对责任人员给予行政纪律处分或者其他处理。

第四十六条　违反本规定，依法应当给予行政处罚的，依照有关法律、法规予以处罚；构成犯罪的，依法追究刑事责任。

第十章 附　　则

第四十七条　公安消防机构对本规定的执行情况依法实施监督，并对自身滥用职权、玩忽职守、徇私舞弊的行为承担法律责任。

第四十八条　本规定自 2002 年 5 月 1 日起施行。本规定施行以前公安部发布的规章中的有关规定与本规定不一致的，以本规定为准。

火灾事故调查规定

（2009 年 4 月 30 日公安部令第 108 号公布　根据 2012 年 7 月 17 日《公安部关于修改〈火灾事故调查规定〉的决定》修订）

第一章 总　　则

第一条　为了规范火灾事故调查，保障公安机关消防机构依法履行职责，保护火灾当事人的合法权益，根据《中华人民共和国消防法》，制定本规定。

第二条 公安机关消防机构调查火灾事故，适用本规定。

第三条 火灾事故调查的任务是调查火灾原因，统计火灾损失，依法对火灾事故作出处理，总结火灾教训。

第四条 火灾事故调查应当坚持及时、客观、公正、合法的原则。任何单位和个人不得妨碍和非法干预火灾事故调查。

第二章 管　　辖

第五条 火灾事故调查由县级以上人民政府公安机关主管，并由本级公安机关消防机构实施；尚未设立公安机关消防机构的，由县级人民政府公安机关实施。

公安派出所应当协助公安机关火灾事故调查部门维护火灾现场秩序，保护现场，控制火灾肇事嫌疑人。

铁路、港航、民航公安机关和国有林区的森林公安机关消防机构负责调查其消防监督范围内发生的火灾。

第六条 火灾事故调查由火灾发生地公安机关消防机构按照下列分工进行：

（一）一次火灾死亡十人以上的，重伤二十人以上或者死亡、重伤二十人以上的，受灾五十户以上的，由省、自治区人民政府公安机关消防机构负责组织调查；

（二）一次火灾死亡一人以上的，重伤十人以上的，受灾三十户以上的，由设区的市或者相当于同级的人民政府公安机关消防机构负责组织调查；

（三）一次火灾重伤十人以下或者受灾三十户以下的，由县级人民政府公安机关消防机构负责调查。

直辖市人民政府公安机关消防机构负责组织调查一次火灾死亡三人以上的，重伤二十人以上或者死亡、重伤二十人以上的，受灾五十户以上的火灾事故，直辖市的区、县级人民政府公安机关消防机构负责调查其他火灾事故。

仅有财产损失的火灾事故调查，由省级人民政府公安机关结合本地实际作出管辖规定，报公安部备案。

第七条 跨行政区域的火灾，由最先起火地的公安机关消防机构按照本规定第六条的分工负责调查，相关行政区域的公安机关消防机构予以协助。

对管辖权发生争议的，报请共同的上一级公安机关消防机构指定管辖。县级人民政府公安机关负责实施的火灾事故调查管辖权发生争议的，由共同的上一级主管公安机关指定。

第八条 上级公安机关消防机构应当对下级公安机关消防机构火灾事故调查工作进行监督和指导。

上级公安机关消防机构认为必要时，可以调查下级公安机关消防机构管辖的火灾。

第九条 公安机关消防机构接到火灾报警，应当及时派员赶赴现场，并指派火灾事故调查人员开展火灾事故调查工作。

第十条 具有下列情形之一的，公安机关消防机构应当立即报告主管公安机关通知具有管辖权的公安机关刑侦部门，公安机关刑侦部门接到通知后应当立即派员赶赴现场参加调查；涉嫌放火罪的，公安机关刑侦部门应当依法立案侦查，公安机关消防机构予以协助：

（一）有人员死亡的火灾；

（二）国家机关、广播电台、电视台、学校、医院、养老院、托儿所、幼儿园、文物保护单位、邮政和通信、交通枢纽等部门和单位发生的社会影响大的火灾；

（三）具有放火嫌疑的火灾。

第十一条 军事设施发生火灾需要公安机关消防机构协助调查的，由省级人民政府公安机关消防机构或者公安部消防局调派火灾事故调查专家协助。

第三章 简易程序

第十二条 同时具有下列情形的火灾,可以适用简易调查程序:
(一)没有人员伤亡的;
(二)直接财产损失轻微的;
(三)当事人对火灾事故事实没有异议的;
(四)没有放火嫌疑的。
前款第二项的具体标准由省级人民政府公安机关确定,报公安部备案。

第十三条 适用简易调查程序的,可以由一名火灾事故调查人员调查,并按照下列程序实施:
(一)表明执法身份,说明调查依据;
(二)调查走访当事人、证人,了解火灾发生过程、火灾烧损的主要物品及建筑物受损等与火灾有关的情况;
(三)查看火灾现场并进行照相或者录像;
(四)告知当事人调查的火灾事故事实,听取当事人的意见,当事人提出的事实、理由或者证据成立的,应当采纳;
(五)当场制作火灾事故简易调查认定书,由火灾事故调查人员、当事人签字或者捺指印后交付当事人。
火灾事故调查人员应当在二日内将火灾事故简易调查认定书报所属公安机关消防机构备案。

第四章 一般程序

第一节 一般规定

第十四条 除依照本规定适用简易调查程序的外,公安机关消防机构对火灾进行调查时,火灾事故调查人员不得少于两人。必要时，可以聘请专家或者专业人员协助调查。

第十五条 公安部和省级人民政府公安机关应当成立火灾事故调查专家组，协助调查复杂、疑难的火灾。专家组的专家协助调查火灾的，应当出具专家意见。

第十六条 火灾发生地的县级公安机关消防机构应当根据火灾现场情况，排除现场险情，保障现场调查人员的安全，并初步划定现场封闭范围，设置警戒标志，禁止无关人员进入现场，控制火灾肇事嫌疑人。

公安机关消防机构应当根据火灾事故调查需要，及时调整现场封闭范围，并在现场勘验结束后及时解除现场封闭。

第十七条 封闭火灾现场的，公安机关消防机构应当在火灾现场对封闭的范围、时间和要求等予以公告。

第十八条 公安机关消防机构应当自接到火灾报警之日起三十日内作出火灾事故认定；情况复杂、疑难的，经上一级公安机关消防机构批准，可以延长三十日。

火灾事故调查中需要进行检验、鉴定的，检验、鉴定时间不计入调查期限。

第二节 现场调查

第十九条 火灾事故调查人员应当根据调查需要，对发现、扑救火灾人员，熟悉起火场所、部位和生产工艺人员，火灾肇事嫌疑人和被侵害人等知情人员进行询问。对火灾肇事嫌疑人可以依法传唤。必要时，可以要求被询问人到火灾现场进行指认。

询问应当制作笔录，由火灾事故调查人员和被询问人签名或者捺指印。被询问人拒绝签名和捺指印的，应当在笔录中注明。

第二十条 勘验火灾现场应当遵循火灾现场勘验规则，采取现场照相或者录像、录音，制作现场勘验笔录和绘制现场图等方法记录现场情况。

对有人员死亡的火灾现场进行勘验的，火灾事故调查人员应当对尸体表面进行观察并记录,对尸体在火灾现场的位置进行调查。

现场勘验笔录应当由火灾事故调查人员、证人或者当事人签名。证人、当事人拒绝签名或者无法签名的,应当在现场勘验笔录上注明。现场图应当由制图人、审核人签字。

第二十一条 现场提取痕迹、物品,应当按照下列程序实施:

(一)量取痕迹、物品的位置、尺寸,并进行照相或者录像;

(二)填写火灾痕迹、物品提取清单,由提取人、证人或者当事人签名;证人、当事人拒绝签名或者无法签名的,应当在清单上注明;

(三)封装痕迹、物品,粘贴标签,标明火灾名称和封装痕迹、物品的名称、编号及其提取时间,由封装人、证人或者当事人签名;证人、当事人拒绝签名或者无法签名的,应当在标签上注明。

提取的痕迹、物品,应当妥善保管。

第二十二条 根据调查需要,经负责火灾事故调查的公安机关消防机构负责人批准,可以进行现场实验。现场实验应当照相或者录像,制作现场实验报告,并由实验人员签字。现场实验报告应当载明下列事项:

(一)实验的目的;

(二)实验时间、环境和地点;

(三)实验使用的仪器或者物品;

(四)实验过程;

(五)实验结果;

(六)其他与现场实验有关的事项。

第三节 检验、鉴定

第二十三条 现场提取的痕迹、物品需要进行专门性技术鉴定的,公安机关消防机构应当委托依法设立的鉴定机构进行,并与鉴定机构约定鉴定期限和鉴定检材的保管期限。

公安机关消防机构可以根据需要委托依法设立的价格鉴证机构

对火灾直接财产损失进行鉴定。

第二十四条 有人员死亡的火灾，为了确定死因，公安机关消防机构应当立即通知本级公安机关刑事科学技术部门进行尸体检验。公安机关刑事科学技术部门应当出具尸体检验鉴定文书，确定死亡原因。

第二十五条 卫生行政主管部门许可的医疗机构具有执业资格的医生出具的诊断证明，可以作为公安机关消防机构认定人身伤害程度的依据。但是，具有下列情形之一的，应当由法医进行伤情鉴定：

（一）受伤程度较重，可能构成重伤的；

（二）火灾受伤人员要求作鉴定的；

（三）当事人对伤害程度有争议的；

（四）其他应当进行鉴定的情形。

第二十六条 对受损单位和个人提供的由价格鉴证机构出具的鉴定意见，公安机关消防机构应当审查下列事项：

（一）鉴证机构、鉴证人是否具有资质、资格；

（二）鉴证机构、鉴证人是否盖章签名；

（三）鉴定意见依据是否充分；

（四）鉴定是否存在其他影响鉴定意见正确性的情形。

对符合规定的，可以作为证据使用；对不符合规定的，不予采信。

第四节 火灾损失统计

第二十七条 受损单位和个人应当于火灾扑灭之日起七日内向火灾发生地的县级公安机关消防机构如实申报火灾直接财产损失，并附有效证明材料。

第二十八条 公安机关消防机构应当根据受损单位和个人的申报、依法设立的价格鉴证机构出具的火灾直接财产损失鉴定意见以及调查核实情况，按照有关规定，对火灾直接经济损失和人员伤亡进行如实统计。

第五节　火灾事故认定

第二十九条　公安机关消防机构应当根据现场勘验、调查询问和有关检验、鉴定意见等调查情况，及时作出起火原因的认定。

第三十条　对起火原因已经查清的，应当认定起火时间、起火部位、起火点和起火原因；对起火原因无法查清的，应当认定起火时间、起火点或者起火部位以及有证据能够排除和不能排除的起火原因。

第三十一条　公安机关消防机构在作出火灾事故认定前，应当召集当事人到场，说明拟认定的起火原因，听取当事人意见；当事人不到场的，应当记录在案。

第三十二条　公安机关消防机构应当制作火灾事故认定书，自作出之日起七日内送达当事人，并告知当事人申请复核的权利。无法送达的，可以在作出火灾事故认定之日起七日内公告送达。公告期为二十日，公告期满即视为送达。

第三十三条　对较大以上的火灾事故或者特殊的火灾事故，公安机关消防机构应当开展消防技术调查，形成消防技术调查报告，逐级上报至省级人民政府公安机关消防机构，重大以上的火灾事故调查报告报公安部消防局备案。调查报告应当包括下列内容：

（一）起火场所概况；

（二）起火经过和火灾扑救情况；

（三）火灾造成的人员伤亡、直接经济损失统计情况；

（四）起火原因和灾害成因分析；

（五）防范措施。

火灾事故等级的确定标准按照公安部的有关规定执行。

第三十四条　公安机关消防机构作出火灾事故认定后，当事人可以申请查阅、复制、摘录火灾事故认定书、现场勘验笔录和检验、鉴定意见，公安机关消防机构应当自接到申请之日起七日内提供，但涉及国家秘密、商业秘密、个人隐私或者移交公安机关其他部门处理的依法不予提供，并说明理由。

第六节 复 核

第三十五条 当事人对火灾事故认定有异议的,可以自火灾事故认定书送达之日起十五日内,向上一级公安机关消防机构提出书面复核申请;对省级人民政府公安机关消防机构作出的火灾事故认定有异议的,向省级人民政府公安机关提出书面复核申请。

复核申请应当载明申请人的基本情况,被申请人的名称,复核请求,申请复核的主要事实、理由和证据,申请人的签名或者盖章,申请复核的日期。

第三十六条 复核机构应当自收到复核申请之日起七日内作出是否受理的决定并书面通知申请人。有下列情形之一的,不予受理:

(一)非火灾当事人提出复核申请的;

(二)超过复核申请期限的;

(三)复核机构维持原火灾事故认定或者直接作出火灾事故复核认定的;

(四)适用简易调查程序作出火灾事故认定的。

公安机关消防机构受理复核申请的,应当书面通知其他当事人,同时通知原认定机构。

第三十七条 原认定机构应当自接到通知之日起十日内,向复核机构作出书面说明,并提交火灾事故调查案卷。

第三十八条 复核机构应当对复核申请和原火灾事故认定进行书面审查,必要时,可以向有关人员进行调查;火灾现场尚存且未被破坏的,可以进行复核勘验。

复核审查期间,复核申请人撤回复核申请的,公安机关消防机构应当终止复核。

第三十九条 复核机构应当自受理复核申请之日起三十日内,作出复核决定,并按照本规定第三十二条规定的时限送达申请人、其他当事人和原认定机构。对需要向有关人员进行调查或者火灾现场复核勘验的,经复核机构负责人批准,复核期限可以延长三十日。

原火灾事故认定主要事实清楚、证据确实充分、程序合法,起火原因认定正确的,复核机构应当维持原火灾事故认定。

原火灾事故认定具有下列情形之一的,复核机构应当直接作出火灾事故复核认定或者责令原认定机构重新作出火灾事故认定,并撤销原认定机构作出的火灾事故认定:

(一)主要事实不清,或者证据不确实充分的;

(二)违反法定程序,影响结果公正的;

(三)认定行为存在明显不当,或者起火原因认定错误的;

(四)超越或者滥用职权的。

第四十条 原认定机构接到重新作出火灾事故认定的复核决定后,应当重新调查,在十五日内重新作出火灾事故认定。

复核机构直接作出火灾事故认定和原认定机构重新作出火灾事故认定前,应当向申请人、其他当事人说明重新认定情况;原认定机构重新作出的火灾事故认定书,应当按照本规定第三十二条规定的时限送达当事人,并报复核机构备案。

复核以一次为限。当事人对原认定机构重新作出的火灾事故认定,可以按照本规定第三十五条的规定申请复核。

第五章 火灾事故调查的处理

第四十一条 公安机关消防机构在火灾事故调查过程中,应当根据下列情况分别作出处理:

(一)涉嫌失火罪、消防责任事故罪的,按照《公安机关办理刑事案件程序规定》立案侦查;涉嫌其他犯罪的,及时移送有关主管部门办理;

(二)涉嫌消防安全违法行为的,按照《公安机关办理行政案件程序规定》调查处理;涉嫌其他违法行为的,及时移送有关主管部门调查处理;

(三)依照有关规定应当给予处分的,移交有关主管部门处理。

对经过调查不属于火灾事故的，公安机关消防机构应当告知当事人处理途径并记录在案。

第四十二条 公安机关消防机构向有关主管部门移送案件的，应当在本级公安机关消防机构负责人批准后的二十四小时内移送，并根据案件需要附下列材料：

（一）案件移送通知书；

（二）案件调查情况；

（三）涉案物品清单；

（四）询问笔录，现场勘验笔录，检验、鉴定意见以及照相、录像、录音等资料；

（五）其他相关材料。

构成放火罪需要移送公安机关刑侦部门处理的，火灾现场应当一并移交。

第四十三条 公安机关其他部门应当自接受公安机关消防机构移送的涉嫌犯罪案件之日起十日内，进行审查并作出决定。依法决定立案的，应当书面通知移送案件的公安机关消防机构；依法不予立案的，应当说明理由，并书面通知移送案件的公安机关消防机构，退回案卷材料。

第四十四条 公安机关消防机构及其工作人员有下列行为之一的，依照有关规定给予责任人员处分；构成犯罪的，依法追究刑事责任：

（一）指使他人错误认定或者故意错误认定起火原因的；

（二）瞒报火灾、火灾直接经济损失、人员伤亡情况的；

（三）利用职务上的便利，索取或者非法收受他人财物的；

（四）其他滥用职权、玩忽职守、徇私舞弊的行为。

第六章 附 则

第四十五条 本规定中下列用语的含义：

（一）"当事人"，是指与火灾发生、蔓延和损失有直接利害关系的单位和个人。

（二）"户"，用于统计居民、村民住宅火灾，按照公安机关登记的家庭户统计。

（三）本规定中十五日以内（含本数）期限的规定是指工作日，不含法定节假日。

（四）本规定所称的"以上"含本数、本级，"以下"不含本数。

第四十六条 火灾事故调查中有关回避、证据、调查取证、鉴定等要求，本规定没有规定的，按照《公安机关办理行政案件程序规定》执行。

第四十七条 执行本规定所需要的法律文书式样，由公安部制定。

第四十八条 本规定自2009年5月1日起施行。1999年3月15日发布施行的《火灾事故调查规定》（公安部令第37号）和2008年3月18日发布施行的《火灾事故调查规定修正案》（公安部令第100号）同时废止。

消防监督检查规定

（2009年4月30日公安部令第107号公布 根据2012年7月17日《公安部关于修改〈消防监督检查规定〉的决定》修订）

第一章 总 则

第一条 为了加强和规范消防监督检查工作，督促机关、团体、企业、事业等单位（以下简称单位）履行消防安全职责，依据《中华人民共和国消防法》，制定本规定。

第二条 本规定适用于公安机关消防机构和公安派出所依法对单位遵守消防法律、法规情况进行消防监督检查。

第三条 直辖市、市（地区、州、盟）、县（市辖区、县级市、旗）公安机关消防机构具体实施消防监督检查，确定本辖区内的消防安全重点单位并由所属公安机关报本级人民政府备案。

公安派出所可以对居民住宅区的物业服务企业、居民委员会、村民委员会履行消防安全职责的情况和上级公安机关确定的单位实施日常消防监督检查。

公安派出所日常消防监督检查的单位范围由省级公安机关消防机构、公安派出所工作主管部门共同研究拟定，报省级公安机关确定。

第四条 上级公安机关消防机构应当对下级公安机关消防机构实施消防监督检查的情况进行指导和监督。

公安机关消防机构应当与公安派出所共同做好辖区消防监督工作，并对公安派出所开展日常消防监督检查工作进行指导，定期对公安派出所民警进行消防监督业务培训。

第五条 对消防监督检查的结果，公安机关消防机构可以通过适当方式向社会公告；对检查发现的影响公共安全的火灾隐患应当定期公布，提示公众注意消防安全。

第二章 消防监督检查的形式和内容

第六条 消防监督检查的形式有：
（一）对公众聚集场所在投入使用、营业前的消防安全检查；
（二）对单位履行法定消防安全职责情况的监督抽查；
（三）对举报投诉的消防安全违法行为的核查；
（四）对大型群众性活动举办前的消防安全检查；
（五）根据需要进行的其他消防监督检查。

第七条 公安机关消防机构根据本地区火灾规律、特点等消防安全需要组织监督抽查；在火灾多发季节、重大节日、重大活动前或者期间，应当组织监督抽查。

消防安全重点单位应当作为监督抽查的重点，非消防安全重点单位必须在监督抽查的单位数量中占有一定比例。对属于人员密集场所的消防安全重点单位每年至少监督检查一次。

第八条 公众聚集场所在投入使用、营业前，建设单位或者使用单位应当向场所所在地的县级以上人民政府公安机关消防机构申请消防安全检查，并提交下列材料：

（一）消防安全检查申报表；

（二）营业执照复印件或者工商行政管理机关出具的企业名称预先核准通知书；

（三）依法取得的建设工程消防验收或者进行竣工验收消防备案的法律文件复印件；

（四）消防安全制度、灭火和应急疏散预案、场所平面布置图；

（五）员工岗前消防安全教育培训记录和自动消防系统操作人员取得的消防行业特有工种职业资格证书复印件；

（六）法律、行政法规规定的其他材料。

依照《建设工程消防监督管理规定》不需要进行竣工验收消防备案的公众聚集场所申请消防安全检查的，还应当提交场所室内装修消防设计施工图、消防产品质量合格证明文件，以及装修材料防火性能符合消防技术标准的证明文件、出厂合格证。

公安机关消防机构对消防安全检查的申请，应当按照行政许可有关规定受理。

第九条 对公众聚集场所投入使用、营业前进行消防安全检查，应当检查下列内容：

（一）建筑物或者场所是否依法通过消防验收合格或者进行竣工验收消防备案抽查合格；依法进行竣工验收消防备案但没有进行备案抽查的建筑物或者场所是否符合消防技术标准；

（二）消防安全制度、灭火和应急疏散预案是否制定；

（三）自动消防系统操作人员是否持证上岗，员工是否经过岗前消防安全培训；

（四）消防设施、器材是否符合消防技术标准并完好有效；

（五）疏散通道、安全出口和消防车通道是否畅通；

（六）室内装修材料是否符合消防技术标准；

（七）外墙门窗上是否设置影响逃生和灭火救援的障碍物。

第十条 对单位履行法定消防安全职责情况的监督抽查，应当根据单位的实际情况检查下列内容：

（一）建筑物或者场所是否依法通过消防验收或者进行竣工验收消防备案，公众聚集场所是否通过投入使用、营业前的消防安全检查；

（二）建筑物或者场所的使用情况是否与消防验收或者进行竣工验收消防备案时确定的使用性质相符；

（三）消防安全制度、灭火和应急疏散预案是否制定；

（四）消防设施、器材和消防安全标志是否定期组织维修保养，是否完好有效；

（五）电器线路、燃气管路是否定期维护保养、检测；

（六）疏散通道、安全出口、消防车通道是否畅通，防火分区是否改变，防火间距是否被占用；

（七）是否组织防火检查、消防演练和员工消防安全教育培训，自动消防系统操作人员是否持证上岗；

（八）生产、储存、经营易燃易爆危险品的场所是否与居住场所设置在同一建筑物内；

（九）生产、储存、经营其他物品的场所与居住场所设置在同一建筑物内的，是否符合消防技术标准；

（十）其他依法需要检查的内容。

对人员密集场所还应当抽查室内装修材料是否符合消防技术标准、外墙门窗上是否设置影响逃生和灭火救援的障碍物。

第十一条 对消防安全重点单位履行法定消防安全职责情况的监督抽查，除检查本规定第十条规定的内容外，还应当检查下列内容：

（一）是否确定消防安全管理人；

（二）是否开展每日防火巡查并建立巡查记录；

（三）是否定期组织消防安全培训和消防演练；

（四）是否建立消防档案、确定消防安全重点部位。

对属于人员密集场所的消防安全重点单位，还应当检查单位灭火和应急疏散预案中承担灭火和组织疏散任务的人员是否确定。

第十二条 在大型群众性活动举办前对活动现场进行消防安全检查，应当重点检查下列内容：

（一）室内活动使用的建筑物（场所）是否依法通过消防验收或者进行竣工验收消防备案，公众聚集场所是否通过使用、营业前的消防安全检查；

（二）临时搭建的建筑物是否符合消防安全要求；

（三）是否制定灭火和应急疏散预案并组织演练；

（四）是否明确消防安全责任分工并确定消防安全管理人员；

（五）活动现场消防设施、器材是否配备齐全并完好有效；

（六）活动现场的疏散通道、安全出口和消防车通道是否畅通；

（七）活动现场的疏散指示标志和应急照明是否符合消防技术标准并完好有效。

第十三条 对大型的人员密集场所和其他特殊建设工程的施工现场进行消防监督检查，应当重点检查施工单位履行下列消防安全职责的情况：

（一）是否明确施工现场消防安全管理人员，是否制定施工现场消防安全制度、灭火和应急疏散预案；

（二）在建工程内是否设置人员住宿、可燃材料及易燃易爆危险品储存等场所；

（三）是否设置临时消防给水系统、临时消防应急照明，是否配备消防器材，并确保完好有效；

（四）是否设有消防车通道并畅通；

（五）是否组织员工消防安全教育培训和消防演练；

（六）施工现场人员宿舍、办公用房的建筑构件燃烧性能、安全疏散是否符合消防技术标准。

第三章　消防监督检查的程序

第十四条　公安机关消防机构实施消防监督检查时，检查人员不得少于两人，并出示执法身份证件。

消防监督检查应当填写检查记录，如实记录检查情况。

第十五条　对公众聚集场所投入使用、营业前的消防安全检查，公安机关消防机构应当自受理申请之日起十个工作日内进行检查，自检查之日起三个工作日内作出同意或者不同意投入使用或者营业的决定，并送达申请人。

第十六条　对大型群众性活动现场在举办前进行的消防安全检查，公安机关消防机构应当在接到本级公安机关治安部门书面通知之日起三个工作日内进行检查，并将检查记录移交本级公安机关治安部门。

第十七条　公安机关消防机构接到对消防安全违法行为的举报投诉，应当及时受理、登记，并按照《公安机关办理行政案件程序规定》的相关规定处理。

第十八条　公安机关消防机构应当按照下列时限，对举报投诉的消防安全违法行为进行实地核查：

（一）对举报投诉占用、堵塞、封闭疏散通道、安全出口或者其他妨碍安全疏散行为，以及擅自停用消防设施的，应当在接到举报投诉后二十四小时内进行核查；

（二）对举报投诉本款第一项以外的消防安全违法行为，应当在接到举报投诉之日起三个工作日内进行核查。

核查后，对消防安全违法行为应当依法处理。处理情况应当及时告知举报投诉人；无法告知的，应当在受理登记中注明。

第十九条　在消防监督检查中，公安机关消防机构对发现的依法应当责令立即改正的消防安全违法行为，应当当场制作、送达责令立即改正通知书，并依法予以处罚；对依法应当责令限期改正的，应当自检查之日起三个工作日内制作、送达责令限期改正通知书，并依法予以处罚。

对违法行为轻微并当场改正完毕，依法可以不予行政处罚的，可以口头责令改正，并在检查记录上注明。

第二十条 对依法责令限期改正的，应当根据改正违法行为的难易程度合理确定改正期限。

公安机关消防机构应当在责令限期改正期限届满或者收到当事人的复查申请之日起三个工作日内进行复查。对逾期不改正的，依法予以处罚。

第二十一条 在消防监督检查中，发现城乡消防安全布局、公共消防设施不符合消防安全要求，或者发现本地区存在影响公共安全的重大火灾隐患的，公安机关消防机构应当组织集体研究确定，自检查之日起七个工作日内提出处理意见，由所属公安机关书面报告本级人民政府解决；对影响公共安全的重大火灾隐患，还应当在确定之日起三个工作日内制作、送达重大火灾隐患整改通知书。

重大火灾隐患判定涉及复杂或者疑难技术问题的，公安机关消防机构应当在确定前组织专家论证。组织专家论证的，前款规定的期限可以延长十个工作日。

第二十二条 公安机关消防机构在消防监督检查中发现火灾隐患，应当通知有关单位或者个人立即采取措施消除；对具有下列情形之一，不及时消除可能严重威胁公共安全的，应当对危险部位或者场所予以临时查封：

（一）疏散通道、安全出口数量不足或者严重堵塞，已不具备安全疏散条件的；

（二）建筑消防设施严重损坏，不再具备防火灭火功能的；

（三）人员密集场所违反消防安全规定，使用、储存易燃易爆危险品的；

（四）公众聚集场所违反消防技术标准，采用易燃、可燃材料装修，可能导致重大人员伤亡的；

（五）其他可能严重威胁公共安全的火灾隐患。

临时查封期限不得超过三十日。临时查封期限届满后，当事人仍未消除火灾隐患的，公安机关消防机构可以再次依法予以临时查封。

第二十三条 临时查封应当由公安机关消防机构负责人组织集体研究决定。决定临时查封的，应当研究确定查封危险部位或者场所的范围、期限和实施方法，并自检查之日起三个工作日内制作、送达临时查封决定书。

情况紧急、不当场查封可能严重威胁公共安全的，消防监督检查人员可以在口头报请公安机关消防机构负责人同意后当场对危险部位或者场所实施临时查封，并在临时查封后二十四小时内由公安机关消防机构负责人组织集体研究，制作、送达临时查封决定书。经集体研究认为不应当采取临时查封措施的，应当立即解除。

第二十四条 临时查封由公安机关消防机构负责人组织实施。需要公安机关其他部门或者公安派出所配合的，公安机关消防机构应当报请所属公安机关组织实施。

实施临时查封应当遵守下列规定：

（一）实施临时查封时，通知当事人到场，当场告知当事人采取临时查封的理由、依据以及当事人依法享有的权利、救济途径，听取当事人的陈述和申辩；

（二）当事人不到场的，邀请见证人到场，由见证人和消防监督检查人员在现场笔录上签名或者盖章；

（三）在危险部位或者场所及其有关设施、设备上加贴封条或者采取其他措施，使危险部位或者场所停止生产、经营或者使用；

（四）对实施临时查封情况制作现场笔录，必要时，可以进行现场照相或者录音录像。

实施临时查封后，当事人请求进入被查封的危险部位或者场所整改火灾隐患的，应当允许。但不得在被查封的危险部位或者场所生产、经营或者使用。

第二十五条 火灾隐患消除后，当事人应当向作出临时查封决定的公安机关消防机构申请解除临时查封。公安机关消防机构应当自收到申请之日起三个工作日内进行检查，自检查之日起三个工作日内作出是否同意解除临时查封的决定，并送达当事人。

对检查确认火灾隐患已消除的，应当作出解除临时查封的决定。

第二十六条 对当事人有《中华人民共和国消防法》第六十条第一款第三项、第四项、第五项、第六项规定的消防安全违法行为，经责令改正拒不改正的，公安机关消防机构应当按照《中华人民共和国行政强制法》第五十一条、第五十二条的规定组织强制清除或者拆除相关障碍物、妨碍物，所需费用由违法行为人承担。

第二十七条 当事人不执行公安机关消防机构作出的停产停业、停止使用、停止施工决定的，作出决定的公安机关消防机构应当自履行期限届满之日起三个工作日内催告当事人履行义务。当事人收到催告书后有权进行陈述和申辩。公安机关消防机构应当充分听取当事人的意见，记录、复核当事人提出的事实、理由和证据。当事人提出的事实、理由或者证据成立的，应当采纳。

经催告，当事人逾期仍不履行义务且无正当理由的，公安机关消防机构负责人应当组织集体研究强制执行方案，确定执行的方式和时间。强制执行决定书应当自决定之日起三个工作日内制作、送达当事人。

第二十八条 强制执行由作出决定的公安机关消防机构负责人组织实施。需要公安机关其他部门或者公安派出所配合的，公安机关消防机构应当报请所属公安机关组织实施；需要其他行政部门配合的，公安机关消防机构应当提出意见，并由所属公安机关报请本级人民政府组织实施。

实施强制执行应当遵守下列规定：

（一）实施强制执行时，通知当事人到场，当场向当事人宣读强制执行决定，听取当事人的陈述和申辩；

（二）当事人不到场的，邀请见证人到场，由见证人和消防监督检查人员在现场笔录上签名或者盖章；

（三）对实施强制执行过程制作现场笔录，必要时，可以进行现场照相或者录音录像；

（四）除情况紧急外，不得在夜间或者法定节假日实施强制执行；

（五）不得对居民生活采取停止供水、供电、供热、供燃气等方式迫使当事人履行义务。

有《中华人民共和国行政强制法》第三十九条、第四十条规定的情形之一的，中止执行或者终结执行。

第二十九条　对被责令停止施工、停止使用、停产停业处罚的当事人申请恢复施工、使用、生产、经营的，公安机关消防机构应当自收到书面申请之日起三个工作日内进行检查，自检查之日起三个工作日内作出决定，送达当事人。

对当事人已改正消防安全违法行为、具备消防安全条件的，公安机关消防机构应当同意恢复施工、使用、生产、经营；对违法行为尚未改正、不具备消防安全条件的，应当不同意恢复施工、使用、生产、经营，并说明理由。

第四章　公安派出所日常消防监督检查

第三十条　公安派出所对其日常监督检查范围的单位，应当每年至少进行一次日常消防监督检查。

公安派出所对群众举报投诉的消防安全违法行为，应当及时受理，依法处理；对属于公安机关消防机构管辖的，应当依照《公安机关办理行政案件程序规定》在受理后及时移送公安机关消防机构处理。

第三十一条　公安派出所对单位进行日常消防监督检查，应当检查下列内容：

（一）建筑物或者场所是否依法通过消防验收或者进行竣工验收

消防备案，公众聚集场所是否依法通过投入使用、营业前的消防安全检查；

（二）是否制定消防安全制度；

（三）是否组织防火检查、消防安全宣传教育培训、灭火和应急疏散演练；

（四）消防车通道、疏散通道、安全出口是否畅通，室内消火栓、疏散指示标志、应急照明、灭火器是否完好有效；

（五）生产、储存、经营易燃易爆危险品的场所是否与居住场所设置在同一建筑物内。

对设有建筑消防设施的单位，公安派出所还应当检查单位是否对建筑消防设施定期组织维修保养。

对居民住宅区的物业服务企业进行日常消防监督检查，公安派出所除检查本条第一款第（二）至（四）项内容外，还应当检查物业服务企业对管理区域内共用消防设施是否进行维护管理。

第三十二条 公安派出所对居民委员会、村民委员会进行日常消防监督检查，应当检查下列内容：

（一）消防安全管理人是否确定；

（二）消防安全工作制度、村（居）民防火安全公约是否制定；

（三）是否开展消防宣传教育、防火安全检查；

（四）是否对社区、村庄消防水源（消火栓）、消防车通道、消防器材进行维护管理；

（五）是否建立志愿消防队等多种形式消防组织。

第三十三条 公安派出所民警在日常消防监督检查时，发现被检查单位有下列行为之一的，应当责令依法改正：

（一）未制定消防安全制度、未组织防火检查和消防安全教育培训、消防演练的；

（二）占用、堵塞、封闭疏散通道、安全出口的；

（三）占用、堵塞、封闭消防车通道，妨碍消防车通行的；

（四）埋压、圈占、遮挡消火栓或者占用防火间距的；

（五）室内消火栓、灭火器、疏散指示标志和应急照明未保持完好有效的；

（六）人员密集场所在外墙门窗上设置影响逃生和灭火救援的障碍物的；

（七）违反消防安全规定进入生产、储存易燃易爆危险品场所的；

（八）违反规定使用明火作业或者在具有火灾、爆炸危险的场所吸烟、使用明火的；

（九）生产、储存和经营易燃易爆危险品的场所与居住场所设置在同一建筑物内的；

（十）未对建筑消防设施定期组织维修保养的。

公安派出所发现被检查单位的建筑物未依法通过消防验收，或者进行竣工验收消防备案，擅自投入使用的；公众聚集场所未依法通过使用、营业前的消防安全检查，擅自使用、营业的，应当在检查之日起五个工作日内书面移交公安机关消防机构处理。

公安派出所民警进行日常消防监督检查，应当填写检查记录，记录发现的消防安全违法行为、责令改正的情况。

第三十四条　公安派出所在日常消防监督检查中，发现存在严重威胁公共安全的火灾隐患，应当在责令改正的同时书面报告乡镇人民政府或者街道办事处和公安机关消防机构。

第五章　执法监督

第三十五条　公安机关消防机构应当健全消防监督检查工作制度，建立执法档案，定期进行执法质量考评，落实执法过错责任追究。

公安机关消防机构及其工作人员进行消防监督检查，应当自觉接受单位和公民的监督。

第三十六条　公安机关消防机构及其工作人员在消防监督检查中有下列情形的，对直接负责的主管人员和其他直接责任人员应当依法给予处分；构成犯罪的，依法追究刑事责任：

（一）不按规定制作、送达法律文书，不按照本规定履行消防监督检查职责，拒不改正的；

（二）对不符合消防安全条件的公众聚集场所准予消防安全检查合格的；

（三）无故拖延消防安全检查，不在法定期限内履行职责的；

（四）未按照本规定组织开展消防监督抽查的；

（五）发现火灾隐患不及时通知有关单位或者个人整改的；

（六）利用消防监督检查职权为用户指定消防产品的品牌、销售单位或者指定消防技术服务机构、消防设施施工、维修保养单位的；

（七）接受被检查单位、个人财物或者其他不正当利益的；

（八）其他滥用职权、玩忽职守、徇私舞弊的行为。

第三十七条 公安机关消防机构工作人员的近亲属严禁在其管辖的区域或者业务范围内经营消防公司、承揽消防工程、推销消防产品。

违反前款规定的，按照有关规定对公安机关消防机构工作人员予以处分。

第六章 附 则

第三十八条 具有下列情形之一的，应当确定为火灾隐患：

（一）影响人员安全疏散或者灭火救援行动，不能立即改正的；

（二）消防设施未保持完好有效，影响防火灭火功能的；

（三）擅自改变防火分区，容易导致火势蔓延、扩大的；

（四）在人员密集场所违反消防安全规定，使用、储存易燃易爆危险品，不能立即改正的；

（五）不符合城市消防安全布局要求，影响公共安全的；

（六）其他可能增加火灾实质危险性或者危害性的情形。

重大火灾隐患按照国家有关标准认定。

第三十九条 有固定生产经营场所且具有一定规模的个体工商户，应当纳入消防监督检查范围。具体标准由省、自治区、直辖市公安机关消防机构确定并公告。

第四十条 铁路、港航、民航公安机关和国有林区的森林公安机关在管辖范围内实施消防监督检查参照本规定执行。

第四十一条 执行本规定所需要的法律文书式样，由公安部制定。

第四十二条 本规定自 2009 年 5 月 1 日起施行。2004 年 6 月 9 日发布的《消防监督检查规定》（公安部令第 73 号）同时废止。

消防安全责任制实施办法

（2017 年 10 月 29 日 国办发〔2017〕87 号）

第一章 总 则

第一条 为深入贯彻《中华人民共和国消防法》、《中华人民共和国安全生产法》和党中央、国务院关于安全生产及消防安全的重要决策部署，按照政府统一领导、部门依法监管、单位全面负责、公民积极参与的原则，坚持党政同责、一岗双责、齐抓共管、失职追责，进一步健全消防安全责任制，提高公共消防安全水平，预防火灾和减少火灾危害，保障人民群众生命财产安全，制定本办法。

第二条 地方各级人民政府负责本行政区域内的消防工作，政府主要负责人为第一责任人，分管负责人为主要责任人，班子其他成员对分管范围内的消防工作负领导责任。

第三条 国务院公安部门对全国的消防工作实施监督管理。县级以上地方人民政府公安机关对本行政区域内的消防工作实施监督管理。县级以上人民政府其他有关部门按照管行业必须管安全、管业务必须管安全、管生产经营必须管安全的要求，在各自职责范围内依法依规做好本行业、本系统的消防安全工作。

第四条 坚持安全自查、隐患自除、责任自负。机关、团体、企业、事业等单位是消防安全的责任主体，法定代表人、主要负责人或实际控制人是本单位、本场所消防安全责任人，对本单位、本场所消防安全全面负责。

消防安全重点单位应当确定消防安全管理人，组织实施本单位的消防安全管理工作。

第五条 坚持权责一致、依法履职、失职追责。对不履行或不按规定履行消防安全职责的单位和个人，依法依规追究责任。

第二章 地方各级人民政府消防工作职责

第六条 县级以上地方各级人民政府应当落实消防工作责任制，履行下列职责：

（一）贯彻执行国家法律法规和方针政策，以及上级党委、政府关于消防工作的部署要求，全面负责本地区消防工作，每年召开消防工作会议，研究部署本地区消防工作重大事项。每年向上级人民政府专题报告本地区消防工作情况。健全由政府主要负责人或分管负责人牵头的消防工作协调机制，推动落实消防工作责任。

（二）将消防工作纳入经济社会发展总体规划，将包括消防安全布局、消防站、消防供水、消防通信、消防车通道、消防装备等内容的消防规划纳入城乡规划，并负责组织实施，确保消防工作与经济社会发展相适应。

（三）督促所属部门和下级人民政府落实消防安全责任制，在农业收获季节、森林和草原防火期间、重大节假日和重要活动期间以及火灾多发季节，组织开展消防安全检查。推动消防科学研究和技术创新，推广使用先进消防和应急救援技术、设备。组织开展经常性的消防宣传工作。大力发展消防公益事业。采取政府购买公共服务等方式，推进消防教育培训、技术服务和物防、技防等工作。

（四）建立常态化火灾隐患排查整治机制，组织实施重大火灾隐患和区域性火灾隐患整治工作。实行重大火灾隐患挂牌督办制度。对报请挂牌督办的重大火灾隐患和停产停业整改报告，在7个工作日内作出同意或不同意的决定，并组织有关部门督促隐患单位采取措施予以整改。

（五）依法建立公安消防队和政府专职消防队。明确政府专职消防队公益属性，采取招聘、购买服务等方式招录政府专职消防队员，建设营房，配齐装备；按规定落实其工资、保险和相关福利待遇。

（六）组织领导火灾扑救和应急救援工作。组织制定灭火救援应急预案，定期组织开展演练；建立灭火救援社会联动和应急反应处置机制，落实人员、装备、经费和灭火药剂等保障，根据需要调集灭火救援所需工程机械和特殊装备。

（七）法律、法规、规章规定的其他消防工作职责。

第七条 省、自治区、直辖市人民政府除履行第六条规定的职责外，还应当履行下列职责：

（一）定期召开政府常务会议、办公会议，研究部署消防工作。

（二）针对本地区消防安全特点和实际情况，及时提请同级人大及其常委会制定、修订地方性法规，组织制定、修订政府规章、规范性文件。

（三）将消防安全的总体要求纳入城市总体规划，并严格审核。

（四）加大消防投入，保障消防事业发展所需经费。

第八条 市、县级人民政府除履行第六条规定的职责外，还应当履行下列职责：

（一）定期召开政府常务会议、办公会议，研究部署消防工作。

（二）科学编制和严格落实城乡消防规划，预留消防队站、训练设施等建设用地。加强消防水源建设，按照规定建设市政消防供水设施，制定市政消防水源管理办法，明确建设、管理维护部门和单位。

（三）在本级政府预算中安排必要的资金，保障消防站、消防供水、消防通信等公共消防设施和消防装备建设，促进消防事业发展。

（四）将消防公共服务事项纳入政府民生工程或为民办实事工程；在社会福利机构、幼儿园、托儿所、居民家庭、小旅馆、群租房以及住宿与生产、储存、经营合用的场所推广安装简易喷淋装置、独立式感烟火灾探测报警器。

（五）定期分析评估本地区消防安全形势，组织开展火灾隐患排查整治工作；对重大火灾隐患，应当组织有关部门制定整改措施，督促限期消除。

（六）加强消防宣传教育培训，有计划地建设公益性消防科普教育基地，开展消防科普教育活动。

（七）按照立法权限，针对本地区消防安全特点和实际情况，及时提请同级人大及其常委会制定、修订地方性法规，组织制定、修订地方政府规章、规范性文件。

第九条 乡镇人民政府消防工作职责：

（一）建立消防安全组织，明确专人负责消防工作，制定消防安全制度，落实消防安全措施。

（二）安排必要的资金，用于公共消防设施建设和业务经费支出。

（三）将消防安全内容纳入镇总体规划、乡规划，并严格组织实施。

（四）根据当地经济发展和消防工作的需要建立专职消防队、志愿消防队，承担火灾扑救、应急救援等职能，并开展消防宣传、防火巡查、隐患查改。

（五）因地制宜落实消防安全"网格化"管理的措施和要求，加强消防宣传和应急疏散演练。

（六）部署消防安全整治，组织开展消防安全检查，督促整改火灾隐患。

（七）指导村（居）民委员会开展群众性的消防工作，确定消防安全管理人，制定防火安全公约，根据需要建立志愿消防队或微型消防站，开展防火安全检查、消防宣传教育和应急疏散演练，提高城乡消防安全水平。

街道办事处应当履行前款第（一）、（四）、（五）、（六）、（七）

项职责，并保障消防工作经费。

第十条 开发区管理机构、工业园区管理机构等地方人民政府的派出机关，负责管理区域内的消防工作，按照本办法履行同级别人民政府的消防工作职责。

第十一条 地方各级人民政府主要负责人应当组织实施消防法律法规、方针政策和上级部署要求，定期研究部署消防工作，协调解决本行政区域内的重大消防安全问题。

地方各级人民政府分管消防安全的负责人应当协助主要负责人，综合协调本行政区域内的消防工作，督促检查各有关部门、下级政府落实消防工作的情况。班子其他成员要定期研究部署分管领域的消防工作，组织工作督查，推动分管领域火灾隐患排查整治。

第三章 县级以上人民政府工作部门消防安全职责

第十二条 县级以上人民政府工作部门应当按照谁主管、谁负责的原则，在各自职责范围内履行下列职责：

（一）根据本行业、本系统业务工作特点，在行业安全生产法规政策、规划计划和应急预案中纳入消防安全内容，提高消防安全管理水平。

（二）依法督促本行业、本系统相关单位落实消防安全责任制，建立消防安全管理制度，确定专（兼）职消防安全管理人员，落实消防工作经费；开展针对性消防安全检查治理，消除火灾隐患；加强消防宣传教育培训，每年组织应急演练，提高行业从业人员消防安全意识。

（三）法律、法规和规章规定的其他消防安全职责。

第十三条 具有行政审批职能的部门，对审批事项中涉及消防安全的法定条件要依法严格审批，凡不符合法定条件的，不得核发相关许可证照或批准开办。对已经依法取得批准的单位，不再具备消防安全条件的应当依法予以处理。

（一）公安机关负责对消防工作实施监督管理，指导、督促机关、团体、企业、事业等单位履行消防工作职责。依法实施建设工程消防设计审核、消防验收，开展消防监督检查，组织针对性消防安全专项治理，实施消防行政处罚。组织和指挥火灾现场扑救，承担或参加重大灾害事故和其他以抢救人员生命为主的应急救援工作。依法组织或参与火灾事故调查处理工作，办理失火罪和消防责任事故罪案件。组织开展消防宣传教育培训和应急疏散演练。

（二）教育部门负责学校、幼儿园管理中的行业消防安全。指导学校消防安全教育宣传工作，将消防安全教育纳入学校安全教育活动统筹安排。

（三）民政部门负责社会福利、特困人员供养、救助管理、未成年人保护、婚姻、殡葬、救灾物资储备、烈士纪念、军休军供、优抚医院、光荣院、养老机构等民政服务机构审批或管理中的行业消防安全。

（四）人力资源社会保障部门负责职业培训机构、技工院校审批或管理中的行业消防安全。做好政府专职消防队员、企业专职消防队员依法参加工伤保险工作。将消防法律法规和消防知识纳入公务员培训、职业培训内容。

（五）城乡规划管理部门依据城乡规划配合制定消防设施布局专项规划，依据规划预留消防站规划用地，并负责监督实施。

（六）住房城乡建设部门负责依法督促建设工程责任单位加强对房屋建筑和市政基础设施工程建设的安全管理，在组织制定工程建设规范以及推广新技术、新材料、新工艺时，应充分考虑消防安全因素，满足有关消防安全性能及要求。

（七）交通运输部门负责在客运车站、港口、码头及交通工具管理中依法督促有关单位落实消防安全主体责任和有关消防工作制度。

（八）文化部门负责文化娱乐场所审批或管理中的行业消防安全工作，指导、监督公共图书馆、文化馆（站）、剧院等文化单位履行消防安全职责。

（九）卫生计生部门负责医疗卫生机构、计划生育技术服务机构审批或管理中的行业消防安全。

（十）工商行政管理部门负责依法对流通领域消防产品质量实施监督管理，查处流通领域消防产品质量违法行为。

（十一）质量技术监督部门负责依法督促特种设备生产单位加强特种设备生产过程中的消防安全管理，在组织制定特种设备产品及使用标准时，应充分考虑消防安全因素，满足有关消防安全性能及要求，积极推广消防新技术在特种设备产品中的应用。按照职责分工对消防产品质量实施监督管理，依法查处消防产品质量违法行为。做好消防安全相关标准制修订工作，负责消防相关产品质量认证监督管理工作。

（十二）新闻出版广电部门负责指导新闻出版广播影视机构消防安全管理，协助监督管理印刷业、网络视听节目服务机构消防安全。督促新闻媒体发布针对性消防安全提示，面向社会开展消防宣传教育。

（十三）安全生产监督管理部门要严格依法实施有关行政审批，凡不符合法定条件的，不得核发有关安全生产许可。

第十四条 具有行政管理或公共服务职能的部门，应当结合本部门职责为消防工作提供支持和保障。

（一）发展改革部门应当将消防工作纳入国民经济和社会发展中长期规划。地方发展改革部门应当将公共消防设施建设列入地方固定资产投资计划。

（二）科技部门负责将消防科技进步纳入科技发展规划和中央财政科技计划（专项、基金等）并组织实施。组织指导消防安全重大科技攻关、基础研究和应用研究，会同有关部门推动消防科研成果转化应用。将消防知识纳入科普教育内容。

（三）工业和信息化部门负责指导督促通信业、通信设施建设以及民用爆炸物品生产、销售的消防安全管理。依据职责负责危险化学品生产、储存的行业规划和布局。将消防产业纳入应急产业同规划、同部署、同发展。

（四）司法行政部门负责指导监督监狱系统、司法行政系统强制隔离戒毒场所的消防安全管理。将消防法律法规纳入普法教育内容。

（五）财政部门负责按规定对消防资金进行预算管理。

（六）商务部门负责指导、督促商贸行业的消防安全管理工作。

（七）房地产管理部门负责指导、督促物业服务企业按照合同约定做好住宅小区共用消防设施的维护管理工作，并指导业主依照有关规定使用住宅专项维修资金对住宅小区共用消防设施进行维修、更新、改造。

（八）电力管理部门依法对电力企业和用户执行电力法律、行政法规的情况进行监督检查，督促企业严格遵守国家消防技术标准，落实企业主体责任。推广采用先进的火灾防范技术设施，引导用户规范用电。

（九）燃气管理部门负责加强城镇燃气安全监督管理工作，督促燃气经营者指导用户安全用气并对燃气设施定期进行安全检查、排除隐患，会同有关部门制定燃气安全事故应急预案，依法查处燃气经营者和燃气用户等各方主体的燃气违法行为。

（十）人防部门负责对人民防空工程的维护管理进行监督检查。

（十一）文物部门负责文物保护单位、世界文化遗产和博物馆的行业消防安全管理。

（十二）体育、宗教事务、粮食等部门负责加强体育类场馆、宗教活动场所、储备粮储存环节等消防安全管理，指导开展消防安全标准化管理。

（十三）银行、证券、保险等金融监管机构负责督促银行业金融机构、证券业机构、保险机构及服务网点、派出机构落实消防安全管理。保险监管机构负责指导保险公司开展火灾公众责任保险业务，鼓励保险机构发挥火灾风险评估管控和火灾事故预防功能。

（十四）农业、水利、交通运输等部门应当将消防水源、消防车通道等公共消防设施纳入相关基础设施建设工程。

（十五）互联网信息、通信管理等部门应当指导网站、移动互联网媒体等开展公益性消防安全宣传。

（十六）气象、水利、地震部门应当及时将重大灾害事故预警信息通报公安消防部门。

（十七）负责公共消防设施维护管理的单位应当保持消防供水、消防通信、消防车通道等公共消防设施的完好有效。

第四章　单位消防安全职责

第十五条　机关、团体、企业、事业等单位应当落实消防安全主体责任，履行下列职责：

（一）明确各级、各岗位消防安全责任人及其职责，制定本单位的消防安全制度、消防安全操作规程、灭火和应急疏散预案。定期组织开展灭火和应急疏散演练，进行消防工作检查考核，保证各项规章制度落实。

（二）保证防火检查巡查、消防设施器材维护保养、建筑消防设施检测、火灾隐患整改、专职或志愿消防队和微型消防站建设等消防工作所需资金的投入。生产经营单位安全费用应当保证适当比例用于消防工作。

（三）按照相关标准配备消防设施、器材，设置消防安全标志，定期检验维修，对建筑消防设施每年至少进行一次全面检测，确保完好有效。设有消防控制室的，实行24小时值班制度，每班不少于2人，并持证上岗。

（四）保障疏散通道、安全出口、消防车通道畅通，保证防火防烟分区、防火间距符合消防技术标准。人员密集场所的门窗不得设置影响逃生和灭火救援的障碍物。保证建筑构件、建筑材料和室内装修装饰材料等符合消防技术标准。

（五）定期开展防火检查、巡查，及时消除火灾隐患。

（六）根据需要建立专职或志愿消防队、微型消防站，加强队伍建设，定期组织训练演练，加强消防装备配备和灭火药剂储备，建立与公安消防队联勤联动机制，提高扑救初起火灾能力。

（七）消防法律、法规、规章以及政策文件规定的其他职责。

第十六条 消防安全重点单位除履行第十五条规定的职责外，还应当履行下列职责：

（一）明确承担消防安全管理工作的机构和消防安全管理人并报知当地公安消防部门，组织实施本单位消防安全管理。消防安全管理人应当经过消防培训。

（二）建立消防档案，确定消防安全重点部位，设置防火标志，实行严格管理。

（三）安装、使用电器产品、燃气用具和敷设电气线路、管线必须符合相关标准和用电、用气安全管理规定，并定期维护保养、检测。

（四）组织员工进行岗前消防安全培训，定期组织消防安全培训和疏散演练。

（五）根据需要建立微型消防站，积极参与消防安全区域联防联控，提高自防自救能力。

（六）积极应用消防远程监控、电气火灾监测、物联网技术等技防物防措施。

第十七条 对容易造成群死群伤火灾的人员密集场所、易燃易爆单位和高层、地下公共建筑等火灾高危单位，除履行第十五条、第十六条规定的职责外，还应当履行下列职责：

（一）定期召开消防安全工作例会，研究本单位消防工作，处理涉及消防经费投入、消防设施设备购置、火灾隐患整改等重大问题。

（二）鼓励消防安全管理人取得注册消防工程师执业资格，消防安全责任人和特有工种人员须经消防安全培训；自动消防设施操作人员应取得建（构）筑物消防员资格证书。

（三）专职消防队或微型消防站应当根据本单位火灾危险特性配备相应的消防装备器材，储备足够的灭火救援药剂和物资，定期组织消防业务学习和灭火技能训练。

（四）按照国家标准配备应急逃生设施设备和疏散引导器材。

（五）建立消防安全评估制度，由具有资质的机构定期开展评估，评估结果向社会公开。

（六）参加火灾公众责任保险。

第十八条 同一建筑物由两个以上单位管理或使用的，应当明确各方的消防安全责任，并确定责任人对共用的疏散通道、安全出口、建筑消防设施和消防车通道进行统一管理。

物业服务企业应当按照合同约定提供消防安全防范服务，对管理区域内的共用消防设施和疏散通道、安全出口、消防车通道进行维护管理，及时劝阻和制止占用、堵塞、封闭疏散通道、安全出口、消防车通道等行为，劝阻和制止无效的，立即向公安机关等主管部门报告。定期开展防火检查巡查和消防宣传教育。

第十九条 石化、轻工等行业组织应当加强行业消防安全自律管理，推动本行业消防工作，引导行业单位落实消防安全主体责任。

第二十条 消防设施检测、维护保养和消防安全评估、咨询、监测等消防技术服务机构和执业人员应当依法获得相应的资质、资格，依法依规提供消防安全技术服务，并对服务质量负责。

第二十一条 建设工程的建设、设计、施工和监理等单位应当遵守消防法律、法规、规章和工程建设消防技术标准，在工程设计使用年限内对工程的消防设计、施工质量承担终身责任。

第五章 责任落实

第二十二条 国务院每年组织对省级人民政府消防工作完成情况进行考核，考核结果交由中央干部主管部门，作为对各省级人民政府主要负责人和领导班子综合考核评价的重要依据。

第二十三条 地方各级人民政府应当建立健全消防工作考核评价体系，明确消防工作目标责任，纳入日常检查、政务督查的重要内容，组织年度消防工作考核，确保消防安全责任落实。加强消防工作考核结果运用，建立与主要负责人、分管负责人和直接责任人履职评定、奖励惩处相挂钩的制度。

第二十四条 地方各级消防安全委员会、消防安全联席会议等消防工作协调机制应当定期召开成员单位会议，分析研判消防安全形势，协调指导消防工作开展，督促解决消防工作重大问题。

第二十五条 各有关部门应当建立单位消防安全信用记录，纳入全国信用信息共享平台，作为信用评价、项目核准、用地审批、金融扶持、财政奖补等方面的参考依据。

第二十六条 公安机关及其工作人员履行法定消防工作职责时，应当做到公正、严格、文明、高效。

公安机关及其工作人员进行消防设计审核、消防验收和消防安全检查等，不得收取费用，不得谋取利益，不得利用职务指定或者变相指定消防产品的品牌、销售单位或者消防技术服务机构、消防设施施工单位。

国务院公安部门要加强对各地公安机关及其工作人员进行消防设计审核、消防验收和消防安全检查等行为的监督管理。

第二十七条 地方各级人民政府和有关部门不依法履行职责，在涉及消防安全行政审批、公共消防设施建设、重大火灾隐患整改、消防力量发展等方面工作不力、失职渎职的，依法依规追究有关人员的责任，涉嫌犯罪的，移送司法机关处理。

第二十八条 因消防安全责任不落实发生一般及以上火灾事故的，依法依规追究单位直接责任人、法定代表人、主要负责人或实际控制人的责任，对履行职责不力、失职渎职的政府及有关部门负责人和工作人员实行问责，涉嫌犯罪的，移送司法机关处理。

发生造成人员死亡或产生社会影响的一般火灾事故的，由事故发生地县级人民政府负责组织调查处理；发生较大火灾事故的，由事故发生地设区的市级人民政府负责组织调查处理；发生重大火灾事故的，由事故发生地省级人民政府负责组织调查处理；发生特别重大火灾事故的，由国务院或国务院授权有关部门负责组织调查处理。

第六章 附　则

第二十九条　具有固定生产经营场所的个体工商户，参照本办法履行单位消防安全职责。

第三十条　微型消防站是单位、社区组建的有人员、有装备，具备扑救初起火灾能力的志愿消防队。具体标准由公安消防部门确定。

第三十一条　本办法自印发之日起施行。地方各级人民政府、国务院有关部门等可结合实际制定具体实施办法。

注册消防工程师管理规定

（2017年3月16日公安部令第143号公布　自2017年10月1日起施行）

第一章　总　则

第一条　为了加强对注册消防工程师的管理，规范注册消防工程师的执业行为，保障消防安全技术服务与管理质量，根据《中华人民共和国消防法》，制定本规定。

第二条　取得注册消防工程师资格证书人员的注册、执业和继续教育及其监督管理，适用本规定。

第三条　本规定所称注册消防工程师，是指取得相应级别注册消防工程师资格证书并依法注册后，从事消防设施维护保养检测、消防安全评估和消防安全管理等工作的专业技术人员。

第四条　注册消防工程师实行注册执业管理制度。注册消防工程师分为一级注册消防工程师和二级注册消防工程师。

第五条　公安部消防局对全国注册消防工程师的注册、执业和继续教育实施指导和监督管理。

县级以上地方公安机关消防机构对本行政区域内注册消防工程师的注册、执业和继续教育实施指导和监督管理。

第六条 注册消防工程师应当严格遵守有关法律、法规和国家标准、行业标准，恪守职业道德和执业准则，增强服务意识和社会责任感，不断提高专业素质和业务水平。

第七条 鼓励依托消防协会成立注册消防工程师行业协会。注册消防工程师行业协会应当依法登记和开展活动，加强行业自律管理，规范执业行为，促进行业健康发展。

注册消防工程师行业协会不得从事营利性社会消防技术服务活动，不得通过制定行业规则或者其他方式妨碍公平竞争，损害他人利益和社会公共利益。

第二章 注 册

第八条 取得注册消防工程师资格证书的人员，必须经过注册，方能以相应级别注册消防工程师的名义执业。

未经注册，不得以注册消防工程师的名义开展执业活动。

第九条 省、自治区、直辖市公安机关消防机构（以下简称省级公安机关消防机构）是一级、二级注册消防工程师的注册审批部门。

第十条 注册消防工程师的注册分为初始注册、延续注册和变更注册。

第十一条 申请注册的人员，应当同时具备以下条件：

（一）依法取得注册消防工程师资格证书；

（二）受聘于一个消防技术服务机构或者消防安全重点单位，并担任技术负责人、项目负责人或者消防安全管理人；

（三）无本规定第二十三条所列情形。

第十二条 申请注册的人员，应当通过聘用单位向单位所在地（企业工商注册地）的省级或者地市级公安机关消防机构提交注册申请材料。

申请注册的人员，拟在消防技术服务机构的分支机构所在地开展执业活动的，应当通过该分支机构向其所在地的省级或者地市级公安机关消防机构提交注册申请材料。

第十三条　公安机关消防机构收到注册申请材料后，对申请材料齐全、符合法定形式的，应当出具受理凭证；不予受理的，应当出具不予受理凭证并载明理由。对申请材料不齐全或者不符合法定形式的，应当当场或者在五日内一次告知申请人需要补正的全部内容，逾期不告知的，自收到申请材料之日起即为受理。

地市级公安机关消防机构受理注册申请后，应当在三日内将申请材料送至省级公安机关消防机构。

第十四条　省级公安机关消防机构应当自受理之日起二十日内对申请人条件和注册申请材料进行审查并作出注册决定。在规定的期限内不能作出注册决定的，经省级公安机关消防机构负责人批准，可以延长十日，并应当将延长期限的理由告知申请人。

第十五条　省级公安机关消防机构应当自作出注册决定之日起十日内颁发相应级别的注册证、执业印章，并向社会公告；对作出不予注册决定的，应当出具不予注册决定书并载明理由。

注册消防工程师的注册证、执业印章式样由公安部消防局统一制定，省级公安机关消防机构组织制作。

第十六条　注册证、执业印章的有效期为三年，自作出注册决定之日起计算。

申请人领取一级注册消防工程师注册证、执业印章时，已经取得二级注册消防工程师注册证、执业印章的，应当同时将二级注册消防工程师注册证、执业印章交回。

第十七条　申请初始注册的，应当自取得注册消防工程师资格证书之日起一年内提出。

本规定施行前已经取得注册消防工程师资格但尚未注册的，应当在本规定施行之日起一年内提出申请。

逾期未申请初始注册的，应当参加继续教育，并在达到继续教育的要求后方可申请初始注册。

第十八条　申请初始注册应当提交下列材料：

（一）初始注册申请表；

（二）申请人身份证明材料、注册消防工程师资格证书等复印件；

（三）聘用单位消防技术服务机构资质证书副本复印件或者消防安全重点单位证明材料；

（四）与聘用单位签订的劳动合同或者聘用文件复印件，社会保险证明或者人事证明复印件。

聘用单位同时申请消防技术服务机构资质的，申请人无需提供前款第三项规定的材料。

逾期申请初始注册的，还应当提交达到继续教育要求的证明材料。

第十九条　注册有效期满需继续执业的，应当在注册有效期届满三个月前，按照本规定第十二条的规定申请延续注册，并提交下列材料：

（一）延续注册申请表；

（二）原注册证、执业印章；

（三）与聘用单位签订的劳动合同或者聘用文件复印件，社会保险证明或者人事证明复印件；

（四）符合本规定第二十九条第二款规定的执业业绩证明材料；

（五）继续教育的证明材料。

第二十条　注册消防工程师在注册有效期内发生下列情形之一的，应当按照本规定第十二条的规定申请变更注册：

（一）变更聘用单位的；

（二）聘用单位名称变更的；

（三）注册消防工程师姓名变更的。

第二十一条　申请变更注册，应当提交变更注册申请表、原注册证和执业印章，以及下列变更事项证明材料：

（一）注册消防工程师变更聘用单位的，提交新聘用单位的消防技术服务机构资质证书副本复印件或者消防安全重点单位证明材料，与新聘用单位签订的劳动合同或者聘用文件复印件，社会保险证明或者人事证明复印件，与原聘用单位解除（终止）工作关系证明；

（二）注册消防工程师聘用单位名称变更的，提交变更后的单位工商营业执照等证明文件复印件；

（三）注册消防工程师姓名变更的，提交户籍信息变更材料。

变更注册后，有效期仍延续原注册有效期。原注册有效期届满在半年以内的，可以同时提出延续注册申请；准予延续的，注册有效期重新计算。

第二十二条 注册消防工程师在申请变更注册之日起，至注册审批部门准予其变更注册之前不得执业。

第二十三条 申请人有下列情形之一的，不予注册：

（一）不具有完全民事行为能力或者年龄超过70周岁的；

（二）申请在非消防技术服务机构、非消防安全重点单位，或者两个以上消防技术服务机构、消防安全重点单位注册的；

（三）刑事处罚尚未执行完毕，或者因违法执业行为受到刑事处罚，自刑事处罚执行完毕之日起至申请注册之日止不满五年的；

（四）未达到继续教育、执业业绩要求的；

（五）因存在本规定第五十条违法行为被撤销注册，自撤销注册之日起至申请注册之日止不满三年的；

（六）因存在本规定第五十五条第二项、第五十六条、第五十七条违法执业行为之一被注销注册，自注销注册之日起至申请注册之日止不满三年的；

（七）因存在本规定第五十五条第一项、第三项违法执业行为之一被注销注册，自注销注册之日起至申请注册之日止不满一年的；

（八）因违法执业行为受到公安机关消防机构行政处罚，未履行完毕的。

第二十四条 注册消防工程师注册证、执业印章遗失的，应当及时向原注册审批部门备案。

注册消防工程师注册证或者执业印章遗失、污损需要补办、更换的，应当持聘用单位和本人共同出具的遗失说明，或者污损的原注册证、执业印章，向原注册审批部门申请补办、更换。原注册审批部门应当自受理之日起十日内办理完毕。补办、更换的注册证、执业印章有效期延续原注册有效期。

第三章 执 业

第二十五条 注册证、执业印章是注册消防工程师的执业凭证，由注册消防工程师本人保管、使用。

第二十六条 一级注册消防工程师可以在全国范围内执业；二级注册消防工程师可以在注册所在省、自治区、直辖市范围内执业。

第二十七条 一级注册消防工程师的执业范围包括：
（一）消防技术咨询与消防安全评估；
（二）消防安全管理与消防技术培训；
（三）消防设施维护保养检测（含灭火器维修）；
（四）消防安全监测与检查；
（五）火灾事故技术分析；
（六）公安部或者省级公安机关规定的其他消防安全技术工作。

第二十八条 二级注册消防工程师的执业范围包括：
（一）除100米以上公共建筑、大型的人员密集场所、大型的危险化学品单位外的火灾高危单位消防安全评估；
（二）除250米以上公共建筑、大型的危险化学品单位外的消防安全管理；
（三）单体建筑面积4万平方米以下建筑的消防设施维护保养检测（含灭火器维修）；
（四）消防安全监测与检查；
（五）公安部或者省级公安机关规定的其他消防安全技术工作。

省级公安机关消防机构应当结合实际，根据上款规定确定本地区二级注册消防工程师的具体执业范围。

第二十九条　注册消防工程师的执业范围应当与其聘用单位业务范围和本人注册级别相符合，本人的执业范围不得超越其聘用单位的业务范围。

受聘于消防技术服务机构的注册消防工程师，每个注册有效期应当至少参与完成3个消防技术服务项目；受聘于消防安全重点单位的注册消防工程师，一个年度内应当至少签署1个消防安全技术文件。

注册消防工程师的聘用单位应当加强对本单位注册消防工程师的管理，对其执业活动依法承担法律责任。

第三十条　下列消防安全技术文件应当以注册消防工程师聘用单位的名义出具，并由担任技术负责人、项目负责人或者消防安全管理人的注册消防工程师签名，加盖执业印章：

（一）消防技术咨询、消防安全评估、火灾事故技术分析等书面结论文件；

（二）消防安全重点单位年度消防工作综合报告；

（三）消防设施维护保养检测书面结论文件；

（四）灭火器维修合格证；

（五）法律、法规规定的其他消防安全技术文件。

修改经注册消防工程师签名盖章的消防安全技术文件，应当由原注册消防工程师进行；因特殊情况，原注册消防工程师不能进行修改的，应当由其他相应级别的注册消防工程师修改，并签名、加盖执业盖章，对修改部分承担相应的法律责任。

第三十一条　注册消防工程师享有下列权利：

（一）使用注册消防工程师称谓；

（二）保管和使用注册证和执业印章；

（三）在规定的范围内开展执业活动；

（四）对违反相关法律、法规和国家标准、行业标准的行为提出劝告，拒绝签署违反国家标准、行业标准的消防安全技术文件；

（五）参加继续教育；

（六）依法维护本人的合法执业权利。

第三十二条 注册消防工程师应当履行下列义务：

（一）遵守和执行法律、法规和国家标准、行业标准；

（二）接受继续教育，不断提高消防安全技术能力；

（三）保证执业活动质量，承担相应的法律责任；

（四）保守知悉的国家秘密和聘用单位的商业、技术秘密。

第三十三条 注册消防工程师不得有下列行为：

（一）同时在两个以上消防技术服务机构，或者消防安全重点单位执业；

（二）以个人名义承接执业业务、开展执业活动；

（三）在聘用单位出具的虚假、失实消防安全技术文件上签名、加盖执业印章；

（四）变造、倒卖、出租、出借，或者以其他形式转让资格证书、注册证或者执业印章；

（五）超出本人执业范围或者聘用单位业务范围开展执业活动；

（六）不按照国家标准、行业标准开展执业活动，减少执业活动项目内容、数量，或者降低执业活动质量；

（七）违反法律、法规规定的其他行为。

第四章　继续教育

第三十四条 注册消防工程师在每个注册有效期内应当达到继续教育要求。具有注册消防工程师资格证书的非注册人员，应当持续参加继续教育，并达到继续教育要求。

第三十五条 公安部消防局统一管理全国注册消防工程师的继续教育工作，组织制定一级注册消防工程师的继续教育规划和计划。

省级公安机关消防机构负责本行政区域内一级、二级注册消防工程师继续教育的组织实施和管理，组织制定二级注册消防工程师的继续教育规划和计划。省级公安机关消防机构可以委托教育培训机构实施继续教育。

第三十六条 注册消防工程师继续教育可以按照注册级别,采取集中面授、网络教学等多种形式进行。

第三十七条 对达到继续教育要求的注册消防工程师,实施继续教育培训的机构应当出具证明材料。

第五章 监督管理

第三十八条 县级以上公安机关消防机构依照有关法律、法规和本规定,对本行政区域内注册消防工程师的执业活动实施监督管理。

注册消防工程师及其聘用单位对公安机关消防机构依法进行的监督管理应当协助与配合,不得拒绝或者阻挠。

第三十九条 省级公安机关消防机构应当制定对注册消防工程师执业活动的监督抽查计划。县级以上地方公安机关消防机构应当根据监督抽查计划,结合日常消防监督检查工作,对注册消防工程师的执业活动实施监督抽查。

公安机关消防机构对注册消防工程师的执业活动实施监督抽查时,检查人员不得少于两人,并应当表明执法身份。

第四十条 公安机关消防机构对发现的注册消防工程师违法执业行为,应当责令立即改正或者限期改正,并依法查处。

公安机关消防机构对注册消防工程师作出处理决定后,应当在作出处理决定之日起七日内将违法执业事实、处理结果或者处理建议抄告原注册审批部门。原注册审批部门收到抄告后,应当依法作出责令停止执业、注销注册或者吊销注册证等处理。

第四十一条 公安机关消防机构工作人员滥用职权、玩忽职守作出准予注册决定的,作出决定的公安机关消防机构或者其上级公安机关消防机构可以撤销注册。

第四十二条 注册消防工程师有下列情形之一的,注册审批部

门应当予以注销注册,并将其注册证、执业印章收回或者公告作废:

(一)不具有完全民事行为能力或者年龄超过70周岁的;

(二)申请注销注册或者注册有效期满超过三个月未延续注册的;

(三)被撤销注册、吊销注册证的;

(四)在一个注册有效期内有本规定第五十五条第二项、第五十六条、第五十七条所列情形一次以上,或者第五十五条第一项、第三项所列情形两次以上的;

(五)执业期间受到刑事处罚的;

(六)聘用单位破产、解散、被撤销,或者被注销消防技术服务机构资质的;

(七)与聘用单位解除(终止)工作关系超过三个月的;

(八)法律、行政法规规定的其他情形。

被注销注册的人员在具备初始注册条件后,可以重新申请初始注册。

第四十三条 公安机关消防机构实施监督检查时,有权采取下列措施:

(一)查看注册消防工程师的注册证、执业印章、签署的消防安全技术文件和社会保险证明;

(二)查阅注册消防工程师聘用单位、服务单位相关资料,询问有关事项;

(三)实地抽查注册消防工程师执业活动情况,核查执业活动质量;

(四)法律、行政法规规定的其他措施。

第四十四条 公安机关消防机构实施监督检查时,应当重点抽查下列情形:

(一)注册消防工程师聘用单位是否符合要求;

(二)注册消防工程师是否具备注册证、执业印章;

(三)是否存在违反本规定第三十条、第三十三条规定的情形。

第四十五条 公安机关消防机构对注册消防工程师执业活动中的违法行为除给予行政处罚外,实行违法行为累积记分制度。

累积记分管理的具体办法，由公安部制定。

第四十六条 注册消防工程师聘用单位应当建立本单位注册消防工程师的执业档案，并确保执业档案真实、准确、完整。

第四十七条 任何单位和个人都有权对注册消防工程师执业活动中的违法行为和公安机关消防机构及其工作人员监督管理工作中的违法行为进行举报、投诉。

公安机关消防机构接到举报、投诉后，应当及时进行核查、处理。

第六章 法律责任

第四十八条 注册消防工程师及其聘用单位违反本规定的行为，法律、法规已经规定法律责任的，依照有关规定处理。

第四十九条 隐瞒有关情况或者提供虚假材料申请注册的，公安机关消防机构不予受理或者不予许可，申请人在一年内不得再次申请注册；聘用单位为申请人提供虚假注册申请材料的，同时对聘用单位处一万元以上三万元以下罚款。

第五十条 申请人以欺骗、贿赂等不正当手段取得注册消防工程师资格注册的，原注册审批部门应当撤销其注册，并处一万元以下罚款；申请人在三年内不得再次申请注册。

第五十一条 未经注册擅自以注册消防工程师名义执业，或者被依法注销注册后继续执业的，责令停止违法活动，处一万元以上三万元以下罚款。

第五十二条 注册消防工程师有需要变更注册的情形，未经注册审批部门准予变更注册而继续执业的，责令改正，处一千元以上一万元以下罚款。

第五十三条 注册消防工程师聘用单位出具的消防安全技术文件，未经注册消防工程师签名或者加盖执业印章的，责令改正，处一千元以上一万元以下罚款。

第五十四条 注册消防工程师未按照国家标准、行业标准开展执业活动，减少执业活动项目内容、数量，或者执业活动质量不符合国家标准、行业标准的，责令改正，处一千元以上一万元以下罚款。

第五十五条 注册消防工程师有下列行为之一的，责令改正，处一万元以上二万元以下罚款：

（一）以个人名义承接执业业务、开展执业活动的；

（二）变造、倒卖、出租、出借或者以其他形式转让资格证书、注册证、执业印章的；

（三）超出本人执业范围或者聘用单位业务范围开展执业活动的。

第五十六条 注册消防工程师同时在两个以上消防技术服务机构或者消防安全重点单位执业的，依据《社会消防技术服务管理规定》第四十七条第二款的规定处罚。

第五十七条 注册消防工程师在聘用单位出具的虚假、失实消防安全技术文件上签名或者加盖执业印章的，依据《中华人民共和国消防法》第六十九条的规定处罚。

第五十八条 本规定规定的行政处罚，除第五十条、第五十七条另有规定的外，由违法行为地的县级以上公安机关消防机构决定。

第五十九条 注册消防工程师对公安机关消防机构在注册消防工程师监督管理中作出的具体行政行为不服的，可以依法申请行政复议或者提起行政诉讼。

第六十条 公安机关消防机构工作人员有下列行为之一，尚不构成犯罪的，依法给予处分；构成犯罪的，依法追究刑事责任：

（一）超越法定职权、违反法定程序或者对不符合法定条件的申请人准予注册的；

（二）对符合法定条件的申请人不予受理、注册或者拖延办理的；

（三）利用职务上的便利，索取或者收受他人财物或者谋取不正当利益的；

（四）不依法履行监督管理职责或者发现违法行为不依法处理的。

第七章 附　　则

第六十一条　本规定中的"日"是指工作日，不含法定节假日；"以上"、"以下"包括本数、本级。

第六十二条　本规定自 2017 年 10 月 1 日起施行。

社会消防安全教育培训规定

（2009 年 4 月 13 日公安部、教育部、民政部、人力资源和社会保障部、住房和城乡建设部、文化部、国家广播电影电视总局、国家安全生产监督管理总局、国家旅游局令第 109 号公布　自 2009 年 6 月 1 日起施行）

第一章 总　　则

第一条　为了加强社会消防安全教育培训工作，提高公民消防安全素质，有效预防火灾，减少火灾危害，根据《中华人民共和国消防法》等有关法律法规，制定本规定。

第二条　机关、团体、企业、事业等单位（以下统称单位）、社区居民委员会、村民委员会依照本规定开展消防安全教育培训工作。

第三条　公安、教育、民政、人力资源和社会保障、住房和城乡建设、文化、广电、安全监管、旅游、文物等部门应当按照各自职能，依法组织和监督管理消防安全教育培训工作，并纳入相关工作检查、考评。

各部门应当建立协作机制，定期研究、共同做好消防安全教育培训工作。

第四条　消防安全教育培训的内容应当符合全国统一的消防安

全教育培训大纲的要求，主要包括：

（一）国家消防工作方针、政策；

（二）消防法律法规；

（三）火灾预防知识；

（四）火灾扑救、人员疏散逃生和自救互救知识；

（五）其他应当教育培训的内容。

第二章　管理职责

第五条　公安机关应当履行下列职责，并由公安机关消防机构具体实施：

（一）掌握本地区消防安全教育培训工作情况，向本级人民政府及相关部门提出工作建议；

（二）协调有关部门指导和监督社会消防安全教育培训工作；

（三）会同教育行政部门、人力资源和社会保障部门对消防安全专业培训机构实施监督管理；

（四）定期对社区居民委员会、村民委员会的负责人和专（兼）职消防队、志愿消防队的负责人开展消防安全培训。

第六条　教育行政部门应当履行下列职责：

（一）将学校消防安全教育培训工作纳入教育培训规划，并进行教育督导和工作考核；

（二）指导和监督学校将消防安全知识纳入教学内容；

（三）将消防安全知识纳入学校管理人员和教师在职培训内容；

（四）依法在职责范围内对消防安全专业培训机构进行审批和监督管理。

第七条　民政部门应当履行下列职责：

（一）将消防安全教育培训工作纳入减灾规划并组织实施，结合救灾、扶贫济困和社会优抚安置、慈善等工作开展消防安全教育；

（二）指导社区居民委员会、村民委员会和各类福利机构开展消防安全教育培训工作；

（三）负责消防安全专业培训机构的登记，并实施监督管理。

第八条 人力资源和社会保障部门应当履行下列职责：

（一）指导和监督机关、企业和事业单位将消防安全知识纳入干部、职工教育、培训内容；

（二）依法在职责范围内对消防安全专业培训机构进行审批和监督管理。

第九条 住房和城乡建设行政部门应当指导和监督勘察设计单位、施工单位、工程监理单位、施工图审查机构、城市燃气企业、物业服务企业、风景名胜区经营管理单位和城市公园绿地管理单位等开展消防安全教育培训工作，将消防法律法规和工程建设消防技术标准纳入建设行业相关执业人员的继续教育和从业人员的岗位培训及考核内容。

第十条 文化、文物行政部门应当积极引导创作优秀消防安全文化产品，指导和监督文物保护单位、公共娱乐场所和公共图书馆、博物馆、文化馆、文化站等文化单位开展消防安全教育培训工作。

第十一条 广播影视行政部门应当指导和协调广播影视制作机构和广播电视播出机构，制作、播出相关消防安全节目，开展公益性消防安全宣传教育，指导和监督电影院开展消防安全教育培训工作。

第十二条 安全生产监督管理部门应当履行下列职责：

（一）指导、监督矿山、危险化学品、烟花爆竹等生产经营单位开展消防安全教育培训工作；

（二）将消防安全知识纳入安全生产监管监察人员和矿山、危险化学品、烟花爆竹等生产经营单位主要负责人、安全生产管理人员以及特种作业人员培训考核内容；

（三）将消防法律法规和有关消防技术标准纳入注册安全工程师培训及执业资格考试内容。

第十三条 旅游行政部门应当指导和监督相关旅游企业开展消防安全教育培训工作，督促旅行社加强对游客的消防安全教育，并将消防安全条件纳入旅游饭店、旅游景区等相关行业标准，将消防安全知识纳入旅游从业人员的岗位培训及考核内容。

第三章 消防安全教育培训

第十四条 单位应当根据本单位的特点，建立健全消防安全教育培训制度，明确机构和人员，保障教育培训工作经费，按照下列规定对职工进行消防安全教育培训：

（一）定期开展形式多样的消防安全宣传教育；

（二）对新上岗和进入新岗位的职工进行上岗前消防安全培训；

（三）对在岗的职工每年至少进行一次消防安全培训；

（四）消防安全重点单位每半年至少组织一次、其他单位每年至少组织一次灭火和应急疏散演练。

单位对职工的消防安全教育培训应当将本单位的火灾危险性、防火灭火措施、消防设施及灭火器材的操作使用方法、人员疏散逃生知识等作为培训的重点。

第十五条 各级各类学校应当开展下列消防安全教育工作：

（一）将消防安全知识纳入教学内容；

（二）在开学初、放寒（暑）假前、学生军训期间，对学生普遍开展专题消防安全教育；

（三）结合不同课程实验课的特点和要求，对学生进行有针对性的消防安全教育；

（四）组织学生到当地消防站参观体验；

（五）每学年至少组织学生开展一次应急疏散演练；

（六）对寄宿学生开展经常性的安全用火用电教育和应急疏散演练。

各级各类学校应当至少确定一名熟悉消防安全知识的教师担任消防安全课教员，并选聘消防专业人员担任学校的兼职消防辅导员。

第十六条 中小学校和学前教育机构应当针对不同年龄阶段学

生认知特点，保证课时或者采取学科渗透、专题教育的方式，每学期对学生开展消防安全教育。

小学阶段应当重点开展火灾危险及危害性、消防安全标志标识、日常生活防火、火灾报警、火场自救逃生常识等方面的教育。

初中和高中阶段应当重点开展消防法律法规、防火灭火基本知识和灭火器材使用等方面的教育。

学前教育机构应当采取游戏、儿歌等寓教于乐的方式，对幼儿开展消防安全常识教育。

第十七条　高等学校应当每学年至少举办一次消防安全专题讲座，在校园网络、广播、校内报刊等开设消防安全教育栏目，对学生进行消防法律法规、防火灭火知识、火灾自救他救知识和火灾案例教育。

第十八条　国家支持和鼓励有条件的普通高等学校和中等职业学校根据经济社会发展需要，设置消防类专业或者开设消防类课程，培养消防专业人才，并依法面向社会开展消防安全培训。

人民警察训练学校应当根据教育培训对象的特点，科学安排培训内容，开设消防基础理论和消防管理课程，并列入学生必修课程。

师范院校应当将消防安全知识列入学生必修内容。

第十九条　社区居民委员会、村民委员会应当开展下列消防安全教育工作：

（一）组织制定防火安全公约；

（二）在社区、村庄的公共活动场所设置消防宣传栏，利用文化活动站、学习室等场所，对居民、村民开展经常性的消防安全宣传教育；

（三）组织志愿消防队、治安联防队和灾害信息员、保安人员等开展消防安全宣传教育；

（四）利用社区、乡村广播、视频设备定时播放消防安全常识，在火灾多发季节、农业收获季节、重大节日和乡村民俗活动期间，有针对性地开展消防安全宣传教育。

社区居民委员会、村民委员会应当确定至少一名专（兼）职消防安全员，具体负责消防安全宣传教育工作。

第二十条　物业服务企业应当在物业服务工作范围内，根据实际情况积极开展经常性消防安全宣传教育，每年至少组织一次本单位员工和居民参加的灭火和应急疏散演练。

第二十一条　由两个以上单位管理或者使用的同一建筑物，负责公共消防安全管理的单位应当对建筑物内的单位和职工进行消防安全宣传教育，每年至少组织一次灭火和应急疏散演练。

第二十二条　歌舞厅、影剧院、宾馆、饭店、商场、集贸市场、体育场馆、会堂、医院、客运车站、客运码头、民用机场、公共图书馆和公共展览馆等公共场所应当按照下列要求对公众开展消防安全宣传教育：

（一）在安全出口、疏散通道和消防设施等处的醒目位置设置消防安全标志、标识等；

（二）根据需要编印场所消防安全宣传资料供公众取阅；

（三）利用单位广播、视频设备播放消防安全知识。

养老院、福利院、救助站等单位，应当对服务对象开展经常性的用火用电和火场自救逃生安全教育。

第二十三条　旅游景区、城市公园绿地的经营管理单位、大型群众性活动主办单位应当在景区、公园绿地、活动场所醒目位置设置疏散路线、消防设施示意图和消防安全警示标识，利用广播、视频设备、宣传栏等开展消防安全宣传教育。

导游人员、旅游景区工作人员应当向游客介绍景区消防安全常识和管理要求。

第二十四条　在建工程的施工单位应当开展下列消防安全教育工作：

（一）建设工程施工前应当对施工人员进行消防安全教育；

（二）在建设工地醒目位置、施工人员集中住宿场所设置消防安全宣传栏，悬挂消防安全挂图和消防安全警示标识；

（三）对明火作业人员进行经常性的消防安全教育；
（四）组织灭火和应急疏散演练。
在建工程的建设单位应当配合施工单位做好上述消防安全教育工作。

第二十五条　新闻、广播、电视等单位应当积极开设消防安全教育栏目，制作节目，对公众开展公益性消防安全宣传教育。

第二十六条　公安、教育、民政、人力资源和社会保障、住房和城乡建设、安全监管、旅游部门管理的培训机构，应当根据教育培训对象特点和实际需要进行消防安全教育培训。

第四章　消防安全培训机构

第二十七条　国家机构以外的社会组织或者个人利用非国家财政性经费，举办消防安全专业培训机构，面向社会从事消防安全专业培训的，应当经省级教育行政部门或者人力资源和社会保障部门依法批准，并到省级民政部门申请民办非企业单位登记。

第二十八条　成立消防安全专业培训机构应当符合下列条件：
（一）具有法人条件，有规范的名称和必要的组织机构；
（二）注册资金或者开办费一百万元以上；
（三）有健全的组织章程和培训、考试制度；
（四）具有与培训规模和培训专业相适应的专（兼）职教员队伍；
（五）有同时培训二百人以上规模的固定教学场所、训练场地，具有满足技能培训需要的消防设施、设备和器材；
（六）消防安全专业培训需要的其他条件。

前款第（四）项所指专（兼）职教员队伍中，专职教员应当不少于教员总数的二分之一；具有建筑、消防等相关专业中级以上职称，并有五年以上消防相关工作经历的教员不少于十人；消防安全管理、自动消防设施、灭火救援等专业课程应当分别配备理论教员和实习操作教员不少于两人。

第二十九条 申请成立消防安全专业培训机构，依照国家有关法律法规，应当向省级教育行政部门或者人力资源和社会保障部门申请。

省级教育行政部门或者人力资源和社会保障部门受理申请后，可以征求同级公安机关消防机构的意见。

省级公安机关消防机构收到省级教育行政部门或者人力资源和社会保障部门移送的申请材料后，应当配合对申请成立消防安全培训专业机构的师资条件、场地和设施、设备、器材等进行核查，并出具书面意见。

教育行政部门或者人力资源和社会保障部门根据有关民办职业培训机构的规定，并综合公安机关消防机构出具的书面意见进行评定，符合条件的予以批准，并向社会公告。

第三十条 消防安全专业培训机构应当按照有关法律法规、规章和章程规定，开展消防安全专业培训，保证培训质量。

消防安全专业培训机构开展消防安全专业培训，应当将消防安全管理、建筑防火和自动消防设施施工、操作、检测、维护技能作为培训的重点，对经理论和技能操作考核合格的人员，颁发培训证书。

消防安全专业培训的收费标准，应当符合国家有关规定，并向社会公布。

第三十一条 省级教育行政部门或者人力资源和社会保障部门应当依法对消防安全专业培训机构进行管理，监督、指导消防安全专业培训机构依法开展活动。

省级教育行政部门或者人力资源和社会保障部门应当对消防安全专业培训机构定期组织质量评估，并向社会公布监督评估情况。省级教育行政部门或者人力资源和社会保障部门在对消防安全专业培训机构进行质量评估时，可以邀请公安机关消防机构专业人员参加。

第五章 奖 惩

第三十二条 地方各级人民政府及有关部门对在消防安全教育培训工作中有突出贡献或者成绩显著的单位和个人，应当给予表彰奖励。

单位对消防安全教育培训工作成绩突出的职工，应当给予表彰奖励。

第三十三条 地方各级人民政府公安、教育、民政、人力资源和社会保障、住房和城乡建设、文化、广电、安全监管、旅游、文物等部门不依法履行消防安全教育培训工作职责的，上级部门应当给予批评；对直接责任人员由上级部门和所在单位视情节轻重，根据权限依法给予批评教育或者建议有权部门给予处分。

公安机关消防机构工作人员在协助审查消防安全专业培训机构的工作中疏于职守的，由上级机关责令改正；情节严重的，对直接负责的主管人员和其他直接责任人员依法给予处分。

第三十四条 学校未按照本规定第十五条、第十六条、第十七条、第十八条规定开展消防安全教育工作的，教育、公安、人力资源和社会保障等主管部门应当按照职责分工责令其改正，并视情对学校负责人和其他直接责任人员给予处分。

第三十五条 单位违反本规定，构成违反消防管理行为的，由公安机关消防机构依照《中华人民共和国消防法》予以处罚。

第三十六条 社会组织或者个人未经批准擅自举办消防安全专业培训机构的，或者消防安全专业培训机构在培训活动中有违法违规行为的，由教育、人力资源和社会保障、民政等部门依据各自职责依法予以处理。

第六章 附 则

第三十七条 全国统一的消防安全教育培训大纲由公安部会同教育部、人力资源和社会保障部共同制定。

图书在版编目（CIP）数据

中华人民共和国消防法注解与配套/中国法制出版社编.—北京：中国法制出版社，2023.7
（法律注解与配套丛书）
ISBN 978-7-5216-3721-2

Ⅰ.①中… Ⅱ.①中… Ⅲ.①消防法-法律解释-中国 Ⅳ.①D922.145

中国国家版本馆 CIP 数据核字（2023）第 118892 号

策划编辑：袁笋冰　　责任编辑：李槟红　　封面设计：杨泽江

中华人民共和国消防法注解与配套
ZHONGHUA RENMIN GONGHEGUO XIAOFANGFA ZHUJIE YU PEITAO

经销/新华书店
印刷/三河市国英印务有限公司
开本/850 毫米×1168 毫米　32 开　　　印张/9　字数/203 千
版次/2023 年 7 月第 1 版　　　　　　　2023 年 7 月第 1 次印刷

中国法制出版社出版
书号 ISBN 978-7-5216-3721-2　　　　　　　定价：27.00 元

北京市西城区西便门西里甲 16 号西便门办公区
邮政编码：100053　　　　　　　　　　传真：010-63141600
网址：http://www.zgfzs.com　　　　编辑部电话：010-63141671
市场营销部电话：010-63141612　　　印务部电话：010-63141606

（如有印装质量问题，请与本社印务部联系。）